U0676168

安全教育读本

朱昱彦　耿　勃　贾世鹏 著

吉林出版集团股份有限公司 | 全国百佳图书出版单位

图书在版编目（ＣＩＰ）数据

安全教育读本 / 朱昱彦，耿勃，贾世鹏著. -- 长春：
吉林出版集团股份有限公司，2020.8
ISBN 978-7-5581-9164-0

Ⅰ. ①安… Ⅱ. ①朱… ②耿… ③贾… Ⅲ. ①安全教
育－中等专业学校－教材 Ⅳ. ①G634.201

中国版本图书馆CIP数据核字(2020)第183038号

安全教育读本
ANQUAN JIAOYU DUBEN

作　　者：朱昱彦　耿　勃　贾世鹏　著
责任编辑：何　武　杨　帆
开　　本：787mm X 1092mm　1/16
字　　数：365千字
印　　张：15
版　　次：2022年6月第1版
印　　次：2022年6月第1次印刷
出　　版：吉林出版集团股份有限公司
发　　行：吉林音像出版社有限责任公司吉
　　　　　林北方卡通漫画有限责任公司长
地　　址：春市南关区福祉大路5788号
邮　　编：130062
电　　话：0431-86012906
发 行 科：0431-86012770
印　　刷：三河市嵩川印刷有限公司

ISBN　978-7-5581-9164-0　　　　　定价：39.80 元

前 言
PREFACE

学校是培养社会人才的摇篮，学生是祖国的未来和民族的希望。学校安全工作是全社会安全工作的一个十分重要的组成部分，备受教育部门和社会各界的关注。学校安全工作关系着学生的方方面面，关系着青少年能否安全、健康地成长，关系着千千万万个家庭对未来美好生活的期盼和社会的稳定。学校对在校学生进行必须的安全知识教育和自救自护教育是非常重要的，也是十分必要的。因此，我们以确保校园安全为目的，增强师生安全意识，强化校园安全管理，明确责任，落实措施，组织有关教师编写了这本《安全教育读本》，营造一个安全、文明、健康的育人环境。

安全教育就是热爱生命、尊重生命的意识教育，不仅是教给学生安全的知识和技巧，更重要的是注重引导学生保全与呵护生命，尊重与关怀生命，引导学生学会安全生活、健康生活、诗意生活。回首诸多安全惨剧，面对灾难无所适从的教训，本书力求弥补一般安全教育读本重理论、轻实践，重理论、轻方法的不足，从中职生的日常学习生活细节入手，从身边的典型案例入手，进行分析，突出应对方法的介绍，内容通俗易懂、图文并茂，具有很强的可读性、操作性和实用性。本书共有十一个主题，具体内容包括：校园安全、交通安全、食品安全、实训安全常识、校外安全、网络安全、消防安全、自然灾害安全、传染病的安全防护、树立事故防范意识、加强自救互救意识。要使学生明白，自救互救是生命的最后一道屏障。

本书既可作为中等职业学校各专业学生的教学用书，也可作为广大青少年读者及广大学生家长的参考用书。

由于编者的经历和水平有限，本书不足之处在所难免，恳请读者在使用过程中提出宝贵意见，以便修改完善。

编　者

目 录

CONTENTS

模块一 校园安全

任务 1 珍惜生命，安全第一

学校是我们学习和生活的场所。在我们不经意的举手投足之间，或许就会对别人造成伤害或者被伤害。其实，伤害事件的发生与我们的行为是有联系的。

案例链接

2004 年 5 月的一天，刚下课，李军坐在二楼走廊的栏杆上与同学聊天。突然，两个疯闹的同学向这边跑来，一不小心碰到李军的腿，致使他从栏杆上摔下并头部着地。虽经医生全力抢救勉强保住性命，但李军却从此成为植物人。

上海青浦某中学生吴某在中午放学后，约了 6 名同学一起来到学校最北边的围墙处，在那里玩"射箭游戏"，围墙边满地的植物杆就成了他们"攻击敌人"的最好"武器"。在嬉戏中，同学庄某的"武器"正好射中吴某的右眼，吴某为此花费一万多元的医药费，眼球险些被摘除。

打开水本身是一件很平常的小事，可小娜每当看到自己那只变形的脚，去年发生的一幕仍使她不寒而栗。那是开学后不久的一个下午，因为从家里带来两袋方便面，小娜打算泡着吃了，于是就风风火火地去打开水。这时正是高峰期，人很多，小娜哪等得及，就插队站到了前面。也许是小娜没有站在队列中间的缘故，一个男生提着一瓶开水撞到了她，"砰——"的一声，开水瓶破了，滚热的开水齐刷刷地淋在了她的一只脚上。她的脚被深度烫伤。从此，小娜留下了终身遗憾。

案例分析 看似非常平常的"小"动作，带来的后果却如此之严重。这是为什么呢？

（1）学校人数众多，活动空间有限。这就要求我们走路、上下楼梯，哪怕是开门、关门都得留神。只要平时养成良好习惯，类似的事故是完全可以避免的。

（2）学生的"规则"意识不强。集体场合有许多规则，遵守规则是一个人的基本素质。

（3）缺乏生活经验。不少同学对自己的一个小动作可能引起的后果茫然不知；有的同学对可能造成的伤害没有任何防范准备。

（4）行为习惯不好。如课间疯赶打闹、开关门用力过猛等，都容易引起意外事故。

（5）少数同学盲目模仿，爱做危险游戏。即使是成年人，未经专门训练，也不宜做危险游戏。

知识链接

青少年应怎样培养规则意识

（1）充分认识规则的作用。要明确没有规则就没有秩序、没有规则就没有自由、没有规则就没有安全的道理。

（2）增强责任感。明确违反规则就要付出代价、违反规则就应受到惩罚的道理，感悟遵守规则就是对自己和他人负责。

（3）自觉接受规则教育。《中学生日常行为规范》、学校各项规章制度等都是学生必须遵守的规则，必须明确规则的要求并自觉地遵守。

（4）把规则的要求变成自己自觉的行动。这就要求平时加强规则训练，逐渐养成遵守规则的习惯。

任务2　慎防踩踏事故

2002年，9月23日晚，内蒙古自治区丰镇市第二中学教学楼发生楼梯护栏坍塌事故，造成21名学生死亡、47名学生受伤。

2006年10月25日晚，四川省巴中市通江县广纳镇小学四至六年级寄宿制学生晚自习结束后，在下楼梯时发生拥挤踩踏事故，造成8名学生死亡，45名学生受伤。

2009年12月7日晚，湖南省湘乡市育才中学发生一起踩踏事故。下晚自习的初中学生在下楼过程中拥挤踩踏，造成8名学生当场死亡，26名学生受伤。

案例分析　踩踏事故发生的原因。

(1) 上下楼梯时间过于集中，人流量增加，相互拥挤。

(2) 上下楼梯秩序混乱。如不靠右走、奔跑打闹、相互推搡、尖叫或者制造恐慌气氛等。

(3) 人群运动受阻后因缺乏统一指挥，而不能有效疏散人群。

(4) 照明不良或视线受阻，使人在短时间内失去判断力。

(5) 学生安全意识不强，自控能力弱，缺乏经验。

(6) 安全设施失效。

应对方法

(1) 上下楼梯靠右行。

(2) 上下楼梯不拥挤、不起哄、不制造紧张或恐慌气氛。

(3) 不要在走廊、楼梯疯跑或相互追逐打闹。

(4) 下楼梯时不要突然弯腰系鞋带或捡东西。

(5) 不要在楼梯内勾肩搭背或挎手行走。

(6) 突然停电时不要紧张，最好原地不动，听候疏导。

(7) 在陷入拥挤的人流时，一定要时刻保持警惕，当发现有人情绪不对或人群开始骚动时，就要做好准备，保护自己和他人。先站稳，身体不要倾斜失去重心，有可能的话，可先抓住坚固可靠的东西慢慢走动或停住，待人群过去后再迅速离开现场。在人群骚动时，要注意千万不能被绊倒，避免自己成为拥挤踩踏事件的诱发因素。

(8) 当发现前面有人突然摔倒了，要马上停下脚步，同时大声呼救，告知后面的人"停下！前面有人摔倒，不要拥挤！"身后的人依次向后传话，并立即停住脚步，稳定秩序。

(9) 若自己不幸被人群推倒后，要设法靠近墙角，将身体蜷成球状，并在颈后紧扣双手，以保护身体最脆弱的部位。没有墙壁时，尽可能让身体蜷成球状、尽最大努力保持清醒、张大嘴呼吸。

大型公共场合踩踏事故的防范对策

踩踏事故并非只发生在楼梯内，比如在大型体育运动会、大型公共社交等"热闹"场合，也易发生踩踏事故。为避免事故发生，应注意以下几点。

（1）避免进入拥挤的人群，要有防险意识。参加公众活动时，要看清出口和各种逃生方向标识（如图1—1所示）。切记：进入场地的通道未必是最安全的。足球场、大型商场等地方，除了出入通道外，还应观察是否有其他逃生途径。体育场内最安全的地方是球场草地。避险场所提示标识如图1—2所示。

图1—1　紧急疏散标识　　　　　图1—2　避险场所标识

（2）发觉拥挤的人群向着自己行走的方向拥来时，应马上避到一旁，不要奔跑，以免摔倒。如果路边有商店、饭馆等，可暂避一时，不要逆人流前进。身不由己卷入混乱人群时，要和大多数人前进方向保持一致，不能逆行，要听从指挥人员口令。

（3）发扬团队精神，如发现有人情绪不对或人群骚动时，首先稳住双脚，不要采用体位前倾或者低重心的姿势，即便鞋子被踩掉，也不要贸然弯腰。如有可能，应抓住一件坚固牢靠的东西。如果带着孩子，要尽快把孩子抱起来。当发现自己前面有人突然摔倒时，应马上停下脚步并大声呼救。

任务3 宿舍安全

宿舍是同学们在学校生活的"家"，在这个小家庭中，同学们学会自理、学会与人沟通交流与合作，宿舍既是培养良好生活习惯及卫生习惯的"课堂"，又是展示我们个性和特长的"舞台"，但也是人员密集区，常常容易出现这样或那样的问题。失火、失窃、触电、摔伤和踩踏，传染病流行，以及某些突发性群聚性事件都曾发生过，甚至还发生过更为严重的恶性刑事案件。

案例链接

2008年11月14日凌晨6时10分左右，上海某学校学生宿舍楼失火，4名女生从6楼寝室阳台跳楼逃生，不幸当场死亡。

广东省肇庆中学高二年级十班的女生龙某一直学习成绩优秀，是学校"尖子中的尖子"。2009年11月13日凌晨，龙某在睡梦中突然从上铺摔倒在地不省人事，在送往医院的途中不幸死亡。

周某与徐某都是来自安徽东至县农村的高二学生，两人同住一个寝室。一天晚上，周某向同学石某借肥皂洗毛巾，徐某让石某不要借给周某，为这事两人吵了起来。争吵中徐某用梳子砸了周某的面部，于是双方发生扭打。扭打中，徐某将周某脖子上原有的伤口弄破。周某恼怒不已，要求徐某带他到医院包扎，但遭到拒绝。气急之下，周某拿起水果刀便向徐某的胸口捅去，导致徐某心脏破裂，当场死亡。之后，周某以故意杀人罪被起诉。

案例分析 学生宿舍为什么容易出现这样或那样的问题呢？其主要原因如下。

（1）学生违反校规校纪和宿舍有关规定引发事故。如玩火、抽烟、点蜡烛或蚊香、焚烧杂物、违章用电（如使用"热得快"、电吹风）等都有可能引起火灾，导致的结果。

（2）学生个人安全意识、纪律意识不强，卫生习惯不好，自理能力和自我防护能力差等。如用水不注意，造成寝室、走廊、卫生间地面湿滑；喝生水、吃生冷零食、共用个人用品、交换铺位；在宿舍疯赶打闹；登高挂物、攀爬门窗；逆向上下楼梯或上下楼梯时拥挤、起哄等。

（3）人员密集和学生进出宿舍时间过于集中等易引起突发或群体性事件。如校园踩踏一般都发生在早晚光线不足时的楼梯内。

（4）设备设施不符合安全要求、缺损或维护不及时等存在安全隐患。如门窗破损、床铺损坏、护栏缺损失效或达不到安全高度、路灯不亮；开关、插座、灯头破损，电扇等用电器漏电和线路老化；消防器材不足、应急灯失效；逃生通道不畅通、过于封闭、无安全门或安全门数量不够等。

（5）疏于管理、防范措施不力等也是造成宿舍安全事故的重要原因。

应对方法

在宿舍内要注意做到以下几点：

（1）遵守学校的宿舍管理规定。不使用火种，不使用任何炉具和电加热设备，不乱接电源，不私拆开关、灯头、插座或寝室内的用电器（了解消防安全常识请参阅本书第二部分《社会生活安全》项目六）。

（2）爱护公物。注意经常检查床铺、开关线路、门窗及生活设施、用品是否处于安全状态，发现问题及时报告。

（3）不攀高挂物，不攀爬门窗；地面湿滑时和进出卫生间要小心，当心滑倒。

（4）养成良好的集体生活习惯和个人卫生习惯。不窜寝换铺；不使用他人生活用品；保持室内通风干燥和环境整洁；不吃生冷食品，不喝生水；患传染病后自觉隔离。

（5）说话文明，与同学友善相处，相互尊重，相互体谅，学会沟通和合作；与同学产生矛盾主动道歉或在老师、管理员、学生干部帮助下及时调解，避免因纠纷酿成寝室斗殴形成伤害事件。

（6）上下楼梯讲文明，不推搡，不起哄，特别在人员进出高峰期和光线昏暗时更要注意安全。

（7）增强安全意识，自觉服从管理，遵守学校宿舍安全管理制度。保持通道畅通，熟悉自救和各类事故防范技巧，及时报告、排查安全隐患。

知识链接

哪些不良习惯容易引发寝室"战争"

在一个相对狭小的空间里，同学们接触频繁，由于性格、生活习惯、价值观念、成长环境、经济状况等方面都存在很大差异，总会有些鸡毛蒜皮的小矛盾，产生不愉快甚至冲突也是很正常的。但是，误会和不睦若不能及时化解，就有可能逐渐升级为"战争"，严重的还会诱发心理疾病。

在宿舍里，常常会看到这样一些不文明的现象：

有的人骄横自私、不讲卫生、不做值日。

有的人因为自己是独生子女，在家里娇生惯养，养成了以自我为中心的个性，不会替别人着想，往往凭直觉、凭情绪来处理人际问题。

有的人就是不遵守作息纪律，别人要睡觉，他偏偏总有讲不完的话。

有的人总喜欢在宿舍聊天、听音乐、玩游戏，也不管别人有什么反应。

有的人总不爱锁门。

有的人总是满口脏话，动不动就骂人。

有的人总爱疯闹。

有的人总爱翻箱倒柜，拿别人的个人物品。

有的人总是将脏衣服、脏袜子堆在一起，闹得寝室内臭气熏天。

有的人洗衣服、洗澡不注意，闹得满地脏水。

有的人爱吃零食，又喜欢乱丢乱扔。

有的人经常带陌生人进寝室，有的人经常到处乱窜，进门也不打招呼。

有的人在宿舍偷偷抽烟……

这些现象看似平常，其实就是这些平常小事破坏同学们的情绪，成为引发冲突的导火索，给宿舍安全带来极大隐患。

任务4　财产安全

必备的学习和生活用品、一段时间的生活费和少量的零花钱是在校学生个人的主要财产，这些财产的失窃不仅会给我们的学习和生活带来不便，弄不好还会引起同学间的相互猜疑，给和睦的同学关系蒙上阴影。

案例链接

2009年8月28日，某学校新生王某报到，安排好住宿后送姥姥去乘车，顺手将半年的生活费1200元塞到枕头下，返回寝室后却发现1200元不翼而飞。

2009年11月，福建省晋江市某中学学生宿舍多次发生失窃案。2009年11月25日夜，学校保安在巡逻时，发现一穿着该校校服的可疑男子正在阳台上收衣服，该"学生"做贼心虚，一见有人过来撒腿便跑。学校保安迅速将其抓获并扭送到当地派出所。原来，该男子姓林，每次都谎称找自己的弟妹混入学校，然后又混入学生宿舍，并在宿舍走廊的挂衣架上随手收取一件校服穿在身上，乘人不备，伺机作案。经公安机关突审后得知，几次校园失窃案均为林某所为。

李某，独生女，父母的掌上明珠，读中专时爸爸就为她买了手机、金项链、金戒指等，黄金饰物戴在身上格外惹人注目，李某平时花钱也大方。可开学不到两个月，金项链就不知所踪了。爸爸又急又气，只有把女儿的手机和金戒指等与学习无关的贵重物品统统收回作罢。

案例分析　个人财产失窃主要是由以下原因造成的。

（1）个人财产管理不当，箱柜和门窗未及时关严上锁，手头存有较多的现金或把与学习和生活关系不大的贵重物品带入学校；教室、寝室管理混乱等也给少数人以可乘之机。

（2）对个人财物不够珍惜，安全意识不强，防范意识不够是造成学生个人财物失窃的重要原因。

（3）学校管理制度不落实，安防设施不足或无效，防范措施不得力，对外来人员缺乏有效的管理等原因是窃贼常常"光顾"的根本原因。

应对方法

（1）配备必要的学习、生活用品，不将与学习、生活无关的物品带入学校。

（2）爱惜个人财产，增强安全防范意识，养成良好的习惯，妥善保管好钱物。

（3）箱柜、门窗及时关严上锁，不给他人顺手牵羊的机会。

（4）存折、银行卡要设置一个既保密又不会遗忘的密码并妥善保管好，被盗或丢失要立即挂失。

（5）财物被盗后要稳定情绪，及时向学校报告，并提供相关线索，不要盲目猜疑。

（6）加强自律，不存邪念，对他人钱物不作非分之想。

盗窃作案手段种种

知识链接

（1）乘虚而入。窃贼一般假借找人、假装走错门或乘着人多拥挤、大门无人看管时进入宿舍，然后伺机盗窃。

（2）顺手牵羊。这种情况在学生中较为普遍。

（3）窗外"钓鱼"，即窃贼在宿舍窗外"钓"走钱物。

（4）浑水摸鱼。窃贼利用寝室管理漏洞，有意制造混乱，趁机盗走钱物。

（5）撬门扭锁。窃贼一般使用作案工具，主要盗窃价值高、易于携带的物品。

（6）预谋作案。窃贼事前踩好点，选择作案对象，在夜深人静时盗走钱物。

任务5 女士自我防护

因为生理方面的原因，女生总是处于弱势地位，很容易受到坏人的袭击和侵害，加上在校女生缺乏社会生活经验，也最容易受骗上当。因此，女生要保持高度警惕，学会有效地保护自己。

案例链接

四川某中学13岁的女生小花一个月前在网吧认识了王某，王某请小花吃过几次饭，小花便把王某当成了朋友。2009年5月30日晚，小花在附近一家游戏厅玩游戏，当时，王某与18岁的刘某及范某也在同一游戏厅。在游戏厅里，王某多次要带小花出去玩，小花始终不同意，王某非常恼火。没多久，等小花从游戏厅出来时，三人强行将她带到一处工地。小花几次闹着要回家，王某等人就是不让并强暴了她，到第二天天亮才放她回家。"我没想到他会这么卑鄙，我把他当朋友，他却伙同他的同伙来害我，我太傻了。"小花对自己的交友不慎悔恨不已，但一切都迟了。2009年6月4日，当地民警将涉案的犯罪嫌疑人全部抓获。

2009年3月15日下午，两名警官驱车在广州北二环高速公路上巡逻，突然发现一辆黑色奇瑞轿车车窗玻璃上出现红色"SOS"国际通用呼救信号，一名靠窗的少女朝警车示意，并慢慢晃动手中红色的"SOS"纸条。两名警官觉得可疑，于是迅速超车将该车逼停。见到警察，两名少女立即往警车方向跑来。经查，两名少女系被奇瑞轿车上的三名男子诱骗后强行控制。两名少女沉着机智，用口红趁人不备写下"SOS"向警车求救，终于幸免一难。

案例分析

女生遭到骗、抢、拐、强暴等侵害的原因主要有以下几点。

（1）女生反抗能力有限。因为生理原因，女生缺乏足够的力量阻止不法侵害，因此，许多罪犯才会屡屡得逞。

（2）轻信他人，缺乏辨别能力，缺乏社会生活经验和应对能力。因为如此，女生的"防线"很脆弱，很容易被心术不正之人攻破。

（3）交友不慎。交友不慎会带来太多的麻烦，不论是在校内还是在校外。

（4）盲目追求时尚。有的女生穿着暴露，以为性感就是美，就是时尚，殊不知，这样很容易诱发不法侵害。

（5）缺乏自我保护意识，如单独行动、外出不打招呼、与陌生人搭讪、出入不雅场所等都容易引起不法侵害。

（6）对自己要求不严。有的女生缺乏自尊、自爱、自律，处事简单。这是对自己极不负责的表现。切记:行为不检点的人最容易被坏人"看中"和利用。

应对方法

(1)慎行。加强自身修养,排斥不健康行为;不要独自外出到偏僻的地方,深夜少出行,出行须结伴,外出前跟老师、家长或朋友打招呼和告知行踪,到达目的地要报平安;不随便搭乘便车;不与异性朋友单独相处。

(2)慎装。不要在公共场合穿暴露、性感的服装(特别是在夏天或单独外出时)。

(3)慎交友。不要轻易相信陌生人,若要轻易去见网友,约会地点应选在公共场所;不要随便接受别人的钱物。

(4)慎独处。睡前门窗一定要关好,不要留下安全隐患。

(5)慎食。不要在外随便服食别人给的饮料或食品,谨防里面有麻醉药物。

(6)回避。发现有人心怀不轨或带有恶意企图时立即躲避。

(7)周旋。当生命安全受到威胁时,首先要保护的是自己的生命,要保持镇定,与犯罪嫌疑人巧妙周旋,争取把伤害降低到最低程度,然后伺机逃脱、向人求救和报警。

(8)防卫。学一点近身防卫技巧是应对侵害非常有效的方法。

(9)报警。当现场附近有人活动时,千万不能胆怯、畏惧,要大声呼救或报警。

(10)懂法。要学会用法律保护自己。对于那些失去理智、纠缠不清的无赖,千万不要惧怕他们的要挟和讹诈。如果自己受到了不法侵害,事后要及时向公安机关报警,不要让违法犯罪者逃脱法律的制裁,助长其嚣张的气焰。

知识链接

一、女生最容易受到不法侵害的时间和场所

(1)虽然女生一年四季都可能遭受骚扰或侵害,但发案高峰是在6～10月,尤以7～9月发案最为突出。夏天天气炎热,女生夜晚活动时间延长,外出机会增多,加上气温比较高,女生衣着单薄、裸露部分较多,因而对异性的刺激增多。

(2)夜间是女生最容易遭受侵害的时间。因为夜间光线暗,罪犯作案时不容易被人发现。

(3)娱乐场所和僻静处所是女生最容易遭受性侵害的地方。

二、几种易受攻击的女生类型

(1)经常出入社会公共场所、装扮入时、行为不羁的女生。

(2)性格懦弱、胆小怕事的女生。

(3)作风轻浮、胡乱交友的女生。

(4)独处于学校教室、寝室、实验室、运动场或其他隐蔽场所的女生。

(5)怀有隐私、容易被他人要挟的女生。

(6)贪图钱财、贪图享受、缺乏观察识别能力的女生。

(7)意志薄弱、难拒性诱惑,以及精神空虚、无视法纪的女生。

(8)夏季衣着单薄、身体裸露部分较多、曲线毕露的女生。

(9)夜晚长时间、独自在室外活动的女生。

三、女生近体防卫技巧图解

女生近体防卫技巧如图1-3~图1-13所示，如果平时有意识地加以练习，在紧急时刻就能临危不乱。

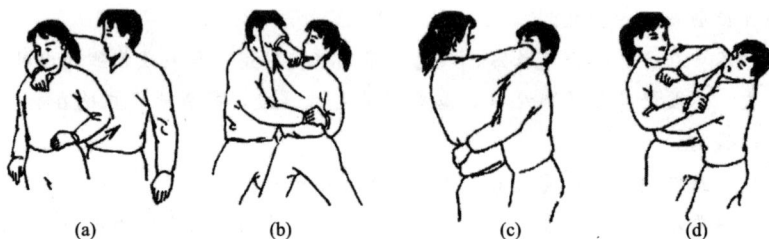

(a)　　　　　　(b)　　　　　　(c)　　　　　　(d)

图1-3　肘击太阳穴

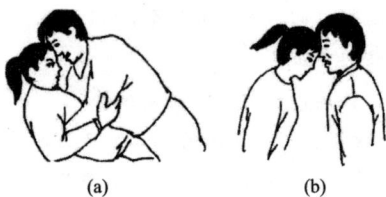

(a)　　　　　(b)

图1-4　撞鼻梁　　　　图1-5　撞胸部　　　　图1-6　拳击耳门

图1-7　跺脚面　　图1-8　咬鼻尖　　图1-9　掌尖击腋窝　　图1-10　曲体蹬踏

(a)　　　　　　(b)　　　　　　(c)　　　　　　(d)

图1-11　攻其下体

图 1-12　蹬踏

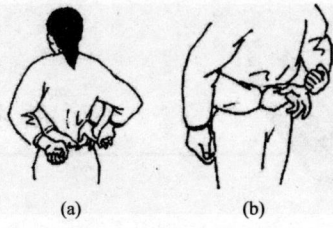

图 1-13　折手指

任务6　防止暴力伤害

校园暴力是指发生在学校教师、学生活动场所，针对师生生理或心理，以暴力方式实施伤害的行为。校园暴力给广大师生的心理蒙上了一层厚厚的阴影，也使师生的生命财产安全受到严重威胁。校园暴力的产生有其复杂的家庭、社会背景，短时期内很难从根本上消除，对此，我们一定要保持高度的警惕。

案例链接

2009年11月11日16时许，四川省泸州市叙永县某中学高二年级十一班学生龚某（女）与同校高二年级十班的学生赵某（女）因琐事发生纠纷，龚某遂打电话请男友刘某前来"摆平"。当日晚，刘某便怀揣折叠刀在校门附近等候。22时左右，下晚自习的赵某与同学梅某、谭某三人结伴而行准备回家，刘某突然窜出，用折叠刀对准三人就是一通乱刺，造成赵某等三人重伤。11月13日，刘某迫于无奈主动到当地公安机关投案自首。

2010年3月的一天，某技校16岁的班级文体委员小张听说隔壁班有人要打自己班上的同学，便找来2名同伴好友，去找隔壁班班长小杰"讨说法"。没想到话不投机，双方很快动起手来。小张掐住小杰的脖子用膝盖猛顶他的脸，造成阿杰头部受伤，构成犯罪。事后，小张不仅赔付了全部的医药费，还被司法机关以故意伤害罪起诉。小张对自己一时冲动酿成犯罪的行为懊悔不已。

案例分析　引起暴力伤害的直接原因主要有以下几种。

（1）一些恶少形成的不良团伙总爱在校园周边借机生事，有的以借钱、借物为名强拿恶要，稍有不从即拳脚相加。这实质上是一种违法犯罪行为。

（2）同学间因小事发生口角，逐步升级为暴力相向。

（3）男女同学间因早恋引起纠纷从而诱发暴力事件。

据共青团上海市委的一项最新调查结果显示，恶少"擂肥"、同学间口角升级、男女生间恋爱纠纷是引发校园暴力事件的三大主要"元凶"。

应对方法

（1）用理智抑制暴力倾向。

①发展正当的特长爱好。拥有一技之长能唤起人起码的自信。要根据自身特点，发展适合自己的特长爱好。有了特长爱好，不仅可以证明给别人看，得到认可，还会使自己的生活更充实。

②约束、克制自己的行为。比如，不要三五成群地在一起闲逛，不要迷恋网络，不要饮酒。

当情绪不稳定的时候散散心，多和同学、老师、家长交流，以排解心理压力。

③克服老乡观念和哥们义气，不感情用事，不参加不良团伙，不参与打架斗殴。

④学会与人和谐相处，减少和避免纠纷；学会与人沟通和交流，多一点宽容和理解，并学会化解矛盾和纠纷。

⑤知法守法，遵规守纪。

（2）正确认识发生在校内外的学生被害案件，从中吸取经验教训。

（3）交友应慎重。避免结交一些不三不四的朋友，男女之间交朋友更应该慎重。

（4）尽量少去或不去治安状况复杂的场所。网吧乃是非之地，特别在双休和深夜，更是不良少年"生财"和聚会的场所，因此，要尽量不进网吧；在公共场所要远离那些寻衅滋事的可疑人员。

（5）培养一定的应付暴力事件的能力，避免在可能的暴力事件中受到伤害或尽量减轻伤害，学会通过正当的途径保护自己。

任务7 远离校园不良团伙

未成年人犯罪行为的产生往往是从他们结成不良团伙开始的。根据有关统计资料，在查获的未成年刑事作案成员中，属于团伙犯罪的占到60%以上。

案例链接

2008年12月5日晚，安徽省岳西县某职校黄仔和储亮纠集校内20余名学生形成一个小团伙和社会闲散人员聚众斗殴，导致储亮重伤，生命垂危。12月9日，包括黄仔在内的涉案人员被岳西县警方全部抓获，其中12人被刑事拘留。

小锋今年18岁，本是某重点高中的优秀生，母亲对他管得很严，他的理想是上某名牌大学。此前，小锋曾许诺送女友一部手机，但手中无钱购买，就向游手好闲、多次出入劳教所的表哥询问发财挣钱的路子。询问中，小锋被表哥及同伙那种哥们儿义气深深吸引。不久，小锋与外校学生以及社会闲散青年共7人组成小团伙，专干抢劫在校学生的勾当。2008年10月，小锋以抢劫罪被天津市和平区人民法院判处有期徒刑6年。

辛某，某重点中学学生。2009年的一天，辛某的初中同学邓某在网吧与一外号"黄毛"的青年发生纠纷，邓某将"黄毛"打伤，于是"黄毛"怀恨在心，扬言报复。后来辛某等人出面"调停"，但"黄毛"等人并不买账。从此以后，邓某一人不敢单独行动，每次出门总得叫上辛某等人，还为他们买了砍刀。一天中午，辛某独自一人上街购物，被"黄毛"及其同伙发现并尾随跟踪。在一处偏僻的地方，"黄毛"等人一起动手，对辛某一顿拳打脚踢，辛某门牙被打掉两颗，浑身是血，好不狼狈。等他缓过神来，"黄毛"们已消失得无影无踪。

案例分析

（1）沦为不良少年是走向深渊的第一步。对自己要求不严，放纵自己的不良行为和不良习惯，不知不觉地便会成为不良少年中的一员。调查显示，具有对教育抵触和反感、自暴自弃、厌学、迷恋网吧、抽烟酗酒、爱与不良少年交往等类似情绪和行为是沦为不良少年的危险信号。

（2）思想幼稚，缺乏辨别能力，是非不分，盲目崇拜"大哥大"、"大姐大"。这是不良少年相互之间易结成不良团伙的主要原因。

（3）为"够哥们"，团伙成员往往希望通过极端方式树立自己的地位和形象，以满足其虚荣心。因此，团伙成员一般都具有较严重的暴力倾向，且不计任何后果。

（4）惹是生非后害怕报复，因此希望寻求团伙保护，结果使自己受到不良团伙纠缠而不可自拔，甚至沦为不良团伙中的一员，害人又害己。

应对方法

（1）不让自己成为不良少年，不混迹于不良少年之中是最有效的应对方法。

（2）加强道德修养和法纪学习，明辨是非，建立正确的交际圈。

（3）积极参加各种兴趣小组和文体活动，丰富课余生活，培养能力，体验成功的喜悦。

（4）与人不和睦不找人私下"摆平"，不求助团伙帮忙，通过正当途径解决问题。

（5）少进网吧，放学、离校少逗留，搭乘交通工具或与同学结伴，直接回家。

任务8　毒品的危害

毒品问题是当今国际社会面临的一个严重社会问题。受国际毒潮泛滥和国内涉毒因素影响，虽然国家不断加强禁毒工作力度，但我国毒品问题仍呈发展蔓延的趋势，既面临境外毒品渗透加剧和国内毒品来源增多的双重压力，也面临鸦片类传统毒品继续发展和冰毒、摇头丸等新型毒品迅速蔓延的双重压力，禁毒工作面临的形势依然严峻，毒品问题在我国也成为一大毒瘤，威胁到广大青少年的身心健康。

一些由于无知沾染上吸毒恶习的青少年，毁掉了青春，毁掉了家庭，毁掉了前途，乃至失去了生命……

禁毒、拒毒已成为和广大青少年息息相关、万不可掉以轻心的工作。

一、毒品及其危害

毒品是指鸦片、海洛因、甲基苯丙胺（冰毒）、吗啡、大麻、可卡因以及国家规定管制的其他能够使人形成瘾癖的麻醉药品和精神药品。

1. 毒品的基本特征是

（1）具有依赖性。

（2）具有非法性。

（3）具有危害性。

2. 毒品的危害性

毒品的危害性可以概括为"毁灭自己，祸及家庭，危害社会"十二个字。

（1）毒品严重危害人的身心健康。

（2）毒品问题诱发其他违法犯罪，破坏正常的社会和经济秩序。

（3）毒品问题渗透和腐蚀政权机构，加剧腐败现象。

（4）毒品问题给社会造成巨大的经济损失。

毒品对人的身心危害严重。吸毒会导致精神分裂、血管硬化，严重影响生殖和免疫能力。毒瘾发作时，如万蚁啮骨，万针刺心，求生不及，求死不能，如同人间活鬼。吸毒易感染艾滋病，世界上超过一半艾滋病患者都是由注射毒品而感染的。吸毒成瘾到死亡平均只有8年时间。吸毒上瘾，心瘾难除，一生受折磨。

吸毒耗费巨大，十有八九倾家荡产。吸毒者往往道德泯灭，不顾念亲情，抛妻别子，忤逆不孝，甚至会出卖骨肉，残害亲人。后代往往先天有毒瘾、痴呆畸形。真是一朝吸毒，灭亲人、毁后代。

吸毒者为获取毒资，大多数男盗女娼，或以贩养吸，严重危害社会治安和社会风气。

二、毒品的种类

毒品种类繁多，但一般来说，毒品都有四个共同的特性：①不可抗力，强制性地使吸食者连续使用该药，并且不择手段地去获得它；②连续使用有不断加大剂量的趋势；③对该药产生精神依赖性及躯体依赖性，断药后产生戒断症状（脱瘾症状）；④对个人、家庭和社会都会产生危害后果。

各类毒品，根据不同的标准有不同的划分方法。联合国麻醉药品委员会将毒品分为六大类：吗啡型药物（包括鸦片、吗啡、可卡因、海洛因和罂粟植物等）是最危险的毒品；可卡因、可卡叶；大麻；安非它明等人工合成兴奋剂；安眠镇静剂（包括巴比妥药物和安眠酮）；精神药物，即安定类药物。

世界卫生组织（WHO）将当成毒品使用的物质分成 8 大类：吗啡类、巴比妥类、酒精类、可卡因类、印度大麻类、苯丙胺类、柯特（KHAT）类和致幻剂类。其他还有烟碱、挥发性溶液等。目前毒品种类已达到 200 多种。

1. 鸦片

鸦片（opium），俗称"阿片"、"大烟"、"烟土"、"阿片烟"、"阿芙蓉"等。鸦片系草本类植物罂粟未成熟的果实用刀割后流出的汁液，经风干后浓缩加工处理而成的褐色膏状物。这就是生鸦片。生鸦片经加热煎制便成熟鸦片，是一种棕色的粘稠液体，俗称烟膏。鸦片是一种初级毒品。生鸦片可直接加工成吗啡。

鸦片主要含有鸦片生物碱，已知的有 25 种以上，其中最主要的是吗啡、可待因等，含量可达 $10\% \sim 20\%$。

2. 吗啡

吗啡是鸦片的主要有效成分，是从鸦片中经过提炼出来的主要生物碱，呈白色结晶粉末状闻上去有点酸味。吗啡成瘾者常用针剂皮下注射或静脉注射。起初它被作为镇痛剂应用于临床，但由于它对呼吸中枢有极强的抑制作用，如同吸食鸦片一样，过量吸食吗啡后出现昏迷、瞳孔极度缩小、呼吸受到抑制，甚至于出现呼吸麻痹、停止而死亡。

3. 海洛因

亦称盐酸二乙酰吗啡，英文名 Heroin，译为海洛因。其来源于鸦片，是鸦片经特殊化学处理后所得的产物。其主要成分为二乙酰吗啡，属于合成类麻醉品。迄今为止已有一百多年的历史。毒品市场上的海洛因有多种形状，是带有白色、米色、褐色、黑色等色泽的粉末、粒状或凝聚状物品，多数为白色结晶粉末，极纯的海洛因俗称"白粉"。有的可闻到特殊性气味，有的则没有。

由于海洛因成瘾最快，毒性最烈，曾被称为"世界毒品之王"，一般持续吸食海洛因的人只能活 7～8 年。

4. 大麻

大麻是一年生草本植物，通常被制成大麻烟吸食，或用作麻醉剂注射，有毒性。大麻草可单独吸食，将其卷成香烟，被称为"爆竹"；或将它捣碎，混入烟叶中，做成烟卷卖给吸毒者，这就是大麻烟。这种毒品在当今世界吸食最多，范围最广，因其价格便宜，在西方国家被称为"穷人的毒品"。

初吸或注射大麻有兴奋感，但很快转变为恐惧，长期使用会出现人格障碍、双重人格、人格解体，记忆力衰退、迟钝、抑郁、头痛、心悸、瞳孔缩小和痴呆，偶有无故的攻击性行为，导致违法犯罪的发生。

5. 可卡因

可卡因英文原名为 Cocaine，是 1860 年从前南美洲称为古柯（Coca）的植物叶片中提炼出来的生物碱，其化学名称为苯甲基芽子碱。它是一种无味、白色薄片状的结晶体。毒贩贩卖的是呈块状的可卡因。可卡因服用方式是鼻吸。

可卡因是最强的天然中枢兴奋剂，对中枢神经系统有高度毒性，可刺激大脑皮层，产生兴奋感及视、听、触等幻觉；服用后极短时间即可成瘾，并伴以失眠、食欲不振、恶心及消化系统紊乱特等症状；精神逐渐衰退，可导致偏执呼吸衰竭而死亡。

一剂 70 毫克的纯可卡因，可以使体重 70 千克的人当场丧命。

6. 甲基苯丙胺及其衍生物

甲基苯丙胺（又名去氧麻黄碱或安非他命），俗称"冰"毒，属联合国规定的苯丙胺类毒品。

主要来源是从野生麻黄草中提炼出来的麻黄素（Ephedrine）。它源于日本。在日本曾经使用"冰"毒的人数超过 200 万人，直接滥用者 55 万人，毒品滥用者都用静脉注射，其中有 5 万人患苯丙胺精神病。1990 年首先发现由台湾毒贩进入我国沿海地区制造、贩运出境的"冰"毒案件。甲基苯丙胺的形状为白色块状结晶体，易溶于水，一般作为注射用。

长期使用可导致永久性失眠，大脑机能破坏、心脏衰竭、胸痛、焦虑、紧张或激动不安，更有甚者会导致长期精神分裂症，剂量稍大便会中毒死亡。所以说，"冰"毒被称为"毒品之王"。

三、吸毒及其并发症

吸毒，就是非法吸食、注射毒品的违法行为。

在我国，过去传统使用的毒品主要是鸦片（大烟），因最初吸食大烟的方式是从口鼻吸入，所以人们将这种吸毒方式称为"吸"。在民间，"吸毒"与"吸大烟"是同义词。现在，"吸毒"一词的内涵已扩大：一是毒品的范围扩大了，即凡不是以医疗为目的的滥用麻醉药品和精神药品，都属于吸毒的范围；二是吸毒的方式增多了，由过去单一的烟吸发展为口服、鼻吸、肌肉注射和静脉注射等。

吸毒严重损害人的身体健康，造成：

（1）营养不良。

（2）损害呼吸道。

（3）易患各种性病。

（4）感染性疾病。

（5）损伤血管。

（6）损害神经系统。

（7）造成性功能障碍。

（8）精神病症状。

（9）肾脏疾患。

（10）艾滋病是"获得性免疫缺陷综合征"的简称，英文缩写是 AIDS。它是由人类免疫缺陷病毒（HIV）传入人体后，破坏人体的免疫功能而出现的一系列症状，最后导致死亡。目前，全世界尚无一种有效的手段治疗和控制艾滋病，故被称之为"世界超级瘟疫"。吸毒易导致艾滋病的传播，是因为吸毒者之间常常共用一支注射器注射毒品，而感染艾滋病。

任务9　吸毒的防范

一、有关毒品犯罪的刑事责任

依照《刑法》的规定：

(1) 贩卖、运输、制造鸦片 1 000 克以上、海洛因或者甲基苯丙胺 50 克以上或者其他毒品数量大的；贩卖、运输、制造毒品集团的首要分子；武装掩护贩卖、运输、制造毒品的；以暴力抗拒检查、拘留、逮捕，情节严重的；参与有组织的国际贩毒活动的，处 15 年有期徒刑、无期徒刑或者死刑，并处没收财产。

(2) 贩卖、运输、制造鸦片 200 克以上不满 1 000 克、海洛因或者甲基苯丙胺 10 克以上不满 50 克或者其他毒品数量较大的，处 7 年以上有期徒刑，并处罚金。

(3) 贩卖、运输、制造鸦片不满 200 克、海洛因或者甲基苯丙胺不满 10 克或者其他少量毒品的，处 3 年以下有期徒刑、拘役或者管制，并处罚金；情节严重的，处 3 年以上 7 年以下有期徒刑，并处罚金。

另外，对吸食、注射毒品的行为作如下处罚：

吸食、注射毒品，由公安机关处 15 日以下拘留，可以单处或者并处 2 000 元以下罚款，并没收毒品和吸食、注射器具。吸食、注射毒品成瘾的，还应予以强制戒除，进行治疗、教育。强制戒除后又吸食、注射毒品的，可以实行劳动教养，并在劳动教养中强制戒毒。

二、国际禁毒日

1987 年 6 月，在奥地利首都维也纳举行了联合国部长级禁毒国际会议，有 138 个国家的 3 000 多名代表参加了这次国际禁毒会议。这次会议通过了禁毒活动的《综合性多学科纲要》。26 日会议结束时，与会代表一致通过决议，从 1988 年开始将每年的 6 月 26 日定为"国际禁毒日"，以引起世界各国对毒品问题的重视，同时号召全球人民共同来解决毒品问题。

世界范围的毒品蔓延泛滥，已成为严重的国际公害。据联合国统计，全世界每年毒品交易额达 5 000 亿美元以上，是仅次于军火交易的世界第二大宗买卖。20 世纪 80 年代，全世界因吸毒造成 10 万人死亡。毒品不仅严重摧残人类健康，危害民族素质，助长暴力和犯罪，而且吞噬巨额社会财富。对于发展中的国家来说，毒品造成的损失和扫毒所需要的巨额经费更是沉重的负担。

三、导致吸毒的主要原因

(1) 好奇心。

因为新鲜好奇，想试一试而沾上了吸毒行为。

（2）寻找刺激。

把吸食毒品当作吸烟、喝酒一样，满足消遣和享乐的需要。这种动机，青少年多数在社交场合或者是单独休闲环境下容易产生，把吸毒当做一种精神上的所谓享受。

（3）自我显示。

把吸毒看作是一种"高贵的"气派。在青少年吸毒者中流传着这样的荒唐说法："吸海洛因是现代社会一种时髦，不吸就是落伍，吸了神气、够气派！"不少青少年花了一大笔钱来吸海洛因，就是为了炫耀自己，显示自己的大气派。

（4）从众。

所谓从众，就是人家怎么干，自己就跟着人家怎么干。青少年喜欢从众，以为朋友在吸毒，自己也就一起跟着吸了。

（5）为了摆脱烦恼和忧愁有些青少年碰到的挫折，处于焦虑不安的心境，为了消除内心的烦恼和忧愁，就从吸毒去寻求暂时的解脱。

（6）被欺骗，引诱。

四、防止吸毒的方法

（1）接受毒品基本知识和禁毒法律法规教育，牢记"四知道"：知道什么是毒品；知道吸毒极易成瘾，难以戒断；知道毒品的危害；知道毒品违法犯罪要受到法律制裁。

（2）树立正确的人生观，不盲目追求享受，不以好奇心为由侥幸去尝试，不受不良诱惑的影响。

（3）不听信毒品能治病，毒品能解脱烦恼和痛苦，毒品能给人带来快乐等各种花言巧语。

（4）不结交有吸毒、贩毒行为的人。如发现亲朋好友有吸、贩毒行为的人，一要劝阻，二要远离，三要报告公安机关。

（5）养成良好的行为，杜绝吸烟饮酒等不良嗜好，不涉足青少年不宜进入的场所，决不吸食摇头丸、K 粉等兴奋剂。

（6）即使自己在不知情的情况下，被引诱、欺骗吸毒一次，也要珍惜自己的生命，坚决不再吸第二次。

（7）应当避免与 4 种人交往：

①有吸毒恶习和嫌疑的人员。

②从强制戒毒所释放回来的人。

③从劳教戒毒所回来的人员。

④因吸毒被公安机关拘留处理的人。

我们要正确对待吸毒者。吸毒者是社会中的一类特殊群体，他们既是违法者，又是受害者。从医学的角度看吸毒者也是病人。因此，吸毒者具有双重性质身份。要正确地对待吸毒者，既不要因其吸毒违法而歧视他们，又要区别于一般的病人，严格管理，依法科学戒毒。

（8）应当远离三种场所：

赌场、有贩毒嫌疑的住所、社会上营业性娱乐场所。

特别提示：防吸毒要从不吸烟开始。

五、判断他人染上毒瘾的方法

（1）无故旷工、旷课，学业成绩、纪律或工作表现突然变坏。

（2）在家中或单位偷窃贵重物品，或突然频频地向父母或朋友索要或借用金钱。

（3）食欲不振、面色灰暗、身体消瘦；情绪不稳定，异常的发怒、发脾气；坐立不安、睡眠差。

（4）为掩盖手臂上的注射针孔，长期穿着长袖衬衣；在不适当的场合佩带太阳镜，以遮掩收缩的瞳孔。

（5）行动神秘鬼祟。白天少吸、多睡，晚上多吸、少睡，对毒品以外的事情不感兴趣。不寻常地长期躲在自己的房间内，或远离家人、他人。经常无故进入偏僻的地方（觅毒品），与吸毒者交往。

（6）藏有毒品及吸毒工具（如注射器、锡纸、切断的吸管、刀片、匙羹、烟斗）。

（7）了解吸毒者的吸毒方式。

吸毒者吸食毒品的方式主要有：烟吸、烫吸、鼻嗅、口服、注射等 5 种常见方式。

①烟吸。将毒品掺入烟丝，通过吸烟将毒品吸入体内。

②烫吸。将海洛因放在铝箔纸上或金属匙上，下面用火加热，毒品升华为烟雾，吸毒者用力吸吮缕缕毒烟，又称为吸烫烟。

③鼻嗅。又称鼻吸。用小管对准鼻孔，通过鼻黏膜将毒品吸入。

④口服。口服多为毒品的片剂，如口服冰毒片、摇头丸等。

⑤注射。皮下注射、肌肉注射和静脉注射。

六、新型毒品的防范

20 世纪末有专家预测，苯丙胺类毒品将成为 21 世纪的主流毒品。随着人类跨入新世纪，新型毒品迅速流行，很多人，尤其是广大的青少年，都认为这些是"娱乐消遣品"，认为这些"俱乐部毒品"是无害的。然而，新型毒品从它出现的那一天起，就没给人类带来任何的益处，相反，引发了大量违法犯罪活动以及多种疾病的扩散流行，不仅影响了人民群众的健康幸福，更影响了社会稳定和经济建设。为此，必须对全民特别是青少年进行新型毒品知识教育，使其远离新型毒品，健康成长。

1. K 粉，通用名称：氯胺酮

（1）性状：静脉全麻药，有时也可用作兽用麻醉药。一般人只要足量接触两三次即可上瘾，是一种很危险的精神药品。K 粉外观为白色结晶性粉末，无臭，易溶于水，可随意勾兑进饮料、红酒中服下。

（2）吸食反应：服药开始时身体瘫软，一旦接触到节奏狂放的音乐，便会条件反射般强烈扭动、手舞足蹈，这种反应一般会持续数小时甚至更长，直到药性渐散身体虚脱为止。

（3）吸食危害：氯胺酮具有很强的依赖性，服用后会产生意识与感觉的分离状态，导致神经中毒反应、幻觉和精神分裂症状，表现为头昏、精神错乱、过度兴奋、幻觉、幻视、幻听、运动功能障碍、抑郁以及出现怪异和危险行为，同时对记忆和思维能力都造成严重损害。

特别提示：一些不法分子经常在迪吧、舞厅等娱乐场所将 K 粉和冰毒、摇头丸混合一起兜售给吸毒者使用，这种混合物具有兴奋和致幻的双重作用。毒品之间相互作用产生的毒性较两种毒品单独使用要严重得多（即 1+1>2），很容易导致过量中毒甚至发生致命危险。目前也有发现把 K 粉溶于水中诱骗年轻女性服用后实施性侵犯，因此也被叫做"强奸药"。

案例：有一位 18 岁的女病人两年前开始吸食氯胺酮，当医护人员为她作智力测验时，发现她的智力已下降至 86，与医学上对弱智所定义的 70 相距不远，而正常人的平均智力应该在 100 以上。

2. 咖啡因

（1）来源：化学合成或从茶叶、咖啡果中提炼出来的一种生物碱。

（2）性状：适度地使用有祛疲劳、兴奋神经的作用。

（3）滥用方式：吸食、注射。

（4）吸食危害：大剂量长期使用会对人体造成损害，引起惊厥、导致心律失常，并可加重或诱发消化性肠道溃疡，甚至导致吸食者下一代智能低下、肢体畸形，同时具有成瘾性，一旦停用会出现精神委顿，浑身困乏疲软等各种戒断症状。咖啡因被列入国家管制的精神药品范围。

特别提示：我们平时喝的咖啡、茶叶中均含有一定数量的咖啡因，一般每天摄入咖啡因总量在 50～200 毫克以内，不会出现不良反应。

3. 安纳咖，通用名称：苯甲酸钠咖啡因

（1）性状：由苯甲酸钠和咖啡因以近似一比一的比例配制而成，外观常为针剂。

（2）吸食危害：长期使用安纳咖除了会产生药物耐受性需要不断加大用药剂量外，也有与咖啡因相似的药物依赖性和毒副作用。

4. 氟硝安定

（1）性状：属苯二氮卓类镇静催眠药，俗称"十字架"。

（2）吸食反应：镇静、催眠作用较强，诱导睡眠迅速，可持续睡眠五至七小时。氟硝安定通常与酒精合并滥用，滥用后可使受害者在药物作用下无能力反抗而被强奸和抢劫，并对所发生的事情失忆。氟硝安定与酒精和其它镇静催眠药合用后可导致中毒死亡。

5. 麦角乙二胺（LSD）

（1）性状：纯的 LSD 无色、无味，最初多制成胶囊包装。目前最为常见的是以吸水纸的形式出现，也有发现以丸剂（黑芝麻）形式销售。

（2）吸食危害：LSD 是已知药力最强的致幻剂，极易为人体吸收。服用后会产生幻视、幻听和幻觉，出现惊慌失措、思想迷乱、疑神疑鬼、焦虑不安、行为失控和完全无助的精神错乱的症状。同时，还会导致失去方向感，失去辨别距离和时间的能力，导致身体严重受伤和死亡。

提示：在我国台湾及香港，LSD 也有以黑色砂粒状小颗粒（状似六神丸）方式出现的，被称为一粒砂、黑芝麻、蟑螂屎等。由于食用这种黑色、小如细沙的"黑芝麻"毒品以后，听到

节奏强烈的音乐就会不由自主地手舞足蹈，药效长达 12 个小时，故又称作"摇脚丸"。

吸食完 LSD 的青年本来在高楼上，却错误地判断自己在平地上，于是本以为"走"在街上，却从高楼上跳了下去……

迎面而来的汽车离 LSD 吸食者已经很近了，他却错误地判断车离他还很远，于是迎着车走过去……

6. 安眠酮，通用名称：甲喹酮，又称海米那、眠可欣

性状：临床上适用于各种类型的失眠症，该药久用可成瘾，而且有些病人在服用一般治疗量后，能引起精神症状。该药已成为国内外滥用药物之一，20 世纪 80 年代我国临床上已停止使用。合成的安眠酮一般为褐色、黑色或黑粒状的粉剂，非法生产的产品可以呈现药片状、胶囊状、粉状。

在西北地区，一些吸毒人员吸食一种叫作"忽悠悠"的毒品。这种"忽悠悠"药片的主要成分是安眠酮和麻黄素，分别是国家管制的一类精神药品和易制毒化学品。因服这两种药片后会产生打瞌睡、似酒醉、走起路来摇摇晃晃的状态，故叫"忽悠悠"。

7. 三唑仑

(1) 性状：又名海乐神、酣乐欣，淡蓝色片。是一种强烈的麻醉药品，口服后可以迅速使人昏迷晕倒，故俗称迷药、蒙汗药、迷魂药。无色无味，可以伴随酒精类饮品共同服用，也可溶于水及各种饮料中。

(2) 吸食反应：药效比普通安定强 45～100 倍，服用 5～10 分钟即可见效，用药两片致眠效果可以达到 6 小时以上，昏睡期间对外界无任何知觉。服用后还使人出现狂躁、好斗甚至人性改变等情况。

8. γ-羟丁酸 (GHB)

(1) 性状：又称"液体迷魂药"或"G"毒，在中国香港地区又叫做"fing 霸"、"迷奸水"，是一种无色、无味、无臭的液体。

(2) 吸食反应：使用后可导致意识丧失、心率缓慢、呼吸抑制、痉挛、体温下降、恶心、呕吐、昏迷或其他疾病发作。特别是当与苯丙胺类中枢神经兴奋剂合用时，危险性增加。与酒精等其他中枢神经抑制剂合用可出现恶心和呼吸困难，甚至死亡。

(3) 吸食危害：吸食者服用后可出现性欲增强的症状并快速产生睡意，苏醒后会出现短暂性记忆缺失，即对昏迷期间发生的任何事件无记忆，常被犯罪分子利用实施强奸。

中国香港一名 22 岁的女子在参加狂野派对服下"fing 霸"后，脑内一片空白，并有强烈的性兴奋，在卫生间昏迷过去。事后朋友们将她送进医院，医生为其检查身体时吃惊地发现她已遭多名男子轮奸，而在整个被侵害过程中，她浑然不知！

9. 丁丙诺啡

(1) 性状：又名沙菲片。主要作用是镇痛，能暂时缓解吸毒者在毒瘾发作时的症状，通常被戒毒所用于戒毒者短期与早期脱毒替代治疗。属于国家管制的二类精神药品。

(2) 吸食反应：吸食后头晕、头痛、恶心、呕吐、嗜睡、晕厥、呼吸抑制，连续使用能使

人产生依赖性。

10. 麦司卡林，通用名称：三甲氧苯乙胺，是苯乙胺的衍生物。

（1）来源：由生长在墨西哥北部与美国西南部的干旱地一种仙人掌的种子、花球中提取。

（2）吸食反应：服用后出现幻觉，并引起恶心、呕吐。

（3）吸食危害：主要是导致精神恍惚，服用者可发展为迁延性精神病，还会出现攻击性及自杀、自残等行为。

11. 苯环利定（PCP）

（1）性状：也称普斯普剂，是一种对中枢神经系统有抑制、兴奋、镇痛和致幻作用的精神活性药物，以粉剂、液剂、烟草等不同形态出现。

（2）滥用方式：一般是烟雾吸入，也可口服、静脉注射。

（3）吸食反应：用药后一至两小时开始出现情绪不稳、兴奋躁动、失去痛感、神经麻木等症状，继而注意力不能集中，产生思维障碍，逐渐出现幻觉，有的还因此导致进攻行为或自残行为。作用一般持续 4～6 小时，但残余效应可能需要几天或更长的时间才能消失。

服用 PCP 后因思维混乱、感觉迟钝、判断力和自控力下降引起的死亡人数要远比这种毒品本身的毒性所造成的死亡人数多，而且很多死亡原因在常人看来是完全可以避免的。如服用者因思维混乱、自控力太差而溺死在浅水滩中；因感觉迟钝、痛感消失又无力辨别方向而在完全可以逃生的火灾事件中被活活烧死，等等。

12. 迷幻蘑菇

（1）生状：多为粉红色片剂，其迷幻成分主要由一种含毒性的菌类植物"毒蝇伞"制成。"毒蝇伞"生长在北欧、西伯利亚及马来西亚一带，属于带有神经性毒素的鹅膏菌科，含有刺激交感神经、与迷幻药 LSD 相似的毒性成分。

（2）吸食反应：药力持久，有吸食者称比摇头丸、K 粉更强烈。吸食后即会出现健谈、性欲亢进等生理异常反应。

（3）吸食危害：过量吸食会出现呕吐、腹泻、大量流汗、血压下降、哮喘、急性肾衰竭、休克等症状或因败血症猝死。心脏有问题的人服后可导致休克或突然死亡。

购买处方药一定要有医生开具的处方。但一些不良商家为了牟取私利，公然出售联邦止咳露、新泰洛其等止咳处方药，甚至还明目张胆地摆上了副食品商店的货架。许多孩子因为随便将该药当饮料服用，陷入其中而不能自拔。更有一些孩子从饮止咳水开始而沦入毒品陷阱。

13. 止咳水

（1）吸食反应：通常含有可待因、麻黄碱等成分，服用后会出现昏昏欲睡、便秘、恶心、情绪不稳定、睡眠失调等症状，大量服用能抑制呼吸。

（2）吸食危害：长期服用可形成心理依赖，戒断症状类似海洛因毒品。吸食者往往最终转吸海洛因，才能满足毒瘾。过量滥用，可导致抽筋、神智失常、中毒性精神病、昏迷、心跳停止及呼吸停顿导致窒息死亡。

14. **地西泮**

(1) 性状：又名安定。白色结晶性粉末。

(2) 吸食反应：适用治疗焦虑症及各种神经官能症、失眠、治疗癫痫。长期大量服用可产生耐受性并成瘾。

(3) 吸食危害：久服骤停可引起惊厥、震颤、痉挛、呕吐、出汗等戒断症状。用药过量有头痛、言语不清、震颤、心动徐缓、低血压、视力模糊及复视、嗜睡、疲乏、头昏及共济失调（走路不稳）等症状。超剂量可导致急性中毒，表现为动作失调、肌无力、言语不清、精神混乱、昏迷、反射减弱和呼吸抑制直至死亡等，也可引起精神错乱、关节肿胀、血压下降等。

15. **有机溶剂和鼻吸剂**

有机溶剂和鼻吸剂包括一系列挥发性很强的化合物，它们能像抑制剂一样对中枢神经系统起作用。这些化合物或是在室温时以气体状态存在，或者一暴露在空气中就会很快蒸发。

有机溶剂会导致知觉受损、失去协调和判断能力，压抑呼吸并导致脑部受损。较常用的有机溶剂有：油漆稀释剂和去涂料剂、香蕉水、松节油、胶水、汽油、煤油和其他石油制品、打火机和清洁用液体以及各种气溶胶剂。它们的有效成分包括甲苯、丙酮、苯、四氯化碳、氯仿、乙醚以及各种酒精和乙酸盐。

七、新型毒品的致病机理

人体正常细胞兴奋活动是通过一种特殊化学物质——神经递质的释放来实现的。正常情况下，神经细胞中神经递质的释放可以得到有序的控制。但是苯丙胺类兴奋剂等新型毒品的摄取能促使神经递质耗竭性的过量释放，由此产生持续的、高度的、病理性的兴奋状态，可导致神经细胞大量被破坏，引起神经功能系统的紊乱；长时间的高度兴奋可以出现大量出汗、虚脱、肌肉震颤、急剧高温、肌肉溶解、急性精神障碍、幻觉、幻想以及猝死，同时也遗留产生慢性精神疾病的病理基础。

经过数次毒品的作用后，神经细胞释放的快乐型神经递质不断减少，吸食者虽理智上知道不该吸食这类毒品，但需要毒品的异常强刺激来维持正常或异常的欣快感。因此，毒品成瘾是一种反复发作的脑疾病。

特别提示：专家指出，一般情况下一克冰毒就能置人于死地。当然，这只是一个理论性的量，因为人与人之间的个体体质、健康状况差异甚大，有的人可能只吸食了0.5克的冰毒就会死亡。而我国缴获的每粒摇头丸中冰毒的含量已达30～60毫克。

案例：凌晨2点左右，成都的一间酒吧内，一个男DJ不时声嘶力竭地喊着："摇啊摇！摇啊摇！""HIGH起来！HIGH起来！"并且鼓动大家同他一起喊。整个大厅像烧沸的开水，10余名光着上身的男青年聚在一起，站在吧桌上狂喊、狂舞、狂摇，虽然已是初冬，但他们依然大汗淋漓。一名十七八岁的少女站在吧桌上猛烈地摇着头，她先是脱掉了外套，然后脱掉了毛衣，最后脱得只剩下一件胸衣。酒吧内看起来有二三十人吃过摇头丸，男男女女个个把头摇得像拨浪鼓似的，还有的已经口吐白沫，呕吐不已。不时有浑身无力的"摇头一族"被扶着走出大厅，一直在吧台前疯狂摇头的女孩也在别人搀扶下走出了大门，嘴里还傻乎乎地说着"我是一片云……"

1. 新型毒品导致神经系统疾病

滥用苯丙胺类兴奋剂等新型毒品后最常出现的后果是兴奋、躁动和类精神病样症状。大量的临床资料表明，冰毒和摇头丸等新型毒品可以对大脑神经细胞产生直接的损害作用，导致神经细胞变性、坏死，出现急慢性精神障碍。

一次或几次过量服用苯丙胺类兴奋剂等新型毒品常导致急性精神障碍；长期滥用苯丙胺类兴奋剂可以导致慢性精神障碍，又称为苯丙胺性精神病，类似精神分裂症，以犯罪妄想、迫害与被害妄想表现明显。研究表明，82％的苯丙胺滥用者即使停止滥用8～12年，仍然有一些精神病症状，甚至精神分裂，一遇刺激便会发作。

2. 新型毒品易成瘾

吸食苯丙胺类兴奋剂等新型毒品数小时后，毒品带来的愉悦感、欣快感和迷幻感等逐渐消失，吸毒者会出现全身疲乏、精神压抑和嗜睡等症状，这些效果使得吸毒者渴望再次得到精神刺激而再次吸食毒品。与海洛因等传统毒品相比，苯丙胺类兴奋剂等新型毒品停止吸食后不会产生明显的戒断症状，身体依赖性不特别明显。但表现出很强的精神依赖性，即吸食者为追求产生一种特殊的欣快感和欢愉舒适的内心体验，在精神上产生定期连续吸食毒品的渴求和强迫吸食行为，以获取心理上的满足，消除精神上的不适，因此这类毒品很容易成瘾。

3. 吸食毒品摧残人的生命

苯丙胺类兴奋剂能对心血管产生兴奋性作用，导致急性心肌缺血、心肌病和心律失常。在一些因过量服冰毒、摇头丸而死亡的案例中，医生们检查到了类似冠心病、心肌梗死的病变，有的心肌因高度兴奋而痉挛性收缩造成心肌断裂。苯丙胺类兴奋剂还可以导致吸毒者全身骨骼肌痉挛，出现恶性高热或对肾功能造成严重损害，对脑血管产生损害作用导致脑出血，这都是苯丙胺类兴奋剂最常见的死因。

案例：深圳市某公安分局一位法医说，在他们辖区因服用摇头丸而死亡的第一例发生在1997年7月9日，死者是四川女孩，21岁。她头天晚上在一家夜总会跳迪斯科，服食了摇头丸，回到家药性没有消失，继续跳，并且又服了一粒摇头丸，跳疯了。三四个人想让她停下来都控制不住，一直跳到全身衰竭倒下去。法医尸检结果发现她的血液、尿液里有大量的甲基苯丙胺成分。

八、我国实行的科学戒毒措施

（1）强制戒毒和劳教戒毒普遍采取治疗、教育、康复相结合的方法，对吸毒人员进行综合的生理和心理矫治。

（2）公安和司法机关分别制定了对强制戒毒所和劳教戒毒所实行等级化、规范化管理的有关制度。

（3）国家药品监督管理局颁布了《阿片类成瘾常用戒毒疗法的指导原则》和《戒毒药品管

理办法》，建立了国家药物依赖性研究中心、国家药物滥用监测中心、国家麻醉品实验室，组织科研机构开展科学戒毒方法和戒毒药物的研究。

（4）卫生防疫部门与禁毒部门密切合作，在戒毒所开展了性病、艾滋病防治工作，并在一些戒毒所建立了艾滋病监测点和检测系统。

强制戒毒是公安机关对吸食、注射毒品成瘾人员，在一定时期内通过强制性的行政措施，依法对其强迫进行药物治疗、心理治疗和法制教育、道德教育，使吸毒人员戒除毒瘾。

自愿戒毒是吸毒人员本人自愿或在其家属的督促下到政府有关部门设立的戒毒机构接受戒毒治疗。

强制戒毒和自愿戒毒的共同点，都是吸毒人员到戒毒机构接受戒毒治疗；区别是强制戒毒是依法强迫戒毒，自愿戒毒是在自愿的情况下主动接受戒毒。

【健康小护士】

暑期活动注意事项

暑假即将到来，相信许多同学已经开始计划暑假活动了。或许打算旅游，或许打算出国，或许打算充实自己的知识，等等。在从事休闲活动的同时，我们必须特别注意自身的安全，因此，在这里我们提供了一些注意事项供同学参考：

（1）室内活动。

室内活动包含图书馆、电影院、百货公司或超市、KTV、室内演唱会、室内团体活动等，从事该项活动时，首先应注重逃生路线及逃生设备的熟悉，同学们应熟习相关消防（逃生）器材如灭火器等的使用方式，方能确保我们从事室内活动时的安全。其次，同学们应该避免前往网吧、酒吧、舞厅等出入人员复杂的场所，以免产生人身安全问题。

（2）户外活动。

户外活动包含登山、溯溪、戏水、户外体育活动、户外团体活动等，从事此活动时，首应注意天候及地形之熟悉，于遭遇天候状况不佳时如台风过境、大潮、暴雨，应立即停止一切户外活动；如果同学们的休闲计划有安排从事登山、溯溪、戏水等活动，应该要对当地的气候及地形详细调查，除可避免发生危害自身安全事件外，亦可避免社会救援资源的浪费。至于将进入在山区进行调查或研究的同学，我们更应事前做好相关安全规划及紧急应变措施，以确保自身安全。而且我们也应衡量从事此活动时，自身的体能状况及所需相关装备是否完整，才能充分享受户外活动的乐趣，降低发生意外事件的可能性。

任务10 谨防校园欺凌与暴力

校园暴力是近几年在教育界提出的一个新概念，暴力是指以语言和明显的肢体动作，侵犯他人，使对方感受到威胁、痛苦或身体上受到伤害。从广义上来说，应是指发生于校园内的所有暴力行为，包括同学彼此间或老师与同学之间以及学生对学校的破坏行为等。然而在我国发生最多的是学生间的暴力行为，也就是学生对学生之间的暴力行为。一般表现为口语恐吓、辱骂、被迫做不喜欢的事、被故意侵犯身体、被故意陷害乃至殴打、勒索等形式。校园暴力是一个社会现象，是多种不良社会因素作用的结果，需要家庭、学校和社会，包括司法机关在内的各方力量齐心协力加以防治。

一、学生如何自我保护

（1）遇到校园暴力，一定要沉着冷静，采取迂回战术，尽可能拖延时间。

（2）必要时，向路人呼救求助，采用异常动作引起周围人注意。

（3）人身安全永远是第一位的，不要去激怒对方。

（4）顺从对方的话去说，从对方的言语插入话题，缓解气氛，分散对方注意力，为自己争取时间。

（5）在学校不主动与同学发生冲突，一旦发生及时找老师或家长解决。

（6）穿戴不要奢侈，尽量低调，不过于招摇。

（7）独自行走时尽量不要走僻静、人少的地方，要走大路，放学不要在路上贪玩，按时回家。

二、学校对校园暴力的应对方法

纵观多年来的校园暴力案件，很多案件最初都是微小的欺凌苗头，后来愈演愈烈，最后甚至构成犯罪，给当事各方造成很大伤害，令人痛心。所以，应对校园暴力贵在预防，重在抓小抓早抓苗头。对此，中办、国办《关于进一步深化预防青少年违法犯罪工作的意见》、国务院《关于开展校园欺凌专项整治工作的通知》和教育部等九部委《关于防止中小学生欺凌和暴力的指导意见》都有明确要求。

（1）做好学生的法治教育工作。中央要求，把法治教育纳入国民教育体系，在中小学设立法治知识课程，加强对普通高校、职业院校学生的法治宣传，配齐配强法治副校长、辅导员，这些要求一定要落到实处。

（2）严格学校日常安全管理。要健全应急处置预案，做到早期预警、事中处理、事后干预。要注重家校沟通，对可能的欺凌和暴力行为早发现、早预防、早控制。对发现的欺凌和暴力事件线索，要早核实、早处置，避免小事拖大。对违法违规学生要进必要的教育、惩戒，涉嫌犯罪的要及时通知公安机关。

（3）加强校园及校园周边地区安保措施。全面排查校园安全隐患，实现封闭式管理，强化警校联动，健全校园视频监控系统、紧急报警装置，接入公安机关、教育部门监控和报警平台，逐步建立校园安全网上巡查系统。

三、家长的职责

（1）家长要与孩子多沟通，尽早关注并发现孩子的异常，及时干预。在一些案件中，很多孩子遭受欺凌和暴力伤害后，不愿意跟家长和老师讲，而家长对孩子的异常也没有及时发现，导致愈演愈烈。所以家长和老师一方面要引导孩子学会沟通，遇到问题敢于求助。另一方面，也要及时发现孩子出现的精神状态异常、不合群、抵触学校、经常丢失物品、成绩下滑等现象，及时确认孩子的安全，并采取相应措施。当孩子不幸受到伤害时，要冷静处理，既不要漠不关心，也不要反应过度。一切要从恢复孩子身心健康和正常学习状态出发，与学校和对方家长进行沟通，理性解决。必要时，要请专业心理医生做心理干预，用法律武器维护孩子合法权益。

（2）家长要对孩子加强教育，言传身教，引导孩子树立法治意识、规则意识，做到与人为善。"家庭是预防未成年人不良行为的第一道防线""父母是孩子最好的老师"，家长要以身作则，言传身教，以自己的行为告诉孩子，怎样与人相处。如果孩子实施了校园欺凌和暴力行为，态度不要回避，更不要袒护，要态度鲜明地予以批评，明确是非，帮助他们树立规则意识。在向对方进行必要赔偿的同时，要帮助孩子分析事件发生的前因后果，引导孩子向对方赔礼道歉，让孩子树立责任意识，增强自我改正的内在动力，避免往错误的方向越走越远。根治校园欺凌和校园暴力，需要政府、司法机关、社会、学校、家庭齐心协力。只有在社会各界的共同努力下，我们才能够为孩子们创造一个安全、无暴力的教育环境，才能够守护好每一个在校学生的安全，为每一个孩子的健康成长保驾护航。

案例链接

刘某某系某中学初中学生，因琐事与一同学发生矛盾，指使无业青年主父笑某、文某教训这名同学。笑某、文某等人赶到学校门口时，与刘某某有矛盾的同学已经离开学校。刘某某想起朋友殷某某与同学王某某有矛盾，随即指使笑某、文某等人在学校附近对王某某拳打脚踢，致王某某轻伤。

裁判结果：法院认为，被告人笑某、文某随意殴打他人，情节恶劣，其行为构成寻衅滋事罪。鉴于其归案后如实供述罪行，积极赔偿，取得了被害人的谅解，酌情从轻处罚。据此，分别判处有期徒刑一年零二个月和一年。

典型意义：该案系校内学生纠集社会闲散人员，欺负、伤害校内学生的校园欺凌案件。同学之间偶有矛盾是正常的，要学会合法合理去解决矛盾，虽因未达刑事责任年龄不予刑事处罚，但是学校对其严肃处理，必要的时候也可以由政府收容教养。被告人笑某、文某作为成年人，不但不帮助未成年人正确处理矛盾，反而逞强滋事，无故殴打未成年学生，不仅伤害了被害人身体健康，也伤害了被害人的心灵，其在学校周边滋事的行为也影响了校园安全，法院依法对其从严惩处。

任务 11 用电安全常识

案例链接

2010 年 6 月 23 日，河北省石家庄市机场路小学两名小学生课间在校园内先后触电，其中一名五年级男孩小鹏（化名）触电身亡，一女孩触电受伤。

据死者的亲属介绍，当天下午第一节课下课后，该校的学生统一做眼保健操，班主任发现小鹏没有认真做操，随即处罚他擦洗教室的课桌。小鹏拿着抹布到洗手池洗抹布，经过洗手池附近的一处金属告示牌时不幸触电。下午 3 时 40 分许，小鹏的父亲王士谦接到校方电话，学校老师称小鹏已被送往河北省人民医院救治。当王士谦赶到医院时，小鹏已经死亡。公安部门经过初步调查后认为，该学校教学楼二楼的一根掉落的电线搭在告示牌上，而这可能就是导致小鹏触电身亡的原因。据了解，当天该校还有另外一名四年级的女生在同一地方触电。随着科技的不断发展和人民生活水平的不断提高，各种用电设备随处可见。这就要求学生们懂得用电安全的常识，以免发生人身伤害。

一、学会看安全用电标志

明确统一的标志是保证用电安全的一项重要措施。统计表明，不少电气事故完全是由于标志不统一而造成的。标志分为颜色标志和图形标志。颜色标志常用来区分各种不同性质、不同用途的导线，或用来表示某处安全程度。图形标志一般用来告诫人们不要去接近有危险的场所。为保证安全用电，必须严格按有关标准使用颜色标志和图形标志。我国安全色标采用的标准，基本上与国际标准草案（ISO）相同。一般采用的安全色有以下几种：

（1）红色：用来标志禁止、停止和消防。如信号灯、信号旗、机器上的紧急停机按钮等都是用红色来表示"禁止"的信息。

（2）黄色：用来标志注意危险。如"当心触电"、"注意安全"等。

（3）绿色：用来标志安全无事。如"在此工作"、"已接地"等。

（4）蓝色：用来标志强制执行，如"必须带安全帽"等。

（5）黑色：用来标志图像、文字符号和警告标志的几何图形。按照规定，为便于识别，防止误操作，确保运行和检修人员的安全，采用不同颜色来区别设备特征。如电气母线，A 相为黄色，B 相为绿色，C 相为红色，明敷的接地线涂为黑色。在二次系统中，交流电压回路用黄色，交流电流回路用绿色，信号和警告回路用白色。

二、家庭安全用电常识

（1）入户电源线避免过负荷使用，破旧老化的电源线应及时更换，以免发生意外。

（2）入户电源总保险与分户保险应配置合理，使之能起到对家用电器的保护作用。

（3）接临时电源要用合格的电源线、电源插头，插座要安全可靠。损坏的不能使用，电源线接头要用胶布包好。

（4）临时电源线临近高压输电线路时，应与高压输电线路保持足够的安全距离（10KV 及以下 0.7 米；35KV，1 米；110KV，1.5 米；220KV，3 米；500KV，5 米）。

（5）严禁私自从公用线路上接线。

（6）线路接头应确保接触良好，连接可靠。

（7）房间装修，隐藏在墙内的电源线要放在专用阻燃护套内，电源线的截面应满足负荷要求。

（8）使用电动工具如电钻等，须戴绝缘手套。

（9）遇有家用电器着火，应先切断电源再救火。

（10）家用电器接线必须确保正确，有疑问应及时询问专业人员。

（11）家庭用电应装设带有过电压保护的调试合格的漏电保护器，以保证使用家用电器时的人身安全。

（12）家用电器在使用时，应有良好的外壳接地，室内要设有公用地线。

（13）湿手不能触摸带电的家用电器，不能用湿布擦拭使用中的家用电器，进行家用电器修理必须先停电源。

（14）家用电热设备、暖气设备一定要远离煤气罐、煤气管道，发现煤气漏气时先开窗通风，千万不能拉合电源，并及时请专业人员修理。

（15）使用电熨斗、电吹风等电热器件。必须远离易燃物品，用完后应切断电源，拔下插销以防意外。

任务 12　体育运动和户外活动安全

案例链接

2017 年 6 月 10 日上午 9 点多，怀柔区汤河口镇发生一起事故。几名中学生在河边钓鱼时坠入河中，其中两名中学生不幸溺水身亡。当地人表示，由于前些年常有人使用挖掘机在附近河段开采砂石料，导致原本很浅的河底出现大坑，这也是两名中学生没有爬上岸的原因。

一、体育运动安全

体育与健康作为学校教育的重要组成部分，于自身的特点（运动、器械）或其它各种因素，存在着风险，隐含着伤害，运动伤害事故（尤其是运动性损伤）偶有发生，成为学校教育过程中的不安全因素，给学生心理、生理带来了巨大的伤害。

1. 体育运动伤害发生的因素

（1）认识不足

对运动伤害预防的重要性认识不足，未能积极有效地采取预防措施，或措施不当，及易导致运动伤害的发生。

（2）准备活动不足

①不做准备活动就进行激烈的体育运动，及易造成肌肉损伤、肌腱扭伤，韧带拉伤等运动伤害。

②准备活动敷衍了事，在运动系统和神经系统的功能尚未达到适宜水平，就进行运动，易对器官功能造成伤害。

③准备活动内容不得当或准备活动过量，致使准备活动无效或身体功能有所下降。

（3）心理状态不良

在体育运动中于急燥，恐惧、害羞、麻痹、缺乏经验或不自量力，也容易导致伤害事故。

（4）气候不宜

过高的气温和潮湿的天气，导致大量出汗失水；在冰雪寒冷的冬季易发生冻伤或其它伤害事故。

（5）体质和素质不佳

身体素质低、体质弱，体育基础差，一时不能适应体育运动的需要，容易发生伤害事故。

（6）行为不规范

违反体育运动规律、纪律、规定和要求，也是造成身体伤害事故的原因。

2. 体育运动应该注意的安全事项

（1）运动前准备好

①检查自己的身体情况

参加体育活动，首先要了解自己的身体状况，要学会自我监督，随时注意身体功能状况变化，若有不良症状要及时向教师反映情况，采取必要的保健措施。切忌有心脏病或其他不适合参与体育活动的疾病而隐瞒病情，勉强参加活动。

学生有以下疾病或症状，禁止参加体育活动：

a. 体温增高的急性疾病。

b. 各种内脏疾病（心、肺、肝、肾和胃肠疾病）的急性阶段。

c. 凡是有出血倾向的疾病，如肺及支气管咳血，鼻出血，伤后不久而有出血危险，消化道出血后不久等。

d. 恶性肿瘤。

e. 传染病及慢性疾病，如乙肝等。

f. 患有心脏病、高血压等疾病的学生，禁止参加长跑等长时间剧烈运动的项目锻炼。

②检查场地和器材

要认真检查运动场地和运动器材，消除安全隐患。要注意场地中的不安全因素，如场地是否平整，要清除石头土块；检查沙坑的松散度、是否有石子杂物等；检查体育设施是否牢固安全可靠，器材的完好度等。不冒险，确保自身安全。

③做好运动准备

要穿运动服装、运动鞋，不要佩戴各种金属的或玻璃的装饰物，不要携带尖利物品等。做好热身准备活动。

为什么要做热身准备活动？

就是要克服内脏器官在生理上的惰性，以减低运动伤害发生的机会。

如果突然进行剧烈运动，就会出现心慌、胸闷、肢体无力、呼吸困难、动作失调等现象。

运动前不重视做准备活动或准备活动做得不充分、不正确、不科学，是引起运动损伤的重要原因；准备活动不充分，肌肉、内脏、神经系统机能不兴奋，肌肉供血量不足，在这样的身体状态下进行活动，动作僵硬、不协调，及易造成运动损伤，甚至导致伤害事故。

（2）运动时讲科学

①要掌握动作要领

在体育运动中，了解和掌握动作要领及方法，不仅能够在运动过程中发挥好技术动作，达到体育锻炼的目的，而且还能消除心理上的恐惧，增强自信心，避免不必要的伤害。

②要正确使用器材

要了解熟悉掌握器材的性能、功能及使用方法。要严格遵守相关操作规程，在一些体育器械（如铅球、实心球等）的使用中，要注意选择适当场地，确保自身安全，同时还要注意不要伤及他人安全。

③运动负荷要适当

参加体育活动要根据身体素质条件，选择最有利于增强体质的运动负荷。可循序渐进，易到难，从小到大。负荷过小，对身体作用不大；负荷过大，会损害身体；只有适宜的运动负荷，才能有效地增强体质，提高健康水平。

（3）运动后要恢复

①认真做恢复活动

做恢复活动的目的就是使人体更好的从紧张运动状态过渡到安静状态，使心脏逐渐恢复平静，放松身心。如果突然停止运动，就会造成暂时性的贫血，产生心慌、晕倒等一系列不良现象，对身心健康造成损害。

②自我检查运动反应

如果感到十分疲劳，四肢酸沉，出现心慌、头晕，说明运动负荷过大，需要好好调整与休息。

运动后经过合理的休息感到全身舒服，精神愉快，体力充沛，食欲增加，睡眠良好，说明运动负荷安排比较合理。

③适当补充能量

参加体育运动要消耗大量的能量，所以在运动后（运动前也应适当补充能量）要科学饮食，保证身体的需要，确保取得最佳的锻炼效果。

a. 半小时至 1 小时后进餐。

b. 避免喝含有咖啡因的饮料。

c. 5 至 10 分钟后饮水（含盐）。

资料链接

体育运动安全口诀

体育运动到操场，检查场地和器材；运动服装先换上，手表饰品要摘掉；

运动前要做热身，活动四肢扭扭腰；运动前后喝点水，剧烈运动要适量；

遵守规则讲文明，危险动作杜绝掉；运动全部结束后，恢复要做好。

科学而安全地进行体育运动，可以增强体质，愉悦身心。相反，体育运动如果做不到科学、合理、安全，就不能达到运动目的，运动不当还会对人体造成伤害。因此，我们懂得一些体育运动安全常识，掌握一定的安全防范知识，养成良好的安全运动习惯，就会达到健康身心的目的。

二、户外活动安全

1. 课间活动安全常识

（1）室外空气新鲜，课间活动应当尽量在室外，但不要远离教室，以免耽误下面的课程。

（2）活动的强度要适当，不要做剧烈的活动，以保证继续上课时不疲劳，精力集中，精神饱满。

（3）活动的方式要简便易行，如做做操等。

（4）活动要注意安全，要避免发生扭伤，碰伤等危险。

2. 郊游，野营活动安全常识

（1）要准备充足的食品和饮用水。

（2）准备好手电筒和足够的电池，以便夜间照明使用。

（3）准备一些常用的治疗感冒，外伤，中暑的药品。

（4）要穿运动鞋或旅游鞋，不要穿皮鞋，穿皮鞋长途行走脚容易磨泡。

（5）早晨夜晚天气较凉，要及时添加衣物，防止感冒。

（6）活动中不随便单独行动，应结伴而行，防止发生意外。

（7）晚上注意充分休息，以保证有充足的精力参加活动。

（8）不要随便采摘，食用蘑菇，野菜和野果，以免发生食物中毒。

（9）要有成年人组织，带领。

3. 集体野营，郊游活动安全常识

（1）最好事先对活动路线，地点进行勘察。

（2）做好活动的组织工作，制订活动纪律，确定负责人。

（3）最好要求参加活动的人统一着装（如穿校服），这样目标明显，便于互相寻找，防止掉队。

（4）所有参加活动的人要严格遵守活动纪律，服从统一指挥。

4. 登山活动安全常识

（1）登山时有老师或家长带领，要集体行动。

（2）登山的地点应该慎重选择，要向附近居民了解清楚当地的地理环境和天气变化的情况，选择一条安全的登山路线，并做好标记，防止迷路。

（3）备好运动鞋，绳索，干粮和水，在夏季，一定要带足水，因为登山会出汗，如果不补充足够的水分，容易发生虚脱，中暑。

（4）最好随意携带急救药品，如云南白药、止血绷带等，以便在发生摔伤、碰伤、扭伤时派上用场。

（5）登山时间最好放在早晨或上午，午后应该下山返回驻地．不要擅自改变登山路线和时间。

（6）背包不要手提，要背在双肩，以便于双手抓攀，还可以用结实的长棍作手杖，帮助攀登。

（7）千万不要在危险的崖边照相，以防发生意外。

5. 游泳安全常识

（1）游泳需要经过体格检查，患有心、严重沙眼等以及各种传染病的人不宜游泳，处在月经期的女青少年也不宜去游泳。

（2）要慎重选择游泳场所，不要到江河湖海去游泳。

（3）下水前要做准备活动，可以跑跑步、做做操，活动开身体，还应用少量冷水冲洗一下躯干和四肢，这样可以使身体尽快适应水温，避免出现头晕、心慌抽筋现象。

（4）饱食或者饥饿时，剧烈运动和繁重劳动以后不要游泳。

（5）水下情况不明时，不要跳水。

（6）发现有人溺水，不要贸然下水营救，应大声呼唤成年人前来相助。

6. 放风筝安全常识

（1）不要在公路或铁路两侧放风筝。公路上来往车辆多，情况复杂，铁路上也常有火车通过。许多青少年为了把风筝放起来，只顾向前奔跑，还有的青少年喜欢拉着风筝线倒退着走，这时如果有火车或汽车通过，就容易出交通事故。

（2）不要到农村场院内放风筝。农忙时，场院内有许多临时安装的电灯，电闸等，如果不注意，风筝搭上电线，造成短路，不但有触电的危险；还有可能引起火灾。

（3）不能在设置高压线的地方放风筝。这些地段高压线密集，若风筝搭在高压线上，容易造成人员伤亡和电器设备的损坏。

7. 户外活动防止中暑安全常识

（1）大量出汗后，要及时补充水分。外出活动，尤其是远足、爬山或去缺水的地方，一定要带够充足的水，条件允许的话，还可以带些水果等解渴的食品。

（2）外出活动前，应该做好防晒的准备，最好准备太阳伞、遮阳帽，着浅色透气性好的服装。外出活动时一旦有中暑的征兆，要立即采取措施，寻找阴凉通风之处，解开衣领，降低体温。

（3）可以随身带一些仁丹、十滴水、霍香正气水等药品，以缓解轻度中暑引起的症状。如果中暑症状严重，应该立即送医院诊治。

模块二　交通安全

任务1　道路交通安全常识

　　青少年是祖国的未来和希望，他们能否健康成长，不仅关系到每一个家庭的幸福美满，而且关系到一个国家、一个民族的兴衰。据有关部门统计，全国青少年因道路交通事故死亡的人数每年有数千人，同时，道路交通事故也是青少年致残的罪魁祸首。统计表明，青少年缺乏交通安全知识、交通安全意识淡薄是导致悲剧发生的重要原因。

案例链接

　　1990年6月6日12时许，某学校学生杨洋，中午放学准备回家时，他的妈妈站在路对面喊他，杨洋慌忙向马路对面跑去，刚跨进马路两三步，就被左边驶来的一辆北京牌吉普车撞倒并从身上碾压过去，当场死亡。

　　2004年6月6日早上7时5分，湖南省某工业学校男生徐××骑自行车从家中去学校上课，途经一个十字路口时闯红灯，被一执勤交警制止。徐××不仅不承认错误，反而态度蛮横，无理狡辩。结果，徐××的自行车被依法扣留，并受到了应有的惩罚。

　　2004年10月8日11时10分，北京市房山区学生刘雁飞由在某地由东向西横过马路，被张海（男，34岁）驾驶的摩托车撞到，经抢救无效于10月13日死亡。

　　案例分析　青少年学生成为道路交通事故的最大受害者，除了车辆增多、车辆超速行驶、车况及路况不良、驾驶员违章驾驶或技术缺陷、道路交通安全防护设施缺陷等外部原因外，青少年自身存在这样或那样的不足也是导致道路交通安全事故频发的重要原因。概括起来讲，主要有以下几点。

　　(1) 缺乏交通安全意识。许多青少年学生法制观念和交通安全意识淡薄，最终酿成严重后果。

（2）缺少交通安全知识。有的青少年对交通法规和交通安全知识没有进行全面的学习和了解，对交通违法行为的危害性认识不够。

（3）青少年注意力容易分散，自控自制能力差，行为极具突然性。行走时不顾前后左右，任意穿行，想跑就跑，行走路线变化无常，充满危险。

（4）存在侥幸心理，缺乏规则意识。有的青少年对遵守社会规则的认识不够，缺乏良好的行为习惯，对自己的行为掉以轻心，丧失警惕。

应对方法

1. 交通法规对行人的要求

（1）必须遵守车辆、行人各行其道的规定。行人应当在人行道内行走，没有人行道的靠路边走。

（2）必须遵守交通标志和标线的规定，服从交通警察的指挥与管理；行人通过路口或者横过道路，应当走人行横道或者过街设施；通过有交通信号灯的人行横道，必须遵守"红灯停、绿灯行、黄灯闪烁多注意"的规定，按照交通信号灯指示通行。

通过没有交通信号灯、人行横道的路口，或者在没有过街设施的路段横过道路，应当在确认安全后通过。

（3）行人通过铁路道口时，应当按照交通信号或者管理人员的指挥通行；没有交通信号和管理人员的，应当在确认无火车驶临后，迅速通过。

（4）行人不得跨越、倚坐道路隔离设施，不得扒车、强行拦车或者实施妨碍道路交通安全的其他行为。

（5）不准在道路上爬车、追车、强行拦车、抛物击车或在道路上躺卧、纳凉、聚众围观等。

（6）学龄前儿童以及不能辨认或者不能控制自己行为的精神疾病患者、智力障碍者在道路上通行，应当由其监护人、监护人的委托人或者对其负有管理、保护职责的人带领；盲人在道路上通行，应当使用盲杖或者采取其他导盲手段。车辆应当避让盲人。

（7）不准强迫、纵容他人违反交通法规，同时对任何人违反交通法规都有劝阻和控告的权力。

2. 行人"三不"

（1）不得在道路上使用滑板、旱冰鞋等滑行工具。

（2）不得在车行道内坐卧、停留、嬉闹。

（3）不得有追车、抛物击车等妨碍道路交通安全的行为。

知识链接

一、汽车的特性与安全

1. 行进中汽车的惯性

汽车在行驶中遇到紧急情况，尽管驾驶员紧急刹车，也难免发生撞车、撞人事故，这是因为行驶中的汽车具有惯性。汽车行驶速度越快，惯性越大，制动停车距离越长。检测结果表明，当汽车以每小时 40 公里的速度行进时，从司机发现情况急刹车到制动有效，汽车会向前继续行驶 18.82 米，而雨、雪天气长达 24 米。如果因此出现交通事故，横穿马路的人往往要负责主要责任。

2. 汽车转弯时的"内轮差"

汽车转弯时所占用的宽度大于车辆本身的宽度，前后轮不会在同一条弧线上，会有一定的差距。这个差别就叫"内轮差"。由于这种"内轮差"，使汽车转弯时，前轮可能通过道路的某一物体，而后轮却不能通过。我们在道路上碰见转弯的车辆时，不能靠车辆太近，如果离得太近，就很可能被车尾撞倒。

二、常用道路交通安全标志

常用道路交通标志如图 2-1 至图 2-13 所示。

| 图 2-1　步行标志 | 图 2-2　无人看守铁路道口标志 | 图 2-3　禁止行人通行标志 | 图 2-4　注意行人标志 |

| 图 2-5　注意信号灯标志 | 图 2-6　立交直行和左转变行驶标志 | 图 2-7　禁止直行标志 |

| 图 2-8　指路标志 | 图 2-9　注意危险标志 | 图 2-10　禁止骑自行车下坡标志 |

| 图 2-11　禁止非机动车通行标志 | 图 2-12　禁止两轮摩托车通行标志 | 图 2-13　禁止车辆、行人通行标志 |

任务2 骑车安全常识

摩托车、电动助力车、自行车等轻型交通工具给人们带来极大的方便，青少年学生骑车上学已经越来越普遍，但因此带来的安全问题却未引起人们的足够重视。青少年学生因骑车引起的意外伤亡事件频频见诸报端。血的教训告诉我们：要方便更要安全！

案例链接

2001年6月27日，天津市某学校女生孙××骑自行车外出购物，由于带着"随身听"并哼着歌曲而使注意力分散，结果在一交叉路口处与一辆"面的"出租车相撞，致使该女生受重伤。

2004年5月5日下午，胡某与11名同学骑自行车郊游，在一公路陡坡急转弯处，胡某连人带车撞在山壁上，掉进路边水沟内，当场造成胸椎骨折和脊髓损伤，下半身立刻丧失知觉，后经鉴定为一级伤残。一次看起来很小的违规竟使胡某付出了从此全身瘫痪的惨痛代价。

2008年7月17日下午5时，杨林从西固区人民医院出来后准备过马路，当她走到医院大门东侧的非机动车道上时（没有走在人行横道上），突然一辆自行车由西向东疾驶过来，将杨林撞倒在地，与此同时骑车的张磊后脑着地重重地摔倒在地上，昏迷不醒，而杨林只是受了一些小伤。张磊被送往医院经过5天抢救后，终因重度颅脑损伤呼吸衰竭死亡。因为杨林未遵守"行人通过路口或者横过道路，应当走人行横道或者过街设施"的规定，因此要承担主要责任，给予张磊巨额赔偿。

某中学15岁学生陈杰，带着他的三个伙伴无证驾驶一部两轮摩托车，在路上将同向行走的陈某撞倒，造成陈杰、陈某当场死亡、三个伙伴重伤的两死三伤的重大事故。

案例分析

青少年骑车发生安全事故的主要原因有以下几点。

（1）违法骑、驾、乘车。根据规定：12岁以下儿童不能骑自行车；年龄不满18岁的学生不准驾驶摩托车；乘坐摩托车时不准打伞、不准侧坐、不准站立；不能违规搭乘摩托车。但上述现象在青少年中却十分普遍。

（2）骑车时严重违规。主要表现有：骑车时超速；骑车时逆向、横向、突然转向或线路曲折无方向；骑车时违规占道、扶肩并行、挤道、相互追逐、骑自行车下坡；骑车时闯红灯、违规带人；骑自行车横穿马路；遇行进中的车辆不主动避让或与机动车抢道等。

（3）骑车时注意力不集中。如边骑车边听音乐或边聊天、接打手机、吃东西、喝饮品；骑车时不注意警示标志、岔路或行人等。

（4）对车况不了解。如骑车前不检查铃铛、喇叭和刹车等。

（5）对骑车时可能发生的危险估计不足。

应对方法

1. 骑车"十要"

（1）要了解车辆性能，做到车辆的车闸、车铃齐全有效。

（2）要了解和遵守道路交通法规。

（3）要挂好车辆牌照，随身携带执照。

（4）依次行驶，不抢道、不占道。

（5）要在规定的非机动车道内骑车。

（6）要按规定停放车辆。

（7）要在转弯前减速慢行，向后了望，伸手示意。

（8）要听从交警指挥，服从管理。

（9）要集中精力，骑车不打手机、不带耳机听录音或广播。

（10）要掌握不同天气的骑车特点，做到："顺风不骑快车，逆风不低头猛踏，雾天控制车速，冰雪天把稳龙头，雨天提防行人乱窜"。

2. 骑车"十不准"

（1）不准闯红灯或推行、绕行闯越红灯。

（2）不准双手离把和攀扶其他车辆。

（3）不准在市区或城镇道路上骑车带人。

（4）不准在机动车道上骑车。

（5）不准在人行道上骑车。

（6）不准扶肩并行、相互追逐、曲折竞驶。

（7）不准牵引车辆或受其他车辆牵引。

（8）不准擅自在非机动车上安装电动机、发动机。

（9）不准违反规定载物。

（10）不准未满 12 岁的儿童在车道上骑自行车、三轮车。

知识链接

一、法律法规对骑乘摩托车的要求

（1）年龄不满 18 岁的学生不准驾驶摩托车。乘坐两轮摩托车必须戴安全头盔。

（2）摩托车后座不得乘坐未满 12 周岁的未成年人，轻便摩托车不得载人。

二、常见道路安全标线及其含义

（1）白色虚线：车行道分界线。设在同向行驶的车行道分界线上，用以分隔同向行驶的交通流。在保证安全的情况下，允许车辆越线变换车道行驶；或作为行车安全距离识别线；划于路口时，用以引导车辆行进。

（2）双白虚线：划于路口时，作为减速让行线；设于路段中时，作为行车方向随时间改变之可变车道线。

（3）白色实线：用来指示机动车道的边缘，或用来划分机动车道与非机动车道的分界。或指示车行道的边缘；设于路口时，可用作导向车道线或停止线。

设于交通特别繁杂而同向具有多条行车道的桥梁、隧道、弯道、坡道、车行道宽度渐变路段、交叉口驶入段、接近人行横道线的路段或其他认为需要禁止变换车道的路段时，用作禁止变换车道线。用于禁止车辆变换车道和借道超车。

（4）双白实线：划于路口时，作为停车让行线。

（5）黄色虚线：双向车道路面中心线。划于路段中时，用以分隔对向行驶的交通流。用于指示车辆驾驶人靠右行驶，各行其道，分向行驶。在保证安全的前提下，允许车辆越线超车或向左转弯；划于路侧或缘石上时，用以禁止车辆长时在路边停放。

（6）黄色单实线：禁止超车线。表示不准车辆跨线超车或压线行驶。划于路侧或缘石上时，用以禁止车辆长时或临时在路边停放。

（7）双黄实线：禁止超车线。划于路段中时，用以分隔对向行驶的交通流。表示严格禁止车辆跨线超车或压线行驶。用以划分上下行方向各有两条或两条以上机动车道而没有设置中央分隔带的道路。

（8）黄色虚实线：禁止超车线。为一条实线和一条与其平行的虚线组成的标线。表示实线一侧禁止车辆越线超车或向左转弯，虚线一侧准许车辆越线超车或向左转弯。用以划分双向通行的三条机动车道道路，以及需要实行单侧禁止超越的其他道路。

（9）白色菱形图案：人行横道预告标志，用来提示前方接近人行横道。

任务3 乘用交通工具安全

案例链接

1999年5月5日7点40分左右，一辆载有浙江省常山县芙蓉乡初三班43名学生、2名教师和4名工作人员的18座个体营运中巴车，行进在崎岖的盘山公路上。这批学生由学校组织，准备到常山第三中学参加体育考试。当行至长厅岭坡路段时，中巴车突然失控，冲出公路，翻入与公路落差80米、水深约12米的长厅水库，32人遇难，只有17人生还。遇难者中，有学生29名，年龄均不满17周岁。因为一次超载，使29名赶考学生踏上不归路，生命之花刹那间凋零。

2003年4月5日上午，浙江省某校五个班的学生，到距壶镇5公里左右的左库水库春游，用两条连在一起的水泥船将师生摆渡于水库对岸。不料，有三个班的学生在无人指挥的情况下竞相登船，船尚未启动，即倾斜进水沉没，已登上船的139名学生有128名落水。其中，43名学生溺水身亡。经调查，该水泥船无船名牌、无证书，船舶技术设备状况较差，并且未经核验，根本不能作为渡船使用，乘船地点也不是渡口。

2006年11月21日早晨6时40分左右，在距离哈尔滨市50千米左右的双城市周家镇，一辆中型面包车在拉载47名学生上学途中，经过一座桥头时，由于车辆超载，车速过快，方向失灵，导致车辆向左侧翻，从距水面约3米高的桥上坠下，落入约1米深的河水中，8名学生当场死亡，并有9名同学重伤，其余30名同学全部受轻伤。经调查，此车系车主私自联系接送学生上学的"黑车"。

案例分析

各类交通工具给人们的出行带来极大的方便，但有时不免会发生这样或那样的事故，概括起来，主要有以下几种原因。

（1）不具备营运资质。如不办理准许营运的相关证件或不按规定进行检验，拖拉机、货车载人等都是造成事故的重要原因。

（2）违章驾驶或营运。如司机无证驾驶、违章驾驶、酒后驾驶、超载、超速，汽车客货混装，船工在大雾或风暴中行船等都极易引发事故。

（3）交通工具运行状况不良或带病营运。有的车、船主明知车辆、船舶存在故障或隐患，但因为利益驱使心存侥幸，不及时检修并排除故障，结果酿成事故。

（4）路况或环境不良等外部原因。如路面高低不平、狭窄、弯多坡急、视线不良、天雨路滑、雾气弥漫等恶劣环境下行车，稍有不慎就会酿成事故。

（5）遭遇意外。如汽车突遇雷雨、滑坡、落石、路面塌陷，船舶突遇暗礁、风浪等意外情况，缺乏经验的驾驶人员如果处理不当，也容易造成事故。

（6）乘用人本人的原因。如坐车时不按规定系好安全带、头手伸出窗外、在行驶中的车内走动、携带易燃易爆物品上车、车未停稳即上下车，在行进中的船舶内嬉笑打闹、在船舷边行走，在电梯内乱触乱按等都是非常不安全的行为。

应对方法

1. 搭乘机动车辆安全常识

（1）要选好车。要选择有交通管理部门认可、有准运资格、质量优良的客运车。要向司机或售票员索取车票。发现驾驶员患有妨碍安全行车的疾病、酒后开车或疲劳驾驶的，不乘坐该车；发现驾驶人员无驾驶证、机动车不具备载客准运资格或有明显质量问题的，不乘坐该车。

（2）不得在机动车道上拦乘机动车；在机动车道上不得从机动车左侧上下车。

（3）乘坐公共汽车时，应找座位坐好，没有座位时，应该抓好车内扶手站稳，不可把头和手伸出车窗外；乘坐小型客车，坐在前排时要主动系好安全带。乘坐两轮摩托车要戴好头盔，在驾驶员身后分开跨坐，不得偏坐或倒坐。不要乘坐超载车。

（4）在车辆行驶过程中，不要与驾驶员闲谈或妨碍驾驶员操作，不要随意开启车门、车厢和车内的应急设施，不要向车外抛投物品，不要在车内随意走动、打闹。

（5）车未停稳不要急于上、下车。开关车门时不得妨碍其他车辆和行人通行；下车后，需横过车行道时，应确定没有车辆过往后，从车尾部穿行，切不可从车头贸然通过。

（6）不能携带鞭炮、汽油、硫酸等易燃、易爆和化学危险物品乘车。这类物品在高温作用下会自燃、自爆，十分危险。

（7）机动车发生故障或交通事故须在车行道停车时，除救险外，乘车人须迅速离开车辆和车行道。

2. 乘坐火车安全常识

（1）旅客乘坐火车，应照章购票、按时检票，否则一旦发生事故得不到保险赔偿。

（2）自觉接受安全检查，不准携带易燃易爆、放射性物品或危险品进站、上车。

（3）要遵守站、车秩序，在指定地点候车，候车时一定要在站台上一侧白色安全线以内。严禁在站台上逗留和跨越线路。

（4）乘坐火车不能将头、手伸出窗外，不能将废弃物扔出窗外，不要让孩子在车门及车厢连接处玩耍。

（5）车厢内禁止吸烟，以免引起火灾。

（6）行李架上的物品要按要求放置牢固，避免落下伤人。

（7）不向车窗外扔废弃物，以免砸伤铁路边行人，同时也避免造成环境污染。

（8）乘坐卧铺列车，睡上、中铺要挂好安全带，防止掉下摔伤。

（9）车厢内的紧急制动阀不能乱动，以免发生事故。

（10）保管好自己的行李物品，注意防范盗窃分子。

3. 乘船安全常识

（1）不要坐缺乏救护设施、无证经营的小船。具备渡运资质的船舶应经船检部门检验、海事机关登记，取得有关证书、证件，并按规定标明船名、核定乘客定额、载重水线和抗风等级。

（2）旅客须凭票乘船，严禁夹带危险物品上船。在检票前，应主动配合站埠人员做好对危险物品的查堵工作。如已将危险物品携带上船，应主动交给客轮管理人员处理。

（3）上下船时，一定要等船靠稳，待工作人员安置好上下船的跳板后再行动。上船后要听从管理人员的安排，并根据指示牌寻找自己的坐位。不拥挤，不随意攀爬船杆，不跨越船档，以免发生意外落水事故。

（4）客船航行时，不要在船上嬉闹；摄影时，不要紧靠船边，也不要站在甲板边缘向下看波浪，以防晕眩或失足落水。观景时切莫一窝蜂地拥向船的一侧，以防引起船体倾斜，发生意外。

（5）客舱内严禁卧床吸烟，严禁违章用火，勿过量饮酒。如发现有影响旅客和船舶安全的情况，应及时向船舶负责人报告。

（6）船行途中一旦发生意外事故，旅客应按工作人员的要求穿好船上配备的救生衣，不要慌张，更不要乱跑，以免影响客船的稳定性和抗风浪能力。

（7）若在航行途中遇到大雾、大风等恶劣天气临时停泊时，要静心等待，不要让船员冒险开航，以免发生事故。

4. 乘坐飞机安全常识

（1）旅客应在飞机客票规定的起飞时间至少提前 1 小时到达机场办理登机手续，起飞前 30 分钟停止办理登机手续，以免影响航班准时起飞。

（2）飞机起飞前，旅客应系好安全带，起飞时禁止旅客在客舱内随意走动。

（3）旅客乘机时，严禁使用手机、便携式计算机、收音机、CD播放机、电子游戏机、视频录放机等可能干扰机载电子设备的物品，以防对机上仪表造成干扰。

（4）当飞行中遇有强上升气流，飞机产生颠簸时，旅客应坐在座椅上，不得松开安全带，不能在客舱走动。

（5）因大雾、大雨、低云可能会对飞机安全产生影响，飞机的起飞、着陆是严格按照天气标准实施的。旅客在候机时，对因天气原因造成飞机延误、航班不正常时，要给予理解。飞行员按天气标准飞行，是对旅客安全的高度负责。

（6）旅客乘机前，进行严格的安全检查，是对每一位旅客高度负责的具体表现，旅客要密切配合。不准携带易燃、易爆、有毒、有放射性物品或危险化学品乘机。

5. 乘坐电梯安全常识

（1）乘坐电梯应使用厅门外上下按钮来呼叫电梯，在轿厢内要等待电梯停稳并自动开门后再迅速走出电梯。在任何情况下都不能扒门。

（2）乘梯时请先下后上，依次顺序出入轿厢。请站在轿箱内，不要长时间用身体或其他物品阻止电梯关门，以免电梯控制系统诊断后自我保护，造成电梯不运行。

（3）电梯超载报警时，请等待下次或改乘其他电梯，不要运载超载货物。

（4）不要倚靠在电梯门或操作盘上。

（5）电梯内不得吸烟。

（6）不要在电梯内蹦跳、打闹。

（7）不要拆除、毁坏电梯的部件或者标志、标识。

（8）不要携带易燃、易爆物品或者危险化学品搭乘电梯。

（9）发生地震、火灾、电梯进水等紧急情况时，不要使用电梯，应该走消防通道或楼梯。

（10）如果扶梯上发生人员摔倒或手指、衣物等被卡住的情况，应立即按扶梯出入口下部的红色"停止"按钮，或呼叫别人帮助按动，以免造成更大伤害。

知识链接

道路交通事故的应急处理

遇到道路交通事故，不要惊慌失措，要保持冷静，利用电话、手机拨打122交通事故报警电话（高速公路发生交通事故应拨打12122）和120急救中心报警电话。

报警时要说清发生交通事故的时间、地点及事故的大致情况；在交通警察到来前，要保护好现场，不要移动现场物品；交通事故造成人员伤亡时，当事人不要与车方私了，以免事后伤情恶化，后患无穷；遇到肇事车逃逸时，要记下车牌号码、车身颜色及特征，及时向当地公安机关举报，为侦破工作提供依据和线索。

机动车在高速公路上发生故障或交通事故时，应在故障车来车方向150米以外设置警告标志，车上人员应迅速转移到右侧路肩上或应急车道内，并迅速报警。

遇有交通人身伤亡事故时，在无人救助的情况下，要尽可能将伤者移至安全地带，以免再次受伤；暴露的伤口要尽可能先用干净布覆盖，再进行包扎，以保护好伤口；利用身边现有的材料如三角巾、手绢、布条折成条状缠绕在伤口上方，用力勒紧，可以起止血作用。

模块三　食品安全

任务1　食品、卫生安全

据2008年国家卫生部公布的数据，全国当年共发生学生食物中毒事件146起，中毒人数4843人，死亡4人。另外，青少年是流感、流行性腮腺炎、脑脊髓膜炎、红眼病、手足口病等流行性传染病的易感人群，一些流行性传染病在一定区域内爆发已经司空见惯。因此，在购买食物时，应认准如图3-1所示的安全标志。

图3-1　质量安全标志

案例链接

王同学为人"潇洒"、"豪爽"，每次上街总会拉几个"哥们"到街边的小餐馆海吃猛喝一顿，完了还忘不了在小商小贩手里采购一些小食品或者矿泉水什么的，因为价格低，可以"节约"，所以，王某在同学中经常推介他的"经验"。有一次他终因食物中毒住进了医院，花费巨额的医药费不说，还险些丢了性命。

2009年2月23日中午，哈尔滨市某购物广场一麻辣烫餐点，57人先后食用了麻辣烫后出现程度不同的恶心、呕吐等中毒症状，其中，有的是回家吃饭的中小学生。事件发生后，卫生监督机构开展了全面的流行病学调查和实验室检测，认定这是一起典型的亚硝酸盐中毒事件。

2009年某月，7名吉林省某中学高三学生，因吃腻校内食堂饭菜，想换个口味，每人在校外购买了一份盒饭，盒饭里有香肠、土豆丝、辣椒丝等。半小时后，7人全部呕吐、腹泻，被送往医院治疗。经卫生防疫部门检测，中毒原因是食用了发芽土豆所致。这7名同学想找卖主索赔医疗费，但无奈谁都不记得卖主长相，只有自认倒霉。

好不容易盼到了双休，天气又渐渐变得闷热，周同学便邀约几名同学到游泳池去"泡"了一下午，回家后匆匆准备了一下又回到了学校。晚上，周同学感到眼睛有些不舒服，觉也没睡好，第二天便多睡了会儿。等到铃声响起，周同学一骨碌爬起来，用同寝室同学的毛巾胡乱地擦了把脸就去了操场。结果同寝室的同学先后染上了红眼病。

案例分析

1. 校园内发生食物中毒的主要原因

（1）学校集体食堂卫生条件、加工条件达不到安全卫生要求。

（2）食品和食品原料采购、贮存、加工方法不当。据统计，近50％的食物中毒事件是因食物污染或变质以及菜豆加热温度不够引起的。

（3）学校食堂管理不善，有的消毒措施不严，有的盲目追求利润，存在安全隐患。

（4）学校周边无证经营或达不到卫生要求的小餐馆、小饭店、食品摊贩等是最易引起食物中毒的场所。

（5）学生食用"三无"食品、变质食品或有毒食品引起中毒。

（6）个人饮食习惯、卫生习惯不良引起中毒。

2. 校园传染病流行的主要原因

（1）学校是人员相对集中的场所，学生是许多传染病的易感人群，一旦有流行性传染病源，极易在一定范围内很快传播。

（2）没有及时发现病源或发现后没有得到有效及时的控制引起局部流行。

（3）学生学习、生活区域不卫生，引起细菌、病毒孳生，为传染病的传播提供了便捷的条件。

（4）少数同学个人生活习惯、卫生习惯不好；缺乏相关的卫生知识；自我防护能力差；缺乏锻炼，自身抵抗力差。

（5）缺乏有效的预防措施，或者防控措施不力，发现病情没有及时医治和报告。

应对方法

1. 注意个人卫生，预防食物中毒

（1）不要采摘、捡拾、购买、加工和食用来历不明的食物、死因不明的畜禽或水产品，以及不认识的野生菌类、野菜和野果；不要饮用未经煮沸的生活饮用水。

（2）购买和食用定型包装食品时，请查看有无生产日期、保质期和生产单位，有无 QS 标志，有无条形识别码。不要食用超过保质期的食品，不要购买和食用包装破损或包装不规范的食品。

（3）饭菜烧熟煮透，剩饭剩菜再加工时要充分加热（中心温度不低于70℃），最好不要食用隔夜菜。

（4）在学校或正规餐馆就餐，不要购买路边食品、可疑食品。

（5）养成良好的个人卫生习惯和生活习惯，了解食物中毒及其应对的有关知识，发现呕吐、腹泻等食物中毒症状时立即看医生并迅速报告。

2. 了解疾病防控知识，预防流行性疾病

（1）了解流行性疾病卫生知识，树立防范意识。

（2）讲究个人卫生，养成良好的卫生习惯。

（3）控制传染源。隔离患者和密切接触者；自感传染病或发现传染病患者后及时向学校或有关部门报告。

（4）切断传染途径。管好饮食、水源，管好粪便。不乱丢垃圾，保持环境卫生，形成"四害"（老鼠、臭虫、苍蝇、蚊子）以及蟑螂等有害昆虫难以孳生的环境。

（5）预防为主，群防群治。平时多参加体育锻炼，提高抵抗能力，减少发病；在流行病、传染病传播的季节、区域，要实施必要的药物预防，加强通风、换气、消毒，并要尽量减少集体活动和减少外出，减少互感机会；进行传染病预防接种等。

（6）做好自我保护。合理膳食，保证摄入足够营养，增强抵抗力；根据天气变化，适时增减衣服；减少与病人接触机会，佩戴防护口罩；发现不适，及时就医和报告。

知识链接

一、生活中容易引起中毒的食物

（1）被农药污染的蔬菜：有的菜农为了蔬菜长得快、长得好，使用高浓度农药喷洒蔬菜。

（2）没有煮熟、外表呈青色的菜豆和四季豆：含有皂式和胰蛋白酶抑制物，可使人体产生中毒。

（3）发芽的马铃薯和青色番茄：均含有龙葵碱毒性物质，食后会发生头晕、呕吐、流涎等中毒症状。

（4）用化肥生长的豆芽：因化肥都是含氨类化合物，在细菌作用下，可转变为一种致癌物亚硝胺，长期食入可使人患胃癌、食道癌、肝癌等疾病。

（5）鲜黄花菜（也叫金针菜）：含有秋水仙碱。当进食多量未经煮泡去水或急炒加热不彻底的鲜黄花菜后，会出现急性胃肠炎。

（6）蚕豆：有的人吃蚕豆后会得溶血性黄疸、贫血，称为蚕豆病（又称胡豆黄）。

（7）鲜木耳：含有一种卟啉类光感物质，该物质对光线敏感，食后经太阳照射可引起日光性皮炎。

（8）生豆浆：含有一种有毒的胰蛋白酶抑制物，饮用后容易中毒。所以，豆浆一定要彻底煮熟后饮用。需要提醒的是，豆浆加热到一定程度后会出现泡沫，这并不意味着它已经煮熟了，应继续加热5～10分钟，至泡沫消失才可饮用。

（9）霉变甘蔗：其毒性非常强，进食2～8小时后会出现呕吐、头晕、头痛等症状，严重者还会昏迷、呼吸衰竭，病死率及出现后遗症率达50%。

（10）毒磨菇：不同的毒蘑菇毒素种类不同，有的蘑菇毒素的毒性极强，可迅速致人死亡。因此，我们应该学会认识如图3-2至图3-4所示的健康食品标志。

图3—2 无公害农产品标志　　　图3—3 绿色食品标志　　　图3—4 有机食品标志

二、青少年易患的几种流行性疾病

1. 流行性感冒

简称流感。它是由流感病毒引起的急性呼吸道感染，是一种传染性强、传播速度快的疾病。主要通过空气中的飞沫、人与人之间的接触或与被污染物品的接触传播。典型的临床症状是：急起高热、全身疼痛、显著乏力和轻度呼吸道症状。一般秋冬季节是其高发期，所引起的并发症和死亡现象非常严重。流感病毒有多种类型，如2008年全球爆发的流感即为甲型H1N1流感。流感病毒每十年左右便会出现新的病毒品种。

2. 流行性腮腺炎

流行性腮腺炎是由腮腺炎病毒侵犯腮腺引起的急性呼吸道传染病，儿童和青少年普遍易感，多发于春季。可侵犯各种腺组织或神经系统及肝、肾、心脏、关节等器官。病人是传染源，飞沫的吸入是主要传播途径，接触病人后2~3周发病。

3. 流行性结膜炎

俗称红眼病。可分为细菌性结膜炎和病毒性结膜炎两类。传染性极强，通过日常接触（如接触患者用过的毛巾、洗脸用具、水龙头、门把手、游泳池的水、公用的玩具等）传播，全年均可发生，以春夏季节多见。红眼病一般不影响视力，但严重时会发生角膜溃疡，造成视力下降。

4. 甲型病毒性肝炎

简称甲肝，是由甲肝病毒（HAV）引起的一种病毒性肝炎。能通过各种污染物品（手、日常用品、衣物、被单等）以及水和食物传播，也可经苍蝇携带而传播。甲肝病毒对各种外界因素有较强的抵抗力而能长期在外界环境中存活。

5. 疥疮

这是由于疥虫感染皮肤引起的皮肤病。疥疮传播迅速，传染性很强，使用病人用过的衣服、被褥、鞋袜、帽子、枕巾可相互传染。疥疮的体征是皮肤剧烈瘙痒（晚上尤为明显）。

任务2　食物中毒的概念

　　传统的概念认为，凡是由于经口进食了可食状态的含有致病性微生物、生物性或化学性毒物以及动植物天然毒素食物而引起的、以急性感染或中毒为主要临床特征的疾病，均统称为食物中毒。但不包括已知的一切传染病、寄生虫病、人畜共患性疾病、食物过敏以及暴饮暴食所引起的急性胃肠炎等食源性疾病。

　　食物中毒是食源性疾病中的一大类。食物中毒的含义是：含有有毒有害物质的或受到有毒有害物质污染的食品及把有毒有害物质误认为食品，被人食用后发生的急性、亚急性病理状态，经流行病学调查确认了致病因素或通过实验诊断进一步证实了致病因素者，即为食物中毒。

一、化学性食物中毒

　　化学性食物中毒，主要指一些有毒的金属，非金属及其化合物，农药和亚硝酸盐等化学物质污染食物而引起的食物中毒。引起化学性食物中毒的原因，主要是误食有毒化学物质，或食入被化学物质污染的食物所致。

　　化学性食物中毒的特征主要有：

　　（1）发病快。

　　潜伏期较短，多在数分钟至数小时，少数也有超过一天的。

　　（2）中毒程度严重，病程比细菌性毒素中毒长，发病率和死亡率较高。

　　（3）季节性和地区性均不明显，中毒食品无特异性，多为误食或食入被化学物质污染的食品而引起，其偶然性较大。

二、细菌性食物中毒

　　细菌性食物中毒，是人们吃了含有大量活的细菌或细菌毒素的食物，而引起的食物中毒，是食物中毒中最常见的一类。

　　这类食物中毒的特征主要有：

　　（1）通常有明显的季节性，多发生于气候炎热的季节，一般以5～10月份最多。

　　一方面由于较高的气温为细菌繁殖创造了有利条件；另一方面，这一时期内人体防御能力有所降低，易感性增高，因而常发生细菌性食物中毒。

　　（2）引起细菌性食物中毒的食品，主要是动物性食品，如肉、鱼、奶和蛋类等；少数是植物性食品，如剩饭、糯米凉糕、面类发酵食品等。

　　（3）抵抗力降低的人，如病弱者，老人和儿童易发生细菌性食物中毒，发病率较高，急性胃肠炎症较严重，但此类食物中毒病死率较低，愈后良好。

三、有毒动植物食物中毒

有些动物和植物，含有某种天然有毒成分，往往由于其形态与无毒的品种类似，因混淆而误食；或食用方法不当，食物储存不当，形成有毒物质，食用后引起中毒。此类食物中毒的特征主要有：

（1）季节性和地区性较明显，这与有毒动物和植物的分布，生长成熟，采摘捕捉，饮食习惯等有关。

（2）散在性发生，偶然性大。

（3）潜伏期较短，大多在数10分钟至10多个小时。少数也有超过一天的。

（4）发病率和病死率较高，但与有毒动物和植物种类的不同而有所差异。

任务3　食物中毒的症状

　　食物中毒者最常见的症状是剧烈的呕吐、腹泻，同时伴有中上腹部疼痛。

　　食物中毒者常会因上吐下泻而出现脱水症状，如口干、眼窝下陷、皮肤弹性消失、肢体冰凉、脉搏细弱、血压降低等，最后可致休克。故必须给患者补充水分，有条件的可输入生理盐水。症状轻者让其卧床休息。如果仅有胃部不适，多饮温开水或稀释的盐水，然后手伸进咽部催吐。如果发觉中毒者有休克症状（如手足发凉、面色发青、血压下降等），就应立即平卧，双下肢尽量抬高并速请医生进行治疗。

任务4　杜绝食物中毒的措施

减少食物中毒，需要提高全民文化素质、增强食品卫生观念，学习有关知识、一点一滴积累。在这里，首先来了解和掌握世界卫生组织推荐的"安全制备食品十条准则"和"旅游者的食品卫生指南"。

（1）安全制备食品十条准则：

①选择经过安全处理的食品。

②彻底烹调食品。

③立即食用做熟的食品。

④精心储存熟食。

⑤彻底再加热熟食。

⑥避免生食与熟食接触。

⑦反复洗手。

⑧必须精心保持厨房所有表面的清洁。

⑨避免昆虫、鼠类和其他动物接触食物。

⑩使用净水。

（2）旅游者的食品卫生指南：

为了保障旅游者的健康，世界卫生组织提出以下忠告：

起程前：

①请教医生，听取有关可能会接触的各种疾病的告诫，并决定是否需要接种疫苗或采取其他的防治措施。

②在医药盒（包）中别忘了带口服补液盐（ORS）和饮水消毒片。

饮食卫生：

以下建议适用于从食品摊点到高级宾馆饭店的各种餐馆。

③烹饪过的食品在室温下放置若干小时后是引起食源性疾病的最大危险之一。因此，必须确保所吃食品经过彻底的加热，并且在食用前仍是热的。

④不要吃未经烹调的食品，除非是可以去皮或去壳的水果和蔬菜。不要吃外皮已有损伤的水果。记住这样一句话："加热，去皮或丢掉"。

⑤不要吃来源不可靠的冰激凌，因为经常会有污染，并能引起疾病。

⑥在一些国家某种鱼或贝，即使经过完全的烹调仍可能含有生物毒素，可请教当地人。

⑦未经巴式消毒的奶，在食用前需煮沸。

⑧在对饮水的卫生情况产生怀疑时，将其煮沸或用可靠的消毒药片消毒。

⑨不要吃冰，除非您确信它们是用卫生清洁的水制作的。

⑩饮用瓶装或其他包装的热茶或咖啡、葡萄酒、啤酒、苏打软饮料或果汁等饮料一般是安全的。

任务5　食物中毒的紧急自救措施

食物中毒发生后，要尽快采取措施：排除毒物，阻滞未排出毒物的吸收，促进毒物尽快排泄，根据病情做必要的支持治疗和对症处理，对部分中毒者还需要特殊治疗。以上措施中，对轻型患者来说，有些排除毒物的方法是可以自行完成的，以避免病情的加重。对于中毒严重者，需及时送往医院采取特殊治疗措施。

排除毒物的方法有催吐、洗胃及导泻等。

一、催吐

中毒后不久，毒物尚未完全吸收，此时催吐效果较好，而且方法简单。

催吐的条件是患者意识必须清醒。

若中毒后已经发生剧烈呕吐，可不必催吐。

催吐的方法有多种，最简单的是用筷子或汤匙柄刺激后咽壁（咽喉部）达到呕吐。

另外，口服催吐剂效果也很好，任选下列一种催吐剂均可达到目的：

（1）一杯温盐水或温开水加 $10\sim20$ 滴碘酒混匀。

（2）一汤匙 $0.5\%\sim1\%$ 的硫酸铜溶液。

（3）30 毫升的吐根糖浆。

二、洗胃

洗胃的方法有多种，对神志清醒的患者，可令其反复喝进洗胃液，然后吐出。高锰酸钾溶液对胃形成刺激，可达到自动吐出的效果。

常用洗胃液有：

（1）温开水或 $2\%\sim4\%$ 温盐水或温肥皂水，适于毒物不明的中毒。

（2）$0.02\%\sim0.05\%$ 高锰酸钾溶液，除 1605（对硫磷）中毒外，适用于一切中毒。

（3）浓茶或碘酊或 $0.2\%\sim0.5\%$ 活性炭溶液或 $0.5\%\sim4\%$ 鞣酸溶液或 $1\%\sim3\%$ 过氧化氢溶液等，适用于生物碱中毒。

（4）$1\%\sim3\%$ 小苏打溶液，适用于有机磷中毒（敌百虫中毒除外）。

（5）1.5% 硫酸钠溶液，适用于钡盐中毒。

三、清肠

中毒时间较长或腹泻次数不多的患者可能有毒物滞留肠道内，应及时就医排除肠道内容物及毒物。

任务6 食物中毒的家庭急救

盛夏时节，容易引起食物中毒。在家中一旦有人出现上吐下泻、腹痛等食物中毒，千万不要惊慌失措，冷静地分析发病的原因，针对引起中毒的食物以及吃下去的时间长短，及时采取如下三点应急措施：

一、催吐

如食物吃下去的时间在1～2小时内，可采取催吐的方法。

立即取食盐20克，加开水200毫升，冷却后一次喝下。如不吐，可多喝几次，迅速促进呕吐。

亦可用鲜生姜100克，捣碎取汁用200毫升温水冲服。

如果吃下去的是变质的荤食品，则可服用"十滴水"（中药）来促进迅速呕吐。

有的患者还可用筷子、手指或鹅毛等刺激咽喉，引发呕吐。

二、导泻

如果病人吃下去中毒的食物时间超过2小时，且精神尚好，则可服用些泻药，促使中毒食物尽快排出体外。

一般用大黄30克，一次煎服，老年患者可选用元明粉20克，用开水冲服即可缓泻。

老年体质较好者，也可采用番泻叶15克，一次煎服，或用开水冲服，亦能达到导泻的目的。

三、解毒

如果是吃了变质的鱼、虾、蟹等引起的食物中毒，可取食醋100毫升，加水200毫升，稀释后一次服下。

此外，还可采用紫苏30克、生甘草10克一次煎服。

若是误食了变质的饮料或防腐剂，最好的急救方法是用鲜牛奶或其他含蛋白质的饮料灌服。

如果经上述急救，病人的症状未见好转，或中毒较重者，应尽快送医院治疗。在治疗过程中，要给病人以良好的护理，尽量使其安静，避免精神紧张，注意休息，防止受凉，同时补充足量的淡盐开水。

控制食物中毒的关键在于预防，搞好饮食卫生，防止"病从口入"。

知识链接

一、少吃烧烤利健康

同学们最爱吃的食物之一是烧烤类食品，但常吃烧烤却容易掉头发。烧烤因含油脂量多且属刺激性强的食物，吃多了对头发的生长会产生不良的影响，甚至会直接造成落发。许多人偏爱重口味的食物，长久下来，会使得维生素的摄取量减少了很多，虽说头发会新陈代谢，每天梳头时掉一点是正常的，但是当生活与饮食习惯过于偏差时，会因摄取过量的油脂性食物，使得皮脂腺分泌过于旺盛而阻塞，此时头发不掉也难啰！因此，同学们应尽量少吃烧烤，保持身体的健康！

二、热食配冷饮宜相隔3分钟

冬天到了，许多同学相约去吃火锅，吃了火锅之后身体变热，常常会搭配着火锅店的冷饮"降温"，这时候就很容易对自己的身体造成伤害。吃火锅的时候要注意：喝完热汤之后，别太急着喝冷饮，应该休息一下再喝。如此才能保持血压的稳定，因为，血压变动是与食物温度差异息息相关的。另外，也能防止肠胃因忽冷忽热而受损。

大家在吃火锅时，通常会一边吃热食喝热汤，然后再喝冰饮料或水，冷饮与热食的相互温差对于血压和人体内部各种器官有很大影响，因此除了要严防胃肠道受损之外，也要多加注意一旦自身发现有头痛警讯的情况出现，就应该赶紧确定自己是否有高血压，以尽早预防并接受治疗。

一般而言，大家都知道气温差异的变化，会造成血压不稳的情况，但其实血压变动也是与食物温度差异息息相关的，这一点是容易被大家忽视的。

冷饮会造成胃肠中血管收缩、肾上腺素分泌，导致血压上升，热汤则会造成血管扩张、血压降低，以致血管在极短时间内一缩一张，使得血压极度不稳定，如本身又有高血压问题者，轻者会头痛、头晕，严重者则会发生脑中风与心肌梗塞，大家应多加谨慎。

每当冬季严寒的时候，大家除添加厚重衣物帮自己的"外部器官"保暖之外，也要做好"内部器官"的保暖工作，谨记吃火锅或热食如有搭配冷饮时，宜相隔3分钟左右，如此一来才能内外兼顾，真正达到"内外部器官都保暖"。

三、生活中的小技巧

（1）吃芝麻可以美发：芝麻中含有大量的维生素E，多吃可使头发乌黑亮丽，市面上有冲泡式的芝麻糊，可以直接冲泡或加在牛奶中饮用。

（2）醋有美容的功效：醋除了调味之外，还有美容的功效，皮肤若干燥，抹点醋可使之润滑。

把苹果汁、蜂蜜、醋用冷开水调匀，每天服用一次，可治疗令人头痛的便秘，防止粉刺的生长，使皮肤白嫩。

（3）橙子克服消化不良：橙子中含有丰富的维生素C及纤维，对消化不良或有便秘的人很有帮助。

许多人喜欢吃榨挤的橙子汁，其实这是暴殄天物，因为吃不到橙子中的纤维。吸收橙子营养的方法，还是以切片吃最理想。而且是将果肉全部吃掉，这样不但可以帮助消化，还可以通便。

（4）啤酒使头发柔软易梳理：很多人都不知道，啤酒其实对头发保健有很大的帮助。倒一点啤酒在洗过的头发上，可以充当润丝精，使头发变得柔软而易于梳理。

四、吃出"青春"

日本是世界上最长寿的国家，主要归功于以黄豆、大米及鱼类为主的饮食模式。

豆类食物，如大豆、豌豆、扁豆，是重要抗老食品，一般说来是高钾低钠，含纤维多的食物。

吃粗粮、新鲜蔬果和增加生食，是抗老的关键。抗老蔬菜有：葱蒜、蘑菇、红辣椒和芦笋等，它们不仅含有大量维生素 B 群和维生素 C，硫和硒的含量也特别丰富。

水果中钾和铬含量最多的以香蕉、橘子、苹果和葡萄为首。另外，南瓜子、葵花子、芝麻、葡萄干、花生等，均具有特别高的营养价值。

最后，建议大家多喝茶，因为茶叶中富含锌、硒等微量元素，维生素 C、维生素 E 等和鞣酸、茶黄烷醇等强抗氧化物质，茶多酚可降血脂、抗血栓、抑制多元不饱和脂肪酸的脂质过氧化，可防止细胞及组织被氧化破坏；也能增加体内自由基的消除，延缓衰老。

模块四 实训安全常识

任务1 实训、实习安全基本知识

实训是职业技能实际训练的简称，是指在学校控制状态下，按照人才培养规律与目标，对学生进行职业技术应用能力训练的教学过程。

一、中职生实训安全的意义

中职生实训安全的意义主要有以下几点：

（1）注重安全是一种素质，是高素质劳动者必须具备的素质。

（2）中职生的工作岗位主要在生产第一线，要有清醒的安全意识、渊博的安全知识、良好的安全习惯。

（3）从业人员的技术素质绝非只是掌握专业知识和具有娴熟的专业技能，还必须包括安全素质。

二、化学品安全使用守则

（1）实习生不准随意进入生产储存区。

（2）不按规定穿戴劳动防护用品，不准进入生产岗位。

（3）持证上岗，不准独立作业。

（4）杜绝明火，禁止吸烟。

（5）严于律己，不脱岗，不离岗。

（6）坚持自我监督，不乱动他人设备工具

（7）严禁违章使用易燃液体。

（8）检查工具，合格作业。

（9）停机后的设备未经彻底检查，不准启用。

（10）安全检修措施。

三、机械设备使用安全

（1）机械设备开机前，应先检查机械设备是否装设了合理、可靠而又不影响操作的安全装置，若不符合安全要求，应及时向车间提出安全整改意见或方案。

（2）检查零部件是否有磨损严重、报废和安全松动的迹象，发现后应及时更换、维修、维护，防止设备带病运行。

（3）检查电线、控制柜是否破损，所处环境是否可靠，设备的接地或接零等设施是否安全，发现不良状况，应及时采取防护措施。

（4）检查各传动部位有无安全防护罩，作业巡视及靠近其附近时不得身着宽大的衣物，女同志不得披长发。

（5）作业人员在操作时应按规定穿戴劳动防护用品。

（6）作业人员不得随意拆除机械设备的安全装置。

（7）维护保养维修及清理设备、仪表时应确认设备、仪表已处于停机状态且电源已完全关闭；同时应在工作现场分别悬挂或摆放警示牌标识，提示设备处于维护维修状态或有人在现场工作。

（8）设备运转时，严禁用手调整、测量工件或进行润滑、清除杂物、擦拭设备。

（9）维护、维修等操作工作结束后，应将器具从工作位置退出，并清理好工作场地和机械设备卫生。

（10）车间应定期做好设备的维护、保养、和维修工作，保证机械设备的正常运行。

（11）维护保养维修前应知此项工作应注意的事项，维护保养维修的操作程序，维护保养维修时工作人员思想要集中，穿戴要符合安全要求，站立位置要安全。

（12）根据维护保养维修的部位和实际情况切断相应的电源，并用完好的万用表或测电笔检验确认。

（13）维护维修设备时，要正确使用拆卸工具，严禁乱敲乱拆，不得随意拆除、改变设备的安全保护装置。

（14）车间内和机器上的说明、安全标志和标志牌，在任何时间都必须严格遵守。

（15）严禁使用易燃、易挥发物品擦拭设备。含油抹布不能放在设备上，设备周围不能有易燃、易爆物品存放。

（16）维护维修结束后，对现场进行清理，仔细检查设备仪表的每一个部位，不得将工具或其他物品遗留在设备仪表上或其内部。

（17）电焊机应设在干燥的地方，平稳牢靠，要有可靠的接地装置，导线绝缘要良好，操作时应戴防护眼睛和手套，并站在橡胶板或木版上，并且周围应备有灭火器材；焊钳与把线必须绝缘良好，连接牢固，更换焊条时应戴手套；严禁在带压力的容器或管道上施焊，焊接带电的设备必须先切断电源。

（18）在密闭金属容器内施焊时，容器必须可靠接地，通风良好，并有人监护，严禁向容器内输入氧气；把线、地线禁止与钢丝绳接触，更不得用钢丝绳或机电设备代替零线，所用接地线头，必须连接牢固；更换场地移动把线时，应切断电源，并不得手持把线爬梯登高；雷雨时，应停止露天焊接作业；必须在易燃易爆危险区域作业时，事先应定出安全措施，并经生产安全部和领导批准后方可进行；工作结束后，应切断焊机电源，整理现场，并检查操作现场，确认无事故隐患后，方可离开。

（19）手提电动砂轮、手电钻等手提式电动工具的电源线，不得有破皮漏电；使用时要戴绝缘手套，先启动，后接触工具。

（20）手电钻钻薄工件时要垫平垫实，钻斜孔要防止滑钻；不准用身体直接压在上面；不准用手拿工件钻孔，钻薄工件时，工件下面应垫好平整木板；钻孔排屑困难时，进钻退钻应反复进行；操作人员的头部严禁靠近旋转部位。

（21）千斤顶操作时，应放在平整坚实的地方，并用垫木垫平；丝杆、螺母如有裂纹，禁止使用；使用油压千斤顶，禁止站在保险塞对面，并不准超载；千斤顶最大提升行程，不应超过丝杆或齿条全长的75%。

（22）潜水电泵使用前应进行检查，电缆的绝缘应完好方可使用；电泵放入水中或从水中提出，必须将绳子扣在电泵耳环上，严禁拉电缆；接好电源后应先试转，检查方向是否正确。

（23）砂轮机不准装倒顺开关，旋转方向禁止对着主要通道；工作托架必须安装牢固，托架平面要平整；砂轮机必须安装防护罩；操作时，应站在砂轮侧面，不准两人同时使用一个砂轮；砂轮不圆，有裂纹和磨损剩余部分不足25毫米时，不准使用。

（24）必须在易燃易爆危险区域作业时，事先应定出安全措施，并经生产安全部和领导批准后方可进行；焊接、打磨存有易燃易爆、有毒物品的容器或管道，必须置换和清理干净，同时并将所有孔口打开后方可进行。

（25）在台钳上操作时，工件必须加紧，但不得用锤敲打钳把。

（26）使用凿子、铲刀、剔铲工件时必须戴防护眼镜，而且必须注意飞溅方向，防止伤人。

（27）使用锉刀时，不宜用手用油触摸加工面，不得用嘴吹铁屑。

（28）使用钢锯锯工件时，当要锯断时应轻锯、慢锯，防止端头伤人。

（29）设备就位或组装时，严禁将手放入连接面和用手指对孔。

（30）工作场地应干燥整洁，废油、废面纱不准随地乱丢，原材料、半成品、成品必须堆放整齐，严禁堵塞通道。

（31）设备运转中，不准用手清除铁屑，不准用手检查运动中的工具和工件。

四、电气设备使用安全

1. 防止触电

（1）不用潮湿的手接触电器。（2）电源裸露部分应有绝缘装置（例如电线接头处应裹上绝缘胶布）。（3）所有电器的金属外壳都应保护接地。（4）实验时，应先连接好电路后才接通电源。实验结束时，先切断电源再拆线路。（5）修理或安装电器时，应先切断电源。（6）不能用试电笔去试高压电。使用高压电源应有专门的防护措施。（7）如有人触电，应迅速切断电源，然后进行抢救。（8）测量绝缘电阻可用兆欧表。（9）在需要带电操作的低电压电路实验时用单手比双手操作安全。（10）电动工具上标有"回"表示双重绝缘。（11）实验室内的明、暗插座距地面的高度一般不低于0.3米

（12）在潮湿或高温或有导电灰尘的场所，应该用超低电压供电。在工作地点相对湿度大于75％时，属于危险、易触电环境。（13）电工应该穿绝缘鞋工作。（14）实验前先检查用电设备，再接通电源；实验结束后，先关仪器设备，再关闭电源；工作人员离开实验室或遇突然断电，应关闭电源，尤其要关闭加热电器的电源开关；不得将供电线任意放在通道上，以免因绝缘破损造成短路。

2. 防止引起火灾

（1）使用的保险丝要与实验室允许的用电量相符。

（2）电线的安全通电量应大于用电功率。

（3）室内若有氢气、煤气等易燃易爆气体，应避免产生电火花。继电器工作和开关电闸时，易产生电火花，要特别小心。电器接触点（如电插头）接触不良时，应及时修理或更换。

（4）如遇电线起火，立即切断电源，用沙或二氧化碳、四氯化碳灭火器灭火，禁止用水或泡沫灭火器等导电液体灭火。

（5）交、直流回路不可以合用一条电缆。

（6）动力配电线五线制 U、V、W、零线、地线的色标分别为：黄、绿、红、蓝、双色线。

（7）单相三芯线电缆中的红线代表火线。

案例链接

一、事故经过

2014年8月25日7时55分，陕西某发电公司运行人员发现＃5机除尘 A 变压器温控仪故障，通知检修人员处理。10时37分，变配电班刘某开具工作票，16时20分，办理开工手续。19时40分，变配电班刘某（工作负责人）和钟某（死者，男32岁）到现场开始工作。由于该变压器温控器和4个冷却风机共用一个16A空气开关，初步判断某个冷却风机故障造成空气开关跳闸，温控器面板电源失去。为便于今后检修和故障判断，将4台冷却风机电源改为由4个3A空开分别控制。工作中进一步确认，一台冷却风机风扇卡死且电机线圈开路。21时20分许，刘某回组找风机备品，离开时向钟某交代让其休息等待。22时10分，刘某回到配电室，发现钟某趴倒在地，面部周围有血迹，左手拿一根导线，身下压有一根导线。刘某判断其触电，立即切断电源并打电话呼救，随后同赶到现场的运行人员轮流用心肺复苏法进行抢救。22时23分，公司值班医生和救护车到达现场进行急救，并随即送往医院，在第三陆军医院抢救后，确认钟某已无生命体征，诊断死亡。

二、原因分析

现场勘查发现，事故地点位于＃5机除尘配电室走廊，距离工作地点除尘 A 变约2.5米（见附图）。钟某左手握着一根试验导线的接线柱，手心有坑状电击伤，接线柱有烧焦痕迹；右

胸前压有带鳄鱼夹的另一根试验导线，右手握拳在右胸，右胸有电击伤。导致触电的导线为临时试验用导线，一侧通过硬导线插入临时电源插座孔，另一侧分别为接线柱和鳄鱼夹，临时电源取自附近的检修电源箱。从现场情况判断，该导线用来接取变压器冷却风机试验电源。事故直接原因：当事人钟某违章作业，违反先接线后送电的作业程序，在取电试验过程中，身体接触导线带电部分形成回路，发生触电。事故间接原因：工作失去监护，工作负责人没有按照安规和反措要求，将工作班成员撤离作业现场，工作班成员在没有监护的情况下作业，并且在低压带电设备工作，没有按照要求带手套。

任务2　锐器伤的职业防护

案例链接

（1）1936 年，国际主义战士白求恩在野战医院抢救伤员时，手术刀划破手套伤到手指。由于没有妥善处理，导致伤口感染，当时医药紧张，没有及时控制病情，最后光荣牺牲。

（2）某职工医院手术室刚参加工作的 1 名护士，在手术过程中传递器物不慎划破手背，由于没严格妥善消毒处理，被感染破伤风，险些丧命。该院 2006 年中就发生过 10 次医疗锐器伤，到 2008 年 3 月为止的三年中先后又发生过多次锐器伤。

（3）某医院一实习护士，由于在学校不严格要求自己，没学会单手回套针帽，在执行治疗过程中多次因用双手回套针帽，用力过大而刺伤自己，导致感染。

案例分析

锐器伤是一种由医疗利器，如针头、缝针、各种穿刺针、手术刀、剪刀、碎玻璃、安瓿等造成的意外伤害，造成皮肤深部足以使受伤者出血的皮肤损伤。

引发锐器伤的常见原因包括以下几项。

（1）物的不安全状态。例如注射器、输液器毁行过程中刺伤；使用后的锐器进行分离，浸泡和清洗时误伤；处理医疗污物时，不慎导致误伤。

（2）人的不安全行为。如操作方法不当，在准备物品时受伤；双手回套针帽产生的刺伤；手术过程中锐器传递时造成误伤；掰安瓿、抽吸药液过程中被划伤；各种注射、拔针时病人不配合造成误伤；整理治疗盘、治疗室台面时被裸露的针头或碎玻璃扎伤。另外，护理工作者的防护意识淡薄、工作粗心、技术不熟练，对锐器伤的认识不足也是导致锐器伤的重要原因。

应对方法

（1）禁止将针帽套回针头，因为针头套入时，持针帽的手有被刺伤的危险，一定要套回时，请运用单手套法。

（2）针头或重危器在使用地点即放进利器盒，但不要用手将其折断毁坏，据报道有 1/3 的针刺伤发生在处理使用后的注射器过程中。

（3）利器盒要有牢固的盖子和箱体锁定装置，有明显的危险警告标志，有报道使用利器收集箱后，护士针刺伤发生率降低 50%。

（4）手持无针帽的注射器时行动要特别小心，以免刺伤别人或自己。

（5）操作后立即处理残局，如切开包、穿刺包的整理，锐器和针头与普通垃圾严禁混放。

知识链接

（1）锐器损伤的种类。常见的有穿刺针或缝合针刺伤，剪刀、刀片割伤，或由尖头器械如布巾钳、齿状镊等扎伤，甚至有的被容器边缘的玻璃门割破而导致损伤。据不完全统计，医务人员无一幸免锐器伤。

（2）锐器伤发生的主要环节为：①注射、抽血、静脉穿刺等操作时患者突然活动；②将血液标本注入试管时须拔下针头；③拔针时试图撕下固定针头的胶布时，拔针后将裸露的针头集中消毒处置时，分离针头和针管时；④将针头重新插入针帽，剪断输液器针头时。

（3）发生锐器伤的危害，随着艾滋病在全球的蔓延，乙型肝炎病毒感染的高发，使锐器伤成为供应室医务人员感染乙型肝炎病毒（HBV）、丙型肝炎病毒（HCV）和艾滋病病毒（HIV）的重要途径，与其他医务人员相比，供应室人员更容易受到锐器损伤而发生职业感染。

（4）预防或减少锐器伤的对策：有条件的可配备自动化清洗设备；定期健康体检；强化自我保护意识，了解职业暴露、职业损伤的危险性及自我防护措施；规范操作，在器械回收、清洗时通常能按规定戴手套，但在组装、摆包时大多不戴手套。另外，在回收物品时应小心清点，分类放置并作妥善处置；回收的刀片、针尖需放在防水耐刺的容器内送焚烧；已明确有传染性的污染物品应先灭菌后清洗；创造良好的工作环境，关心医护人员的身心健康，减轻工作压力，为他们创造轻松愉快的工作环境，教育他们工作时集中精力，以减少锐器伤的发生。锐器伤紧急处理方法如图4—1所示。

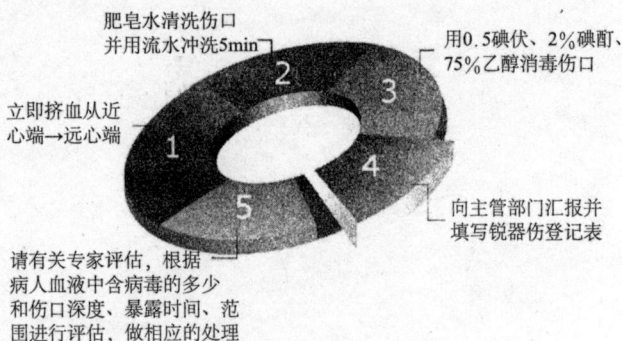

图 4—1　锐器伤紧急处理方法

操作演练

甲护士上夜班，用双手分离污染的针头和注射器时不慎刺破手指，乙护士做了以下处理：

（1）立即用健侧手从近心端向远心端挤压，挤出伤口部位的血液。

（2）用肥皂水彻底清洗伤口并用流动净水冲洗伤口5分钟。

（3）用0.5%碘伏，2%碘伏、75%乙醇消毒伤口。

（4）向主管部门汇报并填写锐器伤登记表。

（5）请有关专家评估锐器伤并指导处理，根据病人血液中含病毒的多少和伤口的深度、暴露时间、范围进行评估，做出相应处理。

注意事项：

锐器伤发生部位多为手指，其次是手掌。此时，正确的操作有以下几点。

（1）不要在伤口局部来回挤压。

（2）不要用75%以上的酒精消毒。

（3）不要直接用手接触使用后的针头、刀片等锐器（戴手套）。

（4）用专用器械折弯或弄直针头。

（5）请用单手回套针头帽。

（6）手术中锐器用弯盘或托盘传递。

（7）不要用消毒液消毒针头、刀片，应用一次性针头。

（8）医疗垃圾必须收集在专用密闭垃圾桶内，标明警示标志统一处理。

任务3　职业暴露及防护

案例链接

在广东省中医院当了 23 年的急诊科护士长，无论是现场急救跳楼的垂危民工，还是带头护理艾滋病吸毒者，还是冒死抢救非典型肺炎病人，叶欣从来没有"瞻前顾后，自虑吉凶"。她用自己的生命书写了中国大医之"精诚"。2003 年 3 月 24 日凌晨，因抢救非典型肺炎病人而不幸染病的叶欣光荣殉职，终年 46 岁。

护士小张，22 岁，工作三年后被安排在艾滋病病房。某日下班前，在处理病房污物的过程中，不慎被污物桶中裸露的穿刺针刺破手指，出血不止，被感染艾滋病。

2003 年山东荣成市人民医院两名医务人员工作中被乙型肝炎患者血液污染的针头刺伤而感染乙型肝炎。

案例分析

职业暴露是指是指医疗卫生工作人员、实验室工作人员及有关监管人员等在从事日常工作中，意外被含有感染性病原体，如乙肝、丙肝、艾滋病的血液或体液污染黏膜或破损的皮肤，或被含有感染性病原体的针头刺破皮肤，如黏膜接触、皮肤接触、针头刺破、锐器割伤。由于社会人群乙肝的高发和结核、艾滋病发病率的快速上升等，据报道，当前已知的可以通过职业暴露经血液传播的病原菌至少有 20 多种。全世界每天都有数以千计的医务人员在管理病人的过程中发生职业暴露即意外损伤，而发生职业暴露后对于医务人员身心健康构成了严重威胁。

应对方法

自从非典以后，国家和社会开始高度关注医务人员的职业健康问题，开始研究并出台相关的政策和标准，主要针对 HIV 和禽流感职业预防采取了科学的干预措施。推广使用自毁式注射器和锐器收集盒，能有效地预防针刺伤。在接触抗肿瘤药物时应穿隔离衣、戴口罩、帽子、乳胶手套，必要时戴防护眼罩，熟悉操作规程；处理被药液沾湿的床单、衣物、纱布时应戴手套，并放入特制袋内，统一洗涤处理。

(1) 加强培训，早预防。职业防护培训迫在眉睫，新员工要牢记于心。

(2) 环境改善，要重视。

(3) 定期体检，防乙肝。

(4) 发生针刺，处理好。

(5) 心理干预，有必要。

事后预防措施对于 HBV 易感者受到 HBV 污染的针刺伤，24 小时内接受注射乙型病毒性肝炎免疫球蛋白，并进行乙型肝炎疫苗预防接种（全程免疫），有效率达 75%。对于被 HIV 污染的针刺伤应使用预防性用药，服药时间原则上越早越好。

知识链接

目前，中国艾滋病的流行已经进入快速增长期，据专家预测，至 2010 年艾滋病感染者可达到 1000 万人。中国是 HBV 的高发地区，乙型肝炎病毒表面抗原的携带率为 8%～20%，HCV 的感染率也在不断上升。导致医务人员职业暴露的罪魁祸首是污染的针刺伤及其他锐器伤，发生锐器伤后经血液、体液传播乙型肝炎、丙型肝炎、艾滋病等职业性传染病的危险性极大。据报道，被 HBV、HCV、HIV 污染的针刺伤或锐器伤后相应病原感染分别为 6%～30%、1.2%～10%、0.3%。由此可见，锐器伤极易传播血源性疾病。锐器伤造成的另一个危害就是对受伤者心理的影响，这种影响可能是严重而持久的。尤其是发生了 HIV 阳性患者血液污染的锐器伤，受伤者常因等待检测结果而有一较长时间的恐惧、焦虑期，甚至会产生悲观、抑郁情绪。

任务4 化疗药物的职业防护

案例链接

2000年，某乡镇医院在抢救一例有机磷农药中毒患者时，患者出现呼吸困难症状，护士周某参与了整个施救过程，结果从口、鼻和皮肤吸收了残余农药，导致自身轻度农药中毒。

2004年，北京市积水潭医院内科护士小王，在4月20日值班时为一骨癌病人注射环磷酰胺时，与其他病人聊天，针头刺破自己手掌，所用药物渗漏到手部皮肤出血，半年后该护士有明显的肾功能下降的临床症状。

案例分析

护士职业中的化学危害主要来自抗肿瘤药和消毒制品。医务人员在开放环境中接触、处理化疗药物过程中，如果操作不慎，或长期接触均可造成对人体的潜在危害。因此必须了解可能成为导致化疗药物损害的危险因素。造成伤害的原因有：内因主要是医护人员对化疗药的危害性认识不足，防范意识淡薄；外因是医院管理不规范，防护设备简陋，防护用具不齐全，药物配置环境为开放性，废弃物管理混乱等方面。

图4-2 化学性因素

国内外已有的研究表明，多数抗肿瘤药为细胞毒剂，对实验动物具有毒性、致畸形、致突变和致癌性。接触抗肿瘤药与自然流产、宫外孕及先天畸形等生殖损伤有关，接触抗肿瘤药物的护士外周血中淋巴细胞姐妹染色单体互换率增高。

应对方法

常规化疗操作时，医护人员应遵循两个原则。

（1）尽量减少不必要的与化疗药（尤其是抗肿瘤药物）接触。

（2）尽量减少化疗药物对环境的污染。

虽然护士为病人进行化疗过程中，存在一定的职业危害，但只要从思想上重视，认真实施各种防护措施，化疗药物对护士的危害是完全可以防范的。

（1）仔细检查所用连接管、输液器、输液袋、输液瓶、药瓶是否完好无损，有破损的一定要立即更换。

（2）掰安瓿时不能强行或用力过猛，用砂轮划痕再打开。

（3）注射操作过程中抽取药液以不超过注射容器容量的3/4为宜，以防针头脱落。

（4）配制及使用化疗药时，护士一定要戴帽子、一次性防护口罩、聚乙烯手套，如须戴双层手套，外再加一副乳胶手套。

（5）药物准备和使用过程中，从药瓶拔出针头时一定要仔细，输完液体拔针头时先关掉输液开关再拔针。

（6）谨慎对待医疗垃圾（与化疗药接触过的针头、注射器、输液管、棉球、棉签），医疗垃圾必须收集在专用密闭垃圾桶内，标明警示标志，统一处理。

（7）上述操作完毕，脱去手套，用流水、洗手液彻底洗手并洗澡（条件许可时），减轻药物毒性作用。

注意事项

（1）执行化疗的护士应经过专业培训，增强职业危害的防护意识，主动实施各项防护措施。

（2）化疗护士应注意锻炼身体，定期体检，每隔 6 个月检查肝功能、血常规及免疫功能。怀孕护士应避免接触化疗药物，以免出现流产、胎儿畸形。

（3）常用细胞毒性药物要牢记于心。

任务5 负重伤的职业防护

案例链接

王某，女，58岁，某医院退休护士，患者2006年开始，颈部疼痛加重，伴头痛、头晕、胸闷憋气，双上肢麻木，双手握力减弱，前胸后背伴束带感，双下肢行走步态失稳，被诊断为颈椎病。

2007年刚在丹江口医院上班三年，最近转入急诊室的护士张某，因经常搬运患者致腰背疼痛，院前急救现场路况差，加上对环境不熟悉，多次扭伤。来急诊室后小张站立时间过长，出现了下肢静脉曲张的早期症状。

案例分析

负重伤指由于工作性质的原因常需要搬动或移动重物，而使身体负重过度，或不合理用力等，导致肌肉、骨骼、关节的损伤。

产生负重伤的原因很多：①较大的工作强度；②外界温差的刺激；③长期的积累损伤。

由于护理工作的性质，护士在工作中常常会搬动病人或较重物品，使身体负重过大，而引起不同程度的身体损伤。其中较为常见的损伤是腰椎间盘突出症。目前护理工作者已成为该病的易发人群。由于腰椎间盘突出症具有难治性、易复发性以及发病时导致较为严重的临床症状等特点，一旦受到损伤，将严重影响临床护士的日常工作和生活，甚至影响职业生命质量。此外，护士经常超时静立、走动，还易引起静脉曲张等。因此，预防负重伤的发生，降低职业危害，是每一位护士不可忽视的问题。

应对方法

（1）加强锻炼，定期体检。例如参加健美操、广播操、太极拳、慢跑、游泳、瑜珈等健身活动，局部热敷、药熏。

（2）变换体位，减轻负荷。如两足分开，降低腰部负荷。

（3）佩戴腰围，卧时解下。已患腰椎间盘突出症的护士在佩戴腰围时应注意遵循以下原则：在急性期疼痛加重时，坚持佩戴，于卧床休息时解下。

（4）轮番站立、抬高下肢。可配合做下肢操、推拿、理筋、整脊手法。

（5）睡硬板床，合理膳食。并注意床垫的厚度适宜。

任务6 舞蹈、体操安全知识

案例链接

三秦网2018年7月19日消息：

4个多月前，6岁的糖糖在舞蹈课上进行下腰练习时不慎摔倒，被医院诊断为脊髓损伤，下肢瘫痪。4个多月过去了，宜情还是没有从这份打击中回过神来。她想不通，一个舞蹈动作，怎么会给孩子造成这么大的伤害？而记者从糖糖就诊的西安市儿童医院得知，近年来，因为跳舞不慎导致孩子终身瘫痪的病例不在少数，仅今年上半年，西安市儿童医院就收治了4例这样的小患者。医生提醒，暑期练舞的孩子多，家长和舞蹈培训机构都应警惕儿童脊髓损伤。受伤：练下腰时摔倒 女孩爬起来继续完成练习

今天记者在儿童医院见到糖糖时，她身上固定着器具，正在吃力地配合医生做康复训练。病房里其他小孩做不了几个动作就开始哭闹，糖糖却抿着嘴，一声不吭地坚持到了最后。见妈妈站在一旁心疼地紧皱着眉头，她还时不时转过脸来给她一个笑容，严重的病情似乎并未给她带去任何阴霾。但女儿越是这样，宜情的心里越是针扎般难受，"她还小，不知道这次意外意味着啥，可对我们大人来说，孩子以后站不起来，我们的天都塌了。"

意外发生在3月11日。当天上午10点多，家住延安的糖糖奶奶如往常一样带着孙女去上舞蹈课，课程12点10分就应该结束了，宜情却在12点40分时接到了婆婆打来的电话称，她们还在舞蹈班里，孩子出事了，现在打算去医院。在延安大学附属医院，宜情见到了才分开几个小时就突然站不起来的女儿。为给孩子最好的救治，她和家人连忙将孩子转到西安市儿童医院，可糖糖还是被确诊为脊髓损伤，有可能终身瘫痪。好端端的孩子，去上个舞蹈课，咋就突然成了这样？事后，宜情从婆婆及其他家长处得知，那天课上进行下腰练习时，糖糖不小心摔倒了，当场还哭了一会，但哭完后又爬起来继续练习，没人把这次摔倒当回事。直到课程结束后，大家才发现，孩子走路重心已经不稳，被人扶着也直往地上倒。事情发展到这里，宜情还勉强可以将事故原因怪罪到女儿胆子小没及时给老师反映头上，但该舞蹈班在发现糖糖受伤后的反应，让她至今提起来也气不打一处来。"下课后舞蹈班的老师明明已经知道孩子受伤了，但这时仍没有及时把她送去医院，而是将孩子和我妈叫进了办公室询问，还让等着领导来处理。这等于在孩子受伤后还给她反复造成了多次二次损伤。"

治疗：一家五口全"上阵"未来还不知怎么办

脊髓受伤后绝对不能乱动的急救常识，宜情是在事情发生后才知道的。

这几个月，她反复在想，假如当时在场的人当中，但凡有一个人知道这样的常识，这次意外也不会造成这么严重的后果。

今天，她忍不住向三秦都市报记者发问，"我们作为家长，对舞蹈动作可能会造成哪些伤害以及相应的常识不太懂，为什么那些舞蹈老师们也不懂？他们开班教学生，上岗前都不会做岗前安全和急救知识的培训吗？即使不会，关注每个孩子在上课中的状态，难道不是老师应该做的吗？"

对于这次事故，宜倩有太多类似的问题要问，可是她现在根本无暇顾及别的，照顾女儿，让孩子尽快恢复是她最大的愿望。受伤后的头3个月，糖糖在儿童医院住院治疗，现在病情趋于稳定，宜倩和丈夫在医院外租了房子，将女儿接回了这个临时的"家"，然后每天带着她到医院做康复训练。为了孩子的病情，她和丈夫不得不分别向单位请了长假，家里的3位老人也全部由延安来到西安，每天搭着手给孩子做按摩，帮孩子导尿排便。一家人全部耗在这里的生活短期还可以勉强撑着，以后时间长了怎么办，下一步要怎么走，宜倩说，自己不敢想。"本来今年9月孩子就要上一年级了，现在这情况，什么都乱套了。"顿了顿，她告诉记者一句"题外话"，"其实这事发生时，我家老二才刚刚过了满月。事情发生后，我把她扔给我大姨就来了西安，现在大女儿是这个样子，二女儿也已经5个月没见到了，我真的感觉自己快撑不住了。"

提醒：一旦脊髓损伤 一定要让孩子平躺勿搬动

一个下腰的动作，再加上处置不当，就可以让一个6岁的女童终身瘫痪。这样的结果，可能很多将孩子送到舞蹈班的家长都难以置信，但这就是事实。今天，西安市儿童医院康复科主任医师陈小聪在接受记者采访时称，像糖糖这样的脊髓损伤，医学上被称为"无骨折脱位型脊髓损伤"，在拍片后看不出骨折和脱位，但却与下腰造成的损伤直接相关。近5年来，儿童医院康复科接收的因下腰导致脊髓损伤的病人超过10例，仅今年上半年就有4例，部分孩子终身残疾。陈医生向记者介绍，人的身体有极限，一旦过度弯曲超过身体的极限就容易受伤，学习舞蹈或者武术等一定要根据自身情况循序渐进。一些孩子运动前没热身，猛地旋转身体，可能造成运动损伤，严重的可能会导致瘫痪。再者，根据儿童生长发育骨骼及韧带的特殊性，3岁之前不适合学跆拳道、舞蹈等。她提醒，平时训练中，舞蹈学校及相关的舞蹈机构应该做好硬件和软件保护措施，在训练场地放置防滑垫、合适的软垫等。家长及老师平时也应注意提高对医学科学知识的掌握，一旦发生运动损伤，应及时停止训练。同时一定要先让孩子平躺，勿轻易搬动，搬动会加重病情引起再次损伤，从而造成不堪后果。调查：大部分人不了解跳舞会致瘫

女孩子学习舞蹈可以培养灵动的气质，窈窕的身材。为了不让孩子输在起跑线上，很多家长在宝宝很小的时候就把他们送去各种舞蹈班学习舞蹈。但这其中的风险与常识大家真的知道吗？昨天三秦都市报记者就此采访了多位家长，也跟就职于西安市多家舞蹈培训机构的舞蹈老师做了交流，发现在学习舞蹈的安全问题上，大部分家长和老师都没有太在意。

王女士在女儿4岁半时就给她报了班学习舞蹈，至今舞蹈学了3年多，舞蹈学校也换了几个，说起选择培训学校的标准，她直言，安全其实是放在末位的。

"我跟很多家长聊过，感觉大部分人给娃报班的时候都不会考虑那么多。这个班有没有资质，老师们有没有经过专业培训，都不是大部分人最关心的。大家说起来可能都是，这个班离我家近，或者这个班是谁推荐的，甚至只要给娃报个兴趣班上着就行了，反正市面上的各种培训班看起来都差不多。"说起6岁女孩因练舞不慎可能面临瘫痪一事，王女士非常惊讶，她反问

记者，"小孩子身体不是软吗？为什么还会出现这样的情况？"

一位从事舞蹈教学工作多年，辗转在多个培训机构当过舞蹈老师的李女士则向记者透露，大部分机构都不会对老师进行相关安全或急救知识培训，如果在训练过程中遇到学员受伤，大家一般都是凭着常识和经验处理。而说起知不知道脊髓损伤千万不可随意挪动，该老师称，"这个还真是不知道。"

孩子们练舞到底应该注意什么，记者也询问了西安市少年宫的一位教舞蹈的曹老师。曹老师说，首先需要注意的是年纪，孩子一般4岁半到5岁开始学习舞蹈为宜，太早的话孩子的身体没有力量。另外，开始练习时不能急于求成，要先反复练习腰部力量和手臂力量，确保孩子腰部的肌肉可以有承重力，同时练习是先从"跪下腰"开始练起，再到"站下腰"。其次，在孩子没有独立完成能力的情况下，不应让孩子自己练习，需要有老师或者家长的辅助和保护。

一、舞蹈教学中常见运动损伤及防治

运动损伤在舞蹈教学实践中是我们不能回避的问题。运动损伤所带来的负面影响也是严重的，它不仅影响个人的身体健康、学习，严重的还可以使人致残，甚至死亡，对舞蹈教学也造成不良的社会影响和心理影响。本文结合运动损伤与防治的基础理论，以舞蹈教学为例就常见的运动损伤的原因及防治进行阐述，旨在为人们科学、合理地进行舞蹈教学，了解可能导致运动损伤的常见因素，并掌握常见运动损伤的预防与康复提供积极、必要的理论参考。

1. 踝关节扭伤

原因：运动前准备活动不充分，踝关节韧带的伸展性和弹性较差；脚着地技术不正确；跳起落地时身体失去平衡以及场地不平等。

症状：踝关节局部疼痛，迅速肿胀并逐渐延及踝关节前部、局部皮下淤血；跛行。治疗：扭伤后，立即停止运动，并用拇指压迫止血，检查韧带是否完全断裂。12小时内可用冰袋冷敷，加压包扎，防止毛细血管扩张继续出血，抬高患肢。24小时后，根据伤情可选用伤药外敷、理疗、针灸、按摩、药物痛点注射及支持带固定等。及早进行踝关节功能练习，如踝关节抗阻力活动、沙地上慢跑等，以加速踝关节的功能恢复。如果韧带完全断裂，应急救固定并送医院做进一步治疗。

预防措施：运动前要做好准备活动，尤其是踝关节周围韧带，提高关节灵活性；加强踝部周围韧带肌肉的锻炼，多进行擦地、提踵跳及负重提踵练习，提高关节的力量和弹性；在跑跳练习中，强调脚掌着地的正确技术；肌体处于疲劳和不良状态时，避免高难度动作的练习，减少运动负荷。

治疗措施：在运动中扭伤踝关节，应立即停止运动。首先是冷敷，最好用冰。但一般没有准备，可用水代替。将踝关节泡在水中冷敷15分钟左右，然后用冷湿布包敷，再用胶布把踝关节固定。如果一周后肿痛继续，可能是发生了骨折，一定要去医院诊治。

2. 髌骨劳损

原因：多由跑跳过多、膝关节长期负担过度或反复微细损伤的积累而成，也可由局部遭受一次撞击和牵扯所致。尤其是膝关节处于半蹲位置时，由于韧带松弛，膑骨的腱膜和髌韧带所受的牵拉张力及髌骨、股骨相应关节面间所承受的挤压力都较大。若半蹲位时起跳"发力"或屈伸扭转，作用力超过了组织的生理负荷，就影响局部代谢，导致细胞的变性和坏死，从而引起腱纤维出血、变性、增生等一系列病理改变。

症状：早期或轻者在大运动量训练后感到膝痛和膝软。休息后症状缓解；随着病变的进展，疼痛逐渐加重，准备活动后症状减轻，训练结束后又加重。重者走路和静坐时也痛。髌骨尖、髌骨周缘有压迫痛。膝关节伸膝至 110－150 度之间疼痛明显。

预防措施：合理安排运动量，避免局部负荷过大，加强下肢肌肉力量的训练，尤其是股四头肌的力量训练；每次训练后，做单足半蹲试验，以便及早发现，及时治疗；训练后要擦干汗水，注意保暖，防止风寒湿侵袭，采用热水浴，按摩等消除局部疲劳。

治疗措施：直抬腿法、髌骨抽动法、登台阶法、高位静力半蹲法等，可收到一定的治疗效果。另外，也可采用理疗、中药外敷、针灸、中药渗透药外敷或直流电导入、按摩等等。若长期保守治疗无效，症状加重的髌骨软骨患病者，应手术治疗。

3. 膝关节半月板损伤

原因：膝关节在屈位，突然遭受旋转、屈伸外力时，半月板活动的顺应性破坏，易被卡入胫股关节之间，使半月板受到扭转、挤压、辗磨合力而发生撕裂伤。内侧半月板损伤多发生于膝关节半屈、小腿固定位时，突然伸膝扭转，使内侧半月板向膝中央和后侧移位，受到挤压、辗磨而致伤。同理，股骨髁因外力突然外旋伸直时，则易发生外侧半月板破裂。膝关节半月板损伤常伴有侧融韧带、交叉韧带、关节软骨损伤。膝关节半月板损伤是多次损伤的结果，一次性损伤往往由膝关节韧带断裂，外力极大而造成。

症状：膝关节半月板损伤的典型症状是股四头肌萎缩、上下楼梯时膝关节痛、膝关节肿胀，膝关节缝有明显压痛。

预防措施：增强关节肌肉的力量练习，特别是加强对弱侧关节的训练。静力练习很有实效；提高关节灵活性练习的质量。认真做好准备活动，特别是专项训练的辅助练习，寒冷天气更要做开关节活动；注意关键运动技术的合理性、正确性，及时纠正错误动作；场地设备必须认真检查、合理布置，消除隐患；配备合格护具，易伤的小关节要正确使用胶布包扎。

治疗措施：膝关节半月板损伤的治疗，可按其损伤部位来决定方法，边缘损伤者可进行保守疗法（按摩、理疗、外敷中药等），中部损伤或关节功能障碍大的损伤，早期采用手术疗法为好。康复训练对膝关节半月板损伤的治疗有重要的意义，特别是膝关节的静力练习对损伤半月板的修复及增强膝关节的稳定性有良好的作用。

4. 肌肉拉伤

原因：在完成各种动作时，由于肌肉主动地猛烈收缩（伸展），其力超过了肌肉本身所承担的能力可发生主动或被动性肌肉拉伤。

症状：肌肉拉伤后局部疼蒲、压痛、肿胀、肌肉紧张、发硬、痉挛、功能障碍，当受伤肌肉主动收缩（伸展）时疼痛加重。

预防措施：充分做好准备活动；加强易伤部位肌群的韧性及力量的训练；被动牵拉肌肉的各种练习，必须注意循序渐进。

治疗措施：早期：冷敷、加压包扎、抬高伤部。适当制动，防肿、镇痛、减轻炎症。中期：症状较轻者在伤后 24 小时，可采用外敷伤药、理疗、药物痛点注射、按摩等，加速再生修复。后期：增强和恢复肌肉的功能，常采用以按摩、理疗、功能锻炼为主，适当配以药物治疗（外敷药或熏洗药）。

二、体操课的安全措施

体操，是目前各类学校体育教师最伤脑筋的教学内容。体育不同于其他运动项目，如篮球打的好坏不会直接导致学生受伤，而体操动作完成与否就可能是引发伤害事故的直接原因。体操的很多动作不是在器械上进行，就是要越过有一定高度的器械，具有较强危险性，大部分学生对体操都有种"怕"的心理。因此，教师具备高水平的教学能力、学生具备有效的自我保护能力是进行体操教学的安全保障。

1. **体育安全事故原因分析：**

（1）学校的原因：制度不完善；经费不足。

（2）学生的原因：缺乏安全锻炼的知识与技能；缺乏一定的自我约束能力。

（3）教师的原因：缺乏足够的爱心和责任心；缺乏过硬的业务能力；缺乏对伤害事故的预见能力。

2. **改进措施：**

（1）教师方面

①要让学生了解各种体操器械的特征并能正确地利用这些特性进行练习。如了解踏跳板的弹性特点并能正确的掌握上板踏跳技术，就能避免因上板位置偏后，跳板弹性不足而造成第一腾空过低，不能越过而摔在马上。

②针对不同的动作，要让学生了解可能会发生的危险，并教会学生不同的自我保护方法。如动作失败时抓牢器械不轻易松手以防从器械上摔下；落地时屈膝缓冲或顺势滚翻避免身体受伤等。

③对于需要相互保护和帮助的动作技术，教师要让学生明确保护和帮助的手法、站立和要领，使学生以高度的责任心进行相互的保护和帮助。对于一些难度较大的新学动作，教师要亲自进行保护和帮助，或在确保学生能够独立完成保护和帮助的情况下交给学生操作，教师在旁指导。

④教师要仔细观察学生，掌握学生的心理状态，以有效的方法克服学生的恐惧心理（如学生跳箱时，不敢过箱）；制止学生的冒险心理（如模仿专业运动员的高难度动作）；应对学生的好胜心理（如看别的同学都已完成，自己也急于完成）。

（2）学生方面

①将每个动作的基本技术练扎实，适时、主动地与教师交流心得和体会，帮助自己稳步完

善和提高动作质量，避免因基础不牢导致动作出错引起的伤害。

②学生对于自己害怕的项目，要努力克服恐惧心理，相信保护和帮助自己的教师和同学，尽自己所能完成动作，切忌练习过程中犹豫不决造成伤害。

③进行保护和帮助的学生，要以高度的责任心切实尽到保护同学安全完成动作的职责。

模块五 校外安全

任务1 防骗常识

一、新生防骗要领

（1）火车站：火车站人多又乱，不但要防骗，还要防偷，下了火车，不要理会私下单独找你搭腔的人，直接找公开迎新的工作人员，或直接到火车站广场的迎新站。

在火车站不要买任何东西，因为别人看你拿着大包小包的知道是外地人，容易欺骗你。

（2）火车站迎新站——学校迎新站：上车的时候看好你的行李，可能会有一些热心的工作人员帮你提行李，但是你自己也要看清楚了，免得搞丢了。到了学校迎新站，先到院系迎新点登记，安排了住宿，把行李放好了，随身带上贵重物品，然后再出去。

（3）报到：报到的手续不多，人多了要等，就显得很复杂了。需要交钱的事情一定要自己去交，不要让别人代交，交了之后记得要发票或收据。

到医院体检的时候，如果医生要你配眼镜，你可以告诉他自己已经有眼镜了。医院配眼镜比较贵，离上课还有一段时间，眼镜可以慢慢配。不同的眼镜差价很大，是好是坏一定要了解一下它的功能，多作一下比较。

（4）购物：不管是到宿舍推销的，还是自己去买，都不要着急着买随身听、MP3、复读机、计算器等暂时不需要的东西，推销员会告诉你一上课马上要用到，告诉你这些东西是必需的。其实这些东西可以等真的用到的时候再买不迟，过一段时间，你熟悉价格了，才不会吃亏。

进宿舍的推销员推销的一般是很便宜的劣质产品，即使很便宜也不要买。

到外面商店购买大一点的消费品，一定要了解清楚其功能，试用正常后再买，不要怕麻烦，店老板在你要买东西的时候一定是不厌其烦的，等你以后发现了问题，再找他的时候，就不一定怎么样了。

二、诈骗者常用骗术

（1）假冒身份，流窜行骗

诈骗分子利用虚假身份、证件等与人交往，骗取财物后迅速离开，且诈骗地点，居住地点不固定。

（2）投其所好，引诱上钩

诈骗分子利用新生入学人地生疏、毕业生择业心切等心理，以帮学生找熟人、拉关系为学生办事为由行骗。

（3）招聘为名，设置圈套

诈骗分子利用部分学生家住农村、贫困地区、家庭困难等条件，抓住学生勤工俭学减轻家庭负担的心理，以招聘推销员、服务员等为诱饵，虚设中介机构收取费用，骗人财物。

（4）以次充好，恶意行骗

诈骗分子利用学生社会经验少，购买商品苛求物美价廉的特点，到宿舍或私定的场所销售伪劣商品，骗取钱财。

（5）虚请家教，实为掠"色"

诈骗分子利用假期学生担任家教之机，以虚请家教为名，专找女学生骗取女生的信任，骗财又骗"色"。

（6）精心策划，网上行骗

诈骗分子利用学生上网时机，在网上用假名交谈一些不健康的内容，之后打印成文找你恐吓：拿钱了事，不然就交××地处理进行威胁，诈骗财物。

三、防骗措施

（1）提高防范意识

在日常生活中，要做到不贪图便宜、不谋取私利；在提倡助人为乐、奉献爱心的同时，要提高警惕性，不能轻信花言巧语；不要把自己的家庭地址等情况随便告诉陌生人，以免上当受骗；不能用不正当的手段谋求择业和出国；发现可疑人员要及时报告，上当受骗后更要及时报案、大胆揭发，使犯罪分子受到应有的法律制裁。

（2）交友要谨慎，切忌以感情代替理智

严格做到"四戒"。即：戒交低级下流之辈，戒交挥金如土之流，戒交吃喝玩乐之徒，戒交游手好闲之人。与人交往要区别对待，保持应有的理智。对于熟人或朋友介绍的人，要学会"听其言，查其色，辨其行"，而不能"一是朋友，都是朋友"。对于"初相识的朋友"，不要轻易"掏心窝子"，更不能言听计从、受其摆布利用。对于那些"来如风雨，去如微尘"的上门客，态度要热情、处置要小心，尽量不为他们提供单独行动的时间和空间，以避免给犯罪分子创造作案条件。

（3）同学之间要相互沟通、相互帮助

有些交往关系，在自己认为适合的范围内适当透露或公开，更适合安全需要，特别是在自己觉得可能会吃亏上当时，与同学有所沟通或许就会得到一些帮助并避免受害。

（4）服从校园管理，自觉遵守校纪校规

绝大多数校园管理制度都是为控制闲杂人员和犯罪分子混入校园作案，以维护学生正当权益和校园秩序而制定的。因此，同学们一定要认真执行有关规定，自觉遵守校纪校规，积极支持有关部门履行管理职能，并努力发挥出自己的应有作用。

（5）识破伪装身份

诈骗分子常常以各种假身份出现：国外代理商、××领导亲属、华侨、军官等。有时用"托"称来人是××首长，乘××高级车等，遇这种情况不要急于表态，不要草率相信，要仔细观察，从言谈话语中找出破绽，辨别真伪。

（6）识破变化手法

诈骗分子常常变换手法，如改变姓名、年龄、身份、住址等。此地用 A 名，换地用 B 名，而诈骗分子一身多职，时而港商、时而华侨、时而高干子弟、时而专家学者，但全是假身份。因此要发现对方多变的现象，从中引起警惕，找出疑点，识破其真面目。

（7）注意反常

如果您对犯罪分子仔细观察一言一行、一举一动，就会发现有反常现象：别人办不了的事他能办到；别人买不到的东西他能买到；别人犯法他能担保等。这些与常规差距越大，虚假性就越大。因此对这些谎言，要冷静思考识破骗局。

（8）当心麻醉剂

诈骗分子为了达到目的，有时宴请、有时赠礼或投其所好，不惜花本，吃小亏占大便宜诱你上当。

（9）主动出击，打破骗局

可通过犯罪分子的讲话口音、谈语内容以及对当地的风土人情、地名地点，对社会的了解等识破其真面目；从犯罪分子的举止行动、行为习惯、业务常识、所谈及人的姓名、职务、住址、电话等，判断其真伪；从身份证中核实其人，并千万牢记"没有免费的宴席，天上不会掉馅饼"，这样就能防止或减少被骗。

知识链接

在日常生活中，要提高防范意识，学会自我保护；谨慎交友，不以感情代替理智；同学之间互相沟通、互相帮助；遇有不明问题，充分依靠组织、老师和同学；自觉遵纪守法，不贪占便宜；发现诈骗行为，及时报警。

任务 2　求职常识

一、求职防骗

目前求职找工作竞争非常激烈，求职者心情迫切、想方设法去求职，但是，许多时候都非常盲目，其中重要的原因就是对职场认识迷茫、一叶障目，没有做好有针对性的准备。毕业生择业的过程，是一个复杂的变化过程。面对严峻的就业形势，面对众多的竞争对手，要想获得择业的成功，需要过五关、斩六将，其中一关就是陷阱和骗局。一些骗子就是利用求职者的急切心理，绞尽脑汁、挖空心思对找工作的人特别是初入职场的毕业生，伸出罪恶的黑手，骗术多多、花样翻新、偷梁换柱、以假乱真。

职场骗术一：假扮经理骗手机

招聘会上，人山人海，毕业生拿着简历东张西望，挤不上去，这时有个某单位的经理过来，夸你气质好、有教养，向你要简历并介绍单位怎样好，你一定高兴坏了。骗局也就由此开始，他先向你询问几句后，便说初步可以录用，但要请示一下老总，于是拿起手机给老总打电话，刚说两句手机没电，用你的吧，你一定急于等老总回话，于是会慷慨地递上手机。又说两句，招聘会人多信号不好，一起到到外面说吧，出去后哪热闹往哪去，你更不在意了，转眼他便消失在茫茫人海中。这样的事常发生在招聘会场，所以，你要注意递简历要到正式单位的摊位上，和招聘经理去谈，不要以为招聘会上都是来招人的，也有来"招物"的。

职场骗术二：巧立名目骗钱财

严肃正规的经过面试，很快被录取，心里高兴极了，公司有什么要求，新员工当然要听话，于是，就要交报名费、服装费、保险费、培训费、押金等，等交完钱，去上班，实际上等于自己给自己开了一个月工资，这还是好的；有的去上班时才知道，压根都没这单位，收钱的早已人去楼空。劳动部门早有规定，招工不许收费，所以，凡是要你交钱的事，就躲开，那单位准有问题，第一笔钱交了，马上就处在被动地位，让人牵着鼻子走。

职场骗术三：非法网站骗资料

看到与自己相匹配的工作，急忙发出简历，没有收到招聘单位的任何信息，却招来一些中介公司的短信和邮件，让人莫名其妙、心绪不宁。原来是非法网站以招聘为幌子，骗取详细资料后出售给中介公司牟利。而中介公司急功近利，频繁骚扰，给你的求职带来很多麻烦，如果继续受骗，那就更糟糕了。所以，网上求职，一定要到正规有名气的网站，才能达到预期效果。

职场骗术四：非法强迫逼传销

自从国家不让搞非法传销后，一些非法分子就将传销转入地下，为了发展传销网，强迫拉人、逼迫传销，一旦被高收入诱惑，骗入伙内，就成了地下人，想不干或要回家都不行，他们会非法扣留。

职场骗术五：模糊概念给工资

好不容易拿到一份 Offer，高兴地去入职，谁知并不是求职大吉，而是入职在前、陷阱在后，就拿试用期这件事来说，有的单位是考察新人的工作能力，有的公司却在做"倒手生意"。先是以吸引人的条件吸引员工入职，入职后，先谈试验期三个月，付给刚够吃饭的工资，然后再讲转正后根据工作能力"月薪面议"，不给明码标价，在这种口号的鼓励下，新人们不知内情，工作吃苦在前，任劳任怨，让干啥就干啥，让加班就加班，辛辛苦苦三个月快过去了，眼看就到了"月薪面议"的日子，老板却开始以种种借口炒人了，并在某天来一群新的"月薪面议"，三个月前进来的人几乎全部换手，没人告诉新来的人内情，他们依然在期望中为公司任劳任怨地干着。有的人在公司里只见过主管，都没见过老板就被炒掉了。主管就是带着老板的旨意，在招聘会上招了一批又一批，换手率之高，让主管都眼晕。

职场骗术六：录取过程中骗成果

以吸引人才为名，高薪优待，请到公司，让人才感到跳槽成功，在新老总比原来老总待自己好多了的感召下，忠心耿耿，实实在在，把自己的研究成果、设计方案、程序、原理等通过考试、试用、培训、写书等方式贡献出来，等宝贝一出手，老总马上就让人事部门找借口将你炒掉，再用这份高薪优待作为新的诱饵，去钓新的人才。

骗术种种，扰乱了职场秩序。大家求职前一定要认真参加学校组织的培训，学习《劳动法》、《劳动合同法》等法律法规，以免上当受骗。

二、求职时小心身份证

某大学大三学生小媛利用假期出来打工，去某公司应聘没有成功。可没过多久，就收到了法院传票，要她偿还上百万元的贷款。原来她在应聘这家公司时留下了身份证复印件，公司的人就拿这张身份证复印件去办理注册、贷款等各项业务，贷款后卷款逃跑，法院据此而找到了小媛。

身份证是公民最好的身份证明，里面那串长长的信息号码详细记录了你的来源出处，离开了它，连你自己都无法证明你是谁。而在生活中，需要身份证的地方又数不胜数，尤其是在求职应聘时用得比较多。如何在求职中保护自己的身份不被歹人所利用，这应该引起求职者足够的重视。

（1）别轻易将身份证号码向外界公开，特别是在一些人人皆可翻阅的地方。

（2）千万不要碍于情面，把自己的身份证借给亲戚、同学、同事和朋友，以免造成不必要的麻烦。

（3）需要注意的是，在求职应聘时，对方只有核对身份证的权利，没有必要留存身份证复印件；如果需要身份证复印件存档作资料时，应当在身份证的复印件明显处打上自己非常清楚的标志，并注明是专作某项用途使用，且书写时从左到右画过整个身份证的表面，以防被别人拿去再次复印时做手脚。

（4）当一件需要用身份证复印件的事情并没有存档需要时，或是求职无望后，别怕麻烦，最好要记得索回自己留存的身份证复印件，以免后患。

任务3 暑假打工警惕五大陷阱

（1）某名牌大学大二学生小田，家在农村，父母都是农民，家境贫穷，父母为供小田上学，已经欠债数万元。小田为了减轻父母的负担，暑假没有回家，找了一家职介中心，该职介中心的工作人员仔细查看了小田的学生证和身份证后，让小田先预交了500元押金，还签订了所谓的"合同书"，问了小田有何种特长、爱好后，就告诉小田回去听通知，说一有适合小田的工作，立即就打电话通知他，一周过去了，小田没有等到通知，两周过去了，还是没有通知。小田就打电话询问，得到的答复是：再稍等等。三周过去了，还没有消息，小田就去了该职介中心责问工作人员说："合同上说15天找不到工作就退回500元押金，我不找工作了，把钱退给我。"工作人员说："合同上明确规定，期限为一年，15天找不到工作退钱可以，只能退20%，也就是100元。"小田此时才知道上当了，遇到了黑职介中心。

（2）据报道，2006年7月的一天，某大学学生张某在报纸上看到一则招聘陪聊的广告："招聘陪聊、陪玩人员，月薪万元……"因为家庭困难，他就想利用假期来找份工作挣点钱，减轻父母的负担，于是他就来到这家职业介绍所，一名女工作人员接待了他。他说先让张某交200元钱的建档费用，先填写资料，随后又和张某谈合同，让他交300元的保证金。在职介所的要求下，张某交了500元。交纳费用后，职介所的人员问他想找什么样的工作，张某说想做陪聊，工作人员说他的外表不错，可以去试一下，工作人员告诉他很快就能给他安排工作，第二天，张某果然接到一个要求陪聊的电话，对方说约他出来谈一下，他便答应了。约张某出来的是个女士，大约30岁左右，他们找了一个咖啡厅聊了几个小时，离开的时候，那个女士给了他100元钱。

自从张某陪聊一次挣了100元钱后，以后很长时间，张某再也没有接到职介所安排他陪聊的电话。张某去找职介所，问他们为什么不给安排陪聊的工作，他们说他的条件不合格，所以很难帮他继续找人聊。

一、内幕揭秘

王某曾经在这类黑职业介绍所工作过，非常了解其中的内幕。王某说，只要求职者把钱交到职介所工作人员的手上，所有的一切就在他们的掌握之中了，接下去就是给求职者安排陪聊的时间或其他工作。这时候职介所会把一些求职者送到"托儿"那里。为了让求职者相信他们，他们先让"托儿"假扮找人聊天的人，然后一次给求职者100元左右的费用。

王先生介绍说，他们只给求职者"安排"一次工作，求职者如果来找他们，职业介绍所的人一般以求职者条件不符合等借口推托，有时也采取一些暴力恐吓的手段赶走回来要求退钱的求职者。保守估算，一个黑职介所一年就能从求职者手中骗到100余万元。

二、打工陷阱

暑假期间，不少学生开始了打工生活。但是不少中介和非法公司采取种种手段让本已艰苦的打工者变得难上加难。

陷阱一：虚假信息

一些不规范的中介机构以"急招"的幌子引诱学生前来报名，收取中介费。一旦钱到手，"信息"则遥遥无期，或者找几个做"托"的单位让学生前去联系。

陷阱二：预交押金

一些用人单位在招聘时，往往收取不同金额的抵押金或收取身份证、学生证作为抵押物。但往往学生交钱后，便石沉大海。

陷阱三：不付报酬

一些学生被个人或流动服务公司雇用，雇主往往在8月份找个借口拖延一下工钱，然后到了9月份消失得无影无踪。

陷阱四：临时苦工

个别企业平日积攒下一些脏活、累活，待假期一到，找一些学生突击完成，学生不可能借此掌握社会知识、工作技巧。

陷阱五：高薪招工

有的娱乐场所以特种行业的高薪来吸引求职者，年轻学生到这些场所应聘，往往容易误入歧途。

三、防范措施

（1）一定要到资质、信誉好的职介中心找工作。看该职介所是否有《职业介绍许可证》和营业执照。

（2）用人单位私自向求职者收取抵押金属于违法行为，更不能扣留身份证、学生证等证件作为抵押物。学生在求职时要予以回绝和揭发。

（3）一旦不幸进入这些公司，一定不要只考虑面子，不好意思开口。在这些单位找借口之前，就要报酬。

（4）应聘前要清楚所从事的工作内容和性质，一定要和用人单位签订书面协议。

（5）专家建议，中专、高中的学生可以选择在超市、商场做商品促销或到快餐店做服务生；大学生可以选择的打工面比较宽，但在一些娱乐场所打工时，一定要注意安全

任务4 警惕"高薪招聘陷阱"

案例链接

(1) 梁某是刚毕业的一名大学生，原本想尽快在所在的城市找到一份工作，但是尽管跑了很多人才招聘市场，他还是没有找到适合自己的一份工作。

一次，他在一个公交车站等车，突然看到站牌上贴着一张巴掌大的"高薪招聘"的小广告，上面写着："本酒店急招男女陪聊、私人伴侣等特种超级接待服务生多名，月收入1万～4万元，男性在18～26岁，身高在1.75米以上，五官端正，要有阳刚之气，并具有较好的语言表达能力……女性在18～24岁，身高在1.60米以上，端庄秀丽，善解人意，从事过公关工作的更佳……年轻的大学生优先……"梁某一看广告，非常符合自己的条件，便拨打了广告上的热线电话。接电话的是个女的，她听过梁某的简介后，夸奖说："像这种条件，一个月保险能挣3万～4万元。"为了得到这份工作，梁某按照对方提供的账号汇了600元报名费。又打电话过去，刚才那个女的告诉梁某，酒店已经同意梁某上班，一个星期后就能上岗。她要梁某再交1000元岗前培训费和服装费，说来应聘的人很多，不经过专业培训，绝对不允许上岗。梁某只好向朋友借了1000元，给对方汇了过去，汇款后，梁某再次拨打热线，对方已经关机。

(2) 据报道，一天，吴先生的手机上突然收到了一则高薪招聘酒店服务员的广告："诚招男女服务员，月薪4000元以上。"据吴先生讲，由于做生意刚赔了钱，手头紧张的他打通了上面留的电话，一名姓韩的女子接了电话，让吴先生到××路某大酒店的大厅里应聘。吴先生来到该酒店大厅待了约5分钟，韩某打来电话说，吴先生形象不错，公司决定录用他，并让他交上2000元钱押金，并准备好身份证原件及复印件。

求职心切的吴先生当即按照对方的账号，汇入了2000元钱，谁知对方收到钱后根本不提上班的事了，又让他交8000元的培训费，吴先生由于手头没钱拒绝了并表示不要这个工作了。韩某说一周后将2000元钱退还，7天后当吴先生打电话要钱时，对方让他再存3000元钱凑足5000元转账，吴先生这才发现上当受骗了。

一、行骗伎俩

(1) 利用在路边张贴高薪招聘广告来吸引事主，在事主按照广告上的电话与对方联系时，对方要求事主将一笔钱存入指定的一个账号作报名费，让事主等结果，之后音讯全无。

(2) 打着知名企业的名义设招工点行骗，或以中介公司的名义租房行骗，一旦事主交了报名费和押金，骗子便毫无影踪。

二、防范措施

行骗者根本不在本地，所谓的面试、培训都是圈套，行骗者采用假身份证在异地开户，然后大量散发"高薪招聘"野广告，再不断要求上当人汇钱，等受骗者醒悟，骗子的手机就"关机"了。"天上不会掉馅饼"，所以，如果看到类似的广告，就要擦亮自己的眼睛了，以免上当受骗，后悔就晚了。

任务5 警惕"虚拟招工"

案例链接

案例一：2002 年 3 月 22 日，年仅 20 岁的小徐几天前从家乡到南方，希望能在特区找到一份工作，却不想落入圈套，被骗走钱财。

小徐在街头看到某电子厂的招聘广告，需要大量普工、仓管员、杂工还有电工、保安等。原来在家乡曾经干过保安的小徐见到广告上说的 800～1 400 元工资待遇便十分动心，马上赶到电子厂。

该厂一名接待人员当即让他交了 20 元，说先办工卡，再面试，如果不行就将 20 元钱退给他，求工心切的小徐也没有多想就交了钱。面试的是一个姓王的经理，问了他一些问题，便说"可以试用，但要先交 200 元钱，用于试用期的生活费、厂服等。"小徐答应了。

2002 年 3 月 13 日第一天上班，小徐发现这家工厂只有一个工人，但工厂有记录显示，从 2 月 20 日到 3 月 14 日有了卡的人是 175 人。后来他发现车间里没有任何机器设备，所有的人加在一起不过 20 多人，保安的职责不是负责安全，而是要出去张贴广告，到公共汽车站接待招聘的人。他想要回自己的 200 元钱，辞工不干了，可工厂方面的人说自动离职不退钱。像小徐这样上当的人很多，许多人发现被骗后就离开了，只有小徐决定要讨回公道。

据了解，该厂房的房主是某房地产公司，该厂在签租合同时既没有公章也没有营业执照。

案例二：2003 年 5 月 23 日，执法人员接到一个名叫潘某的打工青年的投诉。5 月 10 日，已经在该市逗留了几天、急于想尽快找到工作的小潘，在一家报纸的右下角看到了希望："某实业有限公司诚聘吊顶、天花板销售业务员、办公室话务员、长途运输押运员、司机、天花板销售策划"，并附有报名地址和电话。这条招聘信息让潘某十分激动。他曾经学过一些少林功夫，应聘押运员十拿九稳。

很快，潘某找到了广告招聘的所在地——某大酒店。看了求职材料后，主管招聘的杨主任说他条件优秀，三天后就可上班，但必须先交 120 元抵押金。求职心切的小潘难以掩饰心中的喜悦，未及多想便如数交了钱，对方却连一张白条都不给开。

5 月 13 日，接到已被录用通知的潘某非常高兴，急忙赶到某大酒店报到。没想到见面后杨主任又说，为防治"非典"，他必须再交 260 元办"健康证"，然后才能正式上班。这引起了小潘的疑心，他借口没有带钱就离开了。离开公司后，小潘立即打电话咨询劳动部门，对方说招工时不准收取抵押金和其他不合理费用。此时，潘某才预感到上当了。此后，公司一直没有安排他上班，他多次要求退款，均遭拒绝。

遭遇这种骗局的求职者远不止潘某一人，务工人员吴某也同样被"公司招工"骗去 120 元抵押金，有的人按照对方要求交了 380 元各种费用后仍无法上班。

一、行骗伎俩

目前，社会上类似的"公司招工"招聘信息多如牛毛，其中不乏专职行骗的虚拟公司，这与以前的黑职中介相比欺骗性更强。对此有关部门再次提醒求职者，求职时一定不要太心急，不要轻易相信街上的一些非法小中介，要注意看招聘方的营业执照原件，如果要求交相关费用，必须让对方出具正规发票。这样做既可避免上当，又有利于维护自身权益。

招工诈骗是以招工为幌子骗取应聘对象钱财的一种诈骗手法。上当受骗的往往都是在生活上原本就困难的下岗工人和进城务工农民。这种诈骗形式主要表现为如下几种：

（1）假借公司名义进行非法招聘。要达到使多数人上当受骗而诈取较大数额钱财的目的，诈骗者往往假借公司的名义。而他们所假借的公司，有的手续不全，条件较差，明显不具备开办公司的条件；有的濒临破产，严重缺乏资金，甚至有的公司完全就是虚构的。

（2）多以下岗失业人员和进城务工农民为诈骗对象。因为这一部分人的就业压力大，因而在应聘时经常出现"病急乱投医"的现象。

（3）多以优惠的招聘条件为诱饵。在招工诈骗活动中，为了让更多的应聘对象上当，诈骗分子设置的"门槛"肯定不高，他们往往承诺一些过于"优惠"的招聘条件，如保证金低、工资高、工作轻松、能力要求不高等，以诱使应聘者上钩。

（4）多以收取保证金、手续费等手法诈骗现金。实践中，诈骗分子在招聘时都要求应聘者预先交付一笔小额保证金、手续费，一旦收取现金后，他们却并不会向应聘者提供任何实质意义的工作机会，而是千方百计地寻找借口拒不退还应聘者预交的现金。

二、防范措施

（1）克服"病急乱投医"的心理，避免盲从。对于那些条件过优的招聘广告要特别警惕，要实事求是地估计自己的能力，切忌好高骛远。对于自己明显感到条件不够的职位要审慎处之。

（2）要尽可能到政府有关部门指定或管理的职业中介场所应聘，小心场外招聘、中介招聘等情况。在应聘时要查看公司的有关法律手续是否完备、规范。

（3）签订合同时，不要盲目签字，要认真审查合同内容，防止合同"陷阱"。保存好合同及预交费用的有关凭证。

（4）发现公司故意不兑现承诺、多次推诿等情况，就应想到可能是招工诈骗行为，要及时向当地工商行政管理部门或公安机关反映情况，要求及时查处。

任务6 野外生存技巧

一、陷入洞穴

1. 发生事例

李先生在一次野外探险中，不慎掉入一个十几米深的洞穴中。他身上未带任何食品，仅有一把匕首和一个空水壶。当他在洞穴的底部清醒过来后，并没有大声喊叫。他清醒地意识到，喊也没有用，越喊体力消耗越大，甚至还可能造成精神崩溃，不如不喊以保存体内的水分和热量。他暗示自己要坚强、勇敢，进行自救。仔细观察洞穴，发现洞穴上长满了一层厚厚的青苔。在洞穴的底部拐弯处，有许多碗口大小的石头。李先生眼睛一亮，开始了漫长而艰苦的工作。他用匕首在上方挖开一个小洞，再取来石头插入洞中，人站在小洞石头上再向上方挖洞……依此循环向上前进。饿了就用匕首把洞穴壁上的青苔刮下来吃，渴了就等到清晨的露水顺着青苔流下来时，把嘴贴在青苔上吸水，把剩余的水滴接到水壶里；在洞穴的边沿，还发现了蚯蚓与一些昆虫，强忍着呕吐吃进去。就这样一直坚持了7天，终于爬到洞口，与正在寻找他的救援人员会合了。

2. 自我保护

在我们的身边，经常遇到天然洞穴或是人造洞穴，一旦不慎掉入其中，要保持镇静，临危不乱。

（1）迅速判断情况，做出选择。

要粗略测定洞穴的含氧量，如果感到呼吸困难，胸前发闷，全身发软，头发晕，就可能是含氧不足。如果有火柴的话，可以点燃火柴。火柴点不着，或者很快熄灭，说明氧气不足，这时千万要争取时间，想方设法脱离洞穴。

（2）要开动脑筋，正确行动。

观察有无攀登的落脚点，有无树藤可以利用。如果没有上述条件可以利用，也可以寻找一些锐利物质，如石头、砖头、瓦片、树枝等，在洞穴的壁上挖一些攀登点，创造攀登条件。另外，可以采用最原始的办法，就是将洞穴一边的土、石堆向另一边，一步一步地往上垫土，直到双手能扒住洞穴沿。

（3）及时发出求救信号。

要始终注意听外面的动静，当听到外面有脚步声音，或说话声音，车辆经过声音，要迅速高声呼喊，以引起上面人的注意。

（4）保持良好的心理状态。

陷入洞穴后一定要冷静，在确信没有任何外援的情况下，不要大声喊叫，要多动脑。要自我暗示一定能成功，一定会有人营救，使自己的精神振作。

(5) 做好长期坚持与生存的准备。

如果洞穴太深，可能几天出不来，应该给自己鼓气，坚信自己是聪明、勇敢的人，一定能生存下去。积极寻找水与食品。水的来源主要靠洞穴壁上的青苔集结的水珠与雨水，食物来源主要靠洞穴里的昆虫、蚯蚓。

夜间是洞穴里抓捕动物的大好时机，飞进洞穴里休息的野鸽子、灰喜鹊、野鸡、蝙蝠等，钻进钻出的野兔子、刺猬、蛇、青蛙、甲鱼等，瞄准机会，就迅速抓捕。

(6) 保证空气流动。可以用帽子、衣服用力扇，促使局部空气流通，保证氧气的供给。

(7) 正确救助。一旦发现有人不慎掉入洞穴中，要分秒必争，迅速进行营救。不能蛮干。无论情况多么紧急，也不能在不观察的情况下，贸然下入洞穴救人，以免造成更大的不幸。应根据洞穴的危险程度，人员被困情况，适时通知"110"或"120"，请专业人员来救援。同时注意保护好现场，引导救援人员到达洞穴。紧急情况下，必须独自去救人时，也要判断含氧量，如果认为缺少氧气，最好找长竹竿、绳子、长树枝子、床单等伸下洞穴，让被困者抓牢，顺势拉上来。必须亲自下去救人时，要深吸一口气，以最快的时间到达被困者身边，尽快把被困者带出洞穴。如果洞穴深，一时无法实施救助，可以找鼓风机，接上换气通风管，向里吹风，保持洞穴的氧气含量，再设法把被困者需要的水、食品、药品送进洞穴中，等待专业救援人员的到来。同时及时向洞穴里喊话，告诉被困者勇敢起来，大家正在营救，很快就会脱险。

二、晕车（船）

1. 发生事例

肖女士第一次出门旅游，去海南岛看大海。到了海边，看到靠岸的大轮船，高兴得眉飞色舞。没有坐过船的她乘船去湛江。开始上船看着什么都好，可是船一开起来，海浪冲击船体，摆动很厉害。她本来就血压高，一晃动，感到天旋地转，呕吐得厉害，痛苦不堪。随后的旅游她再也没有了乐趣。回到家里她痛苦地说："以后再也不坐轮船了，真受罪。"

2. 自我保护

(1) 减少压力，避免紧张。

其实，晕车（船）与精神因素有关系，如果还没有上船就恐慌起来，上船后心理负担会自然加重，稍微有一点刺激就更容易晕船了。如果你不注意晕船的事，谈笑风生，欣赏美丽的景色，心情愉快，也就没有晕船的感觉了。俗话说"眼不见，心不烦；心不烦，神能定。"如果戴上一副墨镜，可以防止视线带来的眩晕，也可以防止晕船。

(2) 适当吃药。

根据医生的建议，可以采取临时吃药的办法来解决。应该提前吃晕车（船）药，吃晚了不管用。这样可以防止晕车（船），减轻痛苦。

(3) 加强锻炼，积极预防。

造成晕车（船）的原因很多，但是最主要的还是人体平衡机制功能弱，所以应该加强这方面的锻炼，同时要注意以下三个问题。一要坚持平衡锻炼。可以练习荡秋千、踏浪板，做旋转运动、呼啦圈运动、"翻斗乐"运动、冲浪运动，练习多了，逐渐适应了，以后也就没有什么问题了。二要注意饮食。乘船时，不要吃得过饱，过饱以后，胃部供血增加，脑部就缺血，容易造成神经疲劳。也不能空腹，空腹容易引发胃痉挛，导致恶心、干吐。三要适当选择坐的位置。头等舱的位置好，振动力小，通风与目视效果好，没有任何气味，最好买头等舱的票。

三、水土不服

1. 发生事例

1989 年的夏天，北京某单位组织大家到南方旅游。大家在郊区搭起临时帐篷，开始了 12 天的自助活动。大家看着美丽的山、清澈的水、翩翩起舞的蝴蝶，吃着农家饭，非常兴奋。3 天后，许多人开始出现了头晕、腹胀、腹泻、喉咙痛、口鼻肿痛，有的人满身起了红疙瘩。人们以为是食物中毒，赶快去当地医院看医生。医生对食物、饮水进行检查，发现食物与水质本身没有问题，诊断为水土不服，建议他们休息几天，适当喝蜂蜜水和茶水，多喝粥，多饮白开水，不能抓挠疙瘩，放松精神。按照医生的建议，他们调整了活动安排，注意饮食，症状逐渐消失了。

2. 具体表现

人的身体健康与自然环境有密切关系，自然界的各种因素均对人体产生直接或间接的影响，如气候、声音、饮食习惯等。但是，人也有适应自然环境的能力，这种能力的大小因人而异。当人们由于改变了地理环境而发生身体不适，如食欲不振、精神疲乏、睡眠不好，甚至腹泻呕吐、心慌胸闷、皮肤瘙痒、消瘦等，俗称为"水土不服"。

所谓"水土不服"，从医学角度看，其实质就是因为不同地区的水土及饮食结构的改变，导致肠道菌群紊乱而引起的消化道功能失调。比如，以肉类饮食为主的人来到以植物纤维饮食为主的地区，饮食结构改变了，必然会改变肠道内正常菌群的类别及数量，从而影响肠道菌群的生态平衡，引起肠胃功能紊乱。但是人体自身具有很强的调整功能，经过一段时间的适应，大部分人都能形成新条件下的肠道菌群生态平衡，于是就又"服水土"了。

"水土不服"的主要表现是：初到新的环境中，有的人会出现失眠乏力、食欲不振、腹胀、腹泻、喉咙痛、口鼻肿痛等症状；有的人甚至患上荨麻疹，满身起红疙瘩，痒得难以形容；还有的人精神紧张，莫名其妙地烦躁不安；有的人大便干燥，痛苦不堪，等等。

随着物质生活的改善，人们经常外出到新地域，环境、饮食、饮水也随之改变。易引起"水土不服"。如从平原到高原，由于空气稀薄、气压下降而出现的不适；从南方到北方，由于温度、湿度的改变而产生的不适；从乡村到城市，对噪声、灯光不适应而出现疲乏、失眠、烦躁、郁闷、头疼、腹泻等，均属于水土不服的具体表现。

3. 自我保护

水土不服是可以克服的，一般不需特殊治疗。一旦发生了水土不服情况，可以采取以下措施：

（1）正确对待，保持镇静，不要紧张。

要从思想上认识到这是由于环境突然改变而产生的身体不适应。只要休息几天，熟悉一下周围环境，相应调整人体生理功能；保持心情愉快，消除紧张心理，积极地去适应新环境，这些不适症状就会逐渐消失。

（2）睡前饮用蜂蜜。

中医认为，水土不服的发生与脾胃虚弱有密切关系，蜂蜜不仅可以健脾和胃，还有镇静、安神的作用，因为蜂蜜中所含的葡萄糖、维生素以及磷、钙等物质能够调节神经系统功能紊乱，从而促进睡眠。蜂蜜对于治疗因环境改变而引起的肠道菌群失调造成的便秘疗效也很好。

（3）多喝绿茶、菊花茶。

茶叶中含有多种微量元素，可以及时补充当地食物、水中所含微量元素的不足；茶叶还具有提神利尿的作用，能加速血液循环，有利于致敏物质排出体外，减少荨麻疹的发生。

（4）根据医生的建议，吃一点治疗腹泻的药物。

一旦发生"水土不服"而腹泻时，应及时服用止泻药，并注意调整个人饮食。如果回来之后腹泻仍然不止，可以吃些酸奶，因为酸奶中的乳酸菌可以在肠道内定植，从而取代其他不是原来肠道中的部分细菌。当肠道菌群恢复平衡状态时，腹部不适和腹泻症状也就会随之消失。

（5）科学饮食。

很多人还会出现咽喉疼痛、口腔溃疡、鼻出血、便秘等"上火"症状。应尽量保持原有的生活习惯；作息正常；选择与原来口味相近的食物；少食辛辣，多吃清淡的果蔬及粗纤维食物；多喝温开水。

（6）及时看医生。

如果皮肤出现荨麻疹，则是因为生活环境改变而出现的体质过敏症状。这时要及时看医生，按照医生的建议服用一些脱敏药物，并补充大量含维生素 C 的水果。

四、中暑

1. 发生事例

暑假，于老师全家冒着高温酷暑去外面旅游。为了多看几个景点，于老师一家人顾不上吃饭、饮水与休息，连续爬山、涉水、寻找古战场遗址，20 个小时没有休息。当于老师爬上一个高峰时，突然感到头晕、心跳加快、恶心、呕吐，双腿发软，眼前一黑，身子一歪，扑通一声倒在丈夫的怀里。面对呼吸微弱，心跳基本消失的妻子，丈夫吓坏了，赶快进行紧急抢救，经过 20 分钟人工呼吸救助后，终于使于老师苏醒过来。随后赶来的医生告诉于老师是严重中暑，嘱咐她们一家人要注意休息，劳逸结合，以防再次中暑。

2. 具体表现

人体正常温度是 37℃ 左右，在这个温度下，人体的热平衡系统正常运转。在炎热的夏天里，如果长时间在外劳动、施工、生产、训练，体内水分消耗严重，热量增多，且又不易散发出来，就会把体内的热平衡系统破坏，从而导致头晕、心跳加快、满脸通红、出汗少、小便少、食欲不佳，严重时会出现抽筋、烦躁不安、昏迷，直至生命危险，这就是中暑。

3. 自我保护

（1）外出过程中，当出现上述症状时，应立即到荫凉、通风地方卧倒休息，少量地喝些淡盐水，在太阳穴处涂抹少量的清凉油，或服用十滴水。头部用冷水泡过的毛巾盖上，并及时更换。也可找些酒精或白酒擦拭，使皮肤血管扩张，加快热量的散发。

（2）注意合理安排外出时间，上午可以早出早归，下午可以晚出晚归，躲开最为炎热的时间段。应该在荫凉的地方行走，要多喝淡盐水，以补充体内损失的维生素。

（3）多做短时间的休息，保存体力，不能出汗过多。要戴好遮阳帽、遮阳镜，防止太阳光直接照射。

（4）根据情况，吃些预防的药物，如人丹等不时地含化几粒。把预防工作做在前面。

五、食物中毒

1. 发生事例

"五一"期间，梁师傅去郊区踏青。路过一片灌木丛时，发现了许多蘑菇。他高兴的采摘了一塑料袋，回去做小鸡炖蘑菇吃。全家人吃了小鸡炖蘑菇后不久，就感到腹部不适、恶心、呕吐、头昏、头痛，晚上还发烧，全身无力。立刻叫了"120"赶来救治，发现是毒蘑菇中毒。医生采取了紧急治疗措施，避免了严重后果的发生。梁师傅醒后说："都怪我，没有识别毒蘑菇的知识，让全家人受苦了。"

2. 具体表现

旅游过程中，饮食的方式会改变，有时地头可能就是饭桌，河水、井水就是饮用水。另外，还会发现许多天然的野果子、野菜、蘑菇、鱼等。由于卫生条件差，加上体力消耗大，人的抵抗能力会下降，当吃了一些不干净或者被污染的食物时，就容易发生食物中毒。

如果是在夏天，天气炎热，造成食物容易腐败变质。据试验，一个细菌一天就可以裂变成数亿万个。另外，在夏天生食的食物也非常多，有的蔬菜瓜果上还残留一些农药、致病微生物，如果消毒不彻底，误食后就会中毒。除不干净的食物、水外，有些食物本身就有毒，如果加工处理不科学，也会造成中毒。引发食物中毒的病菌主要有沙门氏细菌、金黄色葡萄球菌、大肠杆菌、黄曲霉毒素。

发病特征：进食数小时之后即可发病，轻者腹部不适、恶心、呕吐、头昏、头痛、腹泻等，重者畏寒、高热、抽风、昏迷、休克，如果抢救不及时，就会死亡。

3. 自我保护

（1）提高认识，高度重视食物中毒问题。

坚决按照卫生要求，不"贪"嘴；任何东西入口都要谨慎，在水质没有彻底弄清楚之前，不能随意饮用；所吃食物一定要煮熟、煮透，把细菌杀死再吃。切实把住病从口入这一关。

（2）严格消毒制度。

餐具要定期消毒，用具要经常在阳光下晾晒。

（3）保持高度的警惕性。

购买食品时要认真检查，不买变质食品。对剩余的食品要科学保管，防止被苍蝇污染；变质的剩饭、剩菜要扔掉，以防发生问题，尽量不要吃生的食物。

不熟悉的野菜、果子、树的嫩芽等植物，不宜胡乱采集；对野鸭、野鸡、野兔等动物不要随意捕杀，更不能轻易食用。河豚鱼、毒蕈、木薯、野山葱、毒扁豆与含氢氰酸多的果实、核都含有危害很大的毒素，误食后均会引起中毒，出现腹痛、上吐下泻、高热、脱水，严重时会死亡。另外，食物、水源被剧毒农药、化肥、动物粪便等污染，人们一旦吃了这些食物，也会中毒。

六、"上火"

1. 发生事例

张老师到西北旅游。旅游团日程安排紧张，大家赶着时间看景点。张老师因担心在车上小便，就不敢多喝水。中途休息时，由于劳累，饭菜不想吃；晚上宾馆里唱歌的人吵闹不休，休息不好。两天后，张老师的喉咙红肿了，眼睛发红了，声音嘶哑了，走路头昏眼花，全身无力。坐在旅游车上总是昏沉沉的样子，没有了当初的兴趣。导游怎么开玩笑鼓励她，她也兴奋不起来。到当地医院看医生，医生认为张老师是"上火"了，建议她放松心情，合理饮食，适当休息，多喝白开水，很快就会好转。张老师按照医生的建议，每天多喝白开水，适当休息，很快就缓解了。

2. 具体表现

在旅游中体力消耗大，人得不到很好的休息，饮食、喝水也不规律，特别是在春、夏季，气候比较干燥，风多，土地干裂，热气燥人，会使人的"生物钟"出现紊乱，发生变化，各个脏腑器官失调，血热浊行，新陈代谢不顺畅，就容易出现"上火"。如：喉咙红肿疼痛、眼睛发红、声音嘶哑、头昏眼花、耳鸣、胃口不适、消化不好、不思饮食、大便干燥、小便红黄、腰腿无力、全身发懒、总想睡觉、烦躁不安等症状。"上火"的事情不能小视，如果不及时去火，会导致身体其他疾病的发生。

3. 自我保护

在外活动时，如何防止"上火"呢？

（1）养成良好的生活规律。

合理、科学安排外出时间，注意劳逸结合，饮食以清淡的为主，多喝粥、汤；中途休息时，一定要多饮用凉白开，认真做放松运动，调整身体状态；晚上睡觉不要着凉，不要熬夜；最好不要饮酒、吸烟；养成良好的大便习惯；晚上睡觉前可以用温水泡脚20分钟，对于缓解疲劳、调理脏器的功能十分有益。

（2）自我预防。

自己可以准备一些清热解毒的"中草药"，以防不测。我国中医、中草药举世闻名，中草药对于清热去火、调理内脏之间的平衡有着神奇的功能。外出旅游前，可以买些下列清热解毒的草药带在身边，当做茶饮之用：

桑叶。桑叶是很好的发散风热的良药，《本草纲目》中记载，桑叶既能清泻肺热，又能清泻肝胆之火，外出时可以用茶泡 1～3 克，慢慢饮用。能够起到良好的预防作用。

决明子。能疏导肝淤，清心明目，调理脾脏。每天可以用开水冲泡决明子当茶水喝。

野菊花。资料考证，野菊花具有清热解毒的功能，对于目赤、头眩有很好的预防治疗作用。对于热毒、痹肿、肝热上扰有出奇的疗效。日用 5 克左右，开水冲饮，对于预防上火，有非常好的疗效。

绿豆。《本草纲目》中记载，绿豆味甘寒，能清内热、内火，解内毒，消暑止渴。取 50 克的绿豆煮成汤，加些冰糖，当饮料喝，对于缓解旅途劳累，预防内火郁结，有着独特的功效。

胖大海。据对胖大海的药理研究表明，其性凉味淡，具有开肺气、清肺热、利咽喉、润肠、通便的功能。日取 1～2 枚泡服饮用，旅行中十分方便。

金银花。根据《本草纲目》中的记载，金银花的主要功效是清热解毒，其性味甘寒，气味芳香，既可以清风温之热，又可排血中之毒，对于温热病、咽喉发炎肿痛、头痛、口渴、发疹、舌头红肿有着出奇的功效。日取 3～5 克金银花，开水冲泡，旅途中随时饮用，对于预防"上火"有很好的作用。

板蓝根。板蓝根是传统的清热解毒的草药，对其药理研究得知，板蓝根性寒味苦，具有清热、凉血、解毒的功能。主治温热疫毒、烂喉、红疹、咽喉肿痛、温毒斑疹、痄腮。日取 6～8 克开水冲泡，旅途中饮用，预防"上火"的效果非常好。

七、急性肠道感染

1. 发生事例

暑期吴女士带孩子去外地旅游。顶着烈日爬山，由于天气炎热，口渴难受，在一山岩的缝隙处，看到清澈的山泉水流出，就大口大口地喝了起来。下山后，刚一进宾馆，就感到恶心、呕吐、腹痛剧烈，几分钟就要去一次卫生间，晚上开始高烧，最后出现了昏迷。幸亏服务员发现及时。把她们送进医院抢救，才转危为安。医生说是急性肠道感染。吴阿姨后悔地说："以后，再也不能随便喝山泉水了。"

2. 其体表现

在外旅游，由于卫生条件相对较差，苍蝇、蚊虫很多，如果卫生防治工作做得不好，食物就会被苍蝇、蚊虫污染，人们如果不注意误吃了这种食品，或是喝了不干净的水，就会引发肠胃疾病，轻者会出现胃部不适和拉肚子。食欲减退，重者会出现脱水和高热。途中休息时，如果随便躺坐在冰凉的土地上，也容易着凉，引起肚子不适。

急性肠道感染通常潜伏期是 1～2 天，根据人的体质和感染细菌情况的不同表现为：恶心、呕吐、发热、乏力、食欲减退、腹痛、腹泻，大便化验检查便中有黏液。重的表现为：起病急，腹痛剧烈，恶心，呕吐，持续高热在 39～41℃，精神萎靡不振，面色苍白，嗜睡烦躁，严重时出现昏迷，尿量减少，血压下降。如果治疗不及时，就会导致死亡。

3. 自我保护

（1）养成良好的卫生习惯，把住病从口入这一关。在外活动时，要养成饭前便后洗手的好习惯，不要喝生水，水果一定要洗干净再吃，凉拌食物要确保不被苍蝇污染，多放些生大蒜和食用醋。

（2）搞清病因，及时治疗。当发生上述症状时，及时看医生，确诊是痢疾时，应该及时隔绝，对于曾经使用过的餐具和生活用品要彻底地消毒。不要硬坚持着旅游，以免导致严重后果。

（3）不能着凉，注意保暖。运动出汗以后，不能图一时的舒服和痛快，解开衣服就躺在地上，更不能光着膀子、洗冷水澡。

（4）治疗方法。如果没有医生，用药应该首选黄连素片（刺激性小，副作用亦小），饮食上应该以流质或半流质为主，多饮些淡盐水和果汁，辅助治疗时可以在用餐时吃些大蒜。

任务7　旅途中的意外保护

一、被毒蛇咬伤

1. 发生事例

陈先生到郊区旅游，中途想抓几只蛐蛐。在一片杂草地里，他听到蛐蛐叫。突然，他发现了一个鸟巢，伸手去摸鸟蛋，却被一条毒蛇（与绿草颜色差不多）咬伤了前臂。陈先生以为是普通的蛇，见伤口不深，也没有流血，就没有声张，用伤湿止痛膏贴上继续抓蛐蛐。50分钟后，毒素扩展到全身。他感到头昏，全身无力，呼吸急促，全身发冷，慢慢地倒下，昏迷过去了。等当地的农民发现他后，立刻送到医院，已经无法救治了。

2. 具体表现

在外旅游中，可能经过田野、荒山、树木丛、山谷、隧道等地，这些地方杂草丛生，情况复杂，可能藏着毒蛇。在我国的大部分地区，都分布有毒蛇。毒蛇很凶猛还很狡猾。有些蛇很会伪装，颜色与植被差不多，不容易被发现；有些毒蛇盘缠树上、草根处、石头周围，让人无法发现，被当成其他东西。人无意中触摸到它时受到惊吓的蛇会突然发起攻击，人被蛇咬以后，毒液迅速通过血液进入心脏、大脑，最后会出现神经性的中毒症状，处理不及时，会导致死亡。

3. 自我保护

（1）保持镇静，迅速判断，做到心中有数。

一旦不慎被毒蛇咬伤，一定要镇定，不要吓得不知所措，更不能狂奔乱跑，以免加速毒液吸收。如何判断蛇是否有毒呢？根据经验，毒蛇有毒牙和毒腺，头大多为三角形，牙齿较长，身体花纹鲜艳，看上去很凶猛。根据伤口，可以从牙痕上判断：毒蛇咬人后，留下痕迹是最前面有两个大而且深的牙痕；无毒的蛇咬人后，牙痕一般呈"八"字形，小而浅，排列整齐。

（2）争分夺秒，紧急处理。

应立即找来一条布带或长鞋带在伤口上端5～7公分处（近心脏的一端）扎紧，为防止肢体坏死，每隔7～12分钟放松2～3分钟。如果伤口内有毒牙残留，要迅速拔出。有条件的话，应用冷开水、清水、井水反复冲洗伤口表面的蛇毒。然后以毒牙牙痕为中心用消毒后的小刀子把伤口的皮肤切成十字形，再用两手用力挤压或拔火罐，力争把伤口里的毒液与血水吸出来。情况紧急时，在口腔黏膜无破损、无龋齿的情况下，可直接口吸，边吸边吐，吸后漱口，将伤口内的毒液吸出。

（3）立刻去医院。

如果当时有条件，要立即服用解蛇毒药片，并将解蛇毒药粉涂抹在伤口的周围，而后立即去医院诊治。

（4）采用民间小偏方。

在外活动中，如果手边没有解蛇毒药片，可以选用草药七叶一枝花、半边莲、八角莲、山海螺、万年青、蒲公英、紫花地丁、贵针草、鱼腥草、田基黄、苦参等，捣碎取汁，涂抹在伤口周围，也有一定疗效。注意，千万不能坐以待毙，丧失信心。

二、被蚂蟥叮咬

1. 发生事例

一名女大学生去郊区旅游。在一个小溪里，她看到了很多蝌蚪，特别高兴，下水去抓。走着走着突然感到小腿部疼痛，抬起腿一看发现了两个恶心的蚂蟥吸附在腿上。一直生长在城市的女大学生，天生胆子就小，吓得她张开大口说不出话来，眼前一黑，昏倒在半米深的小溪流里。一口气没有上来，就被水呛死了。

2. 具体表现

旅游途中会遇到很多河流、水渠、水泡子、沼泽地、水沟，这些地方常见的一种水生咬人的软体动物，学名叫水蛭，民间也叫它蚂蟥，一般长 2～10 厘米，颜色呈绿色或灰色，是一种药材。在野外的水沟、杂草多的小溪流与沼泽地里比较多见。它的生命力强，夏季繁殖比较快，异常活跃。蚂蟥是如何咬人的呢？生物学家通过标本的解剖发现，在其身体两端各有吸盘，吸盘的附着力强，内部的吸管坚硬，可以插入人的皮肤里，吸入的血液。它咬人后，会使皮肤红肿，如果伤口不及时处理，容易发生感染。

3. 自我保护

旅游途中，当你在水中、沼泽地附近游玩时，蚂蟥就会悄悄地吸附在你的皮肤上。没有经验的人会感到很恐慌，出现手忙脚乱，甚至意识失去控制，发生意外。遇到蚂蟥，正确的对付方法是：

（1）保持镇静，正确处置。

看到蚂蟥在自己的腿上时，不要紧张，更不要慌张，以免造成溺水。不能用力拽，会适得其反。如果身边有松树皮、野蒿子叶、槐树叶、核桃叶、清凉油、肥皂、烟油、辣椒，或者是尿液，可以涂抹在蚂蟥吸盘周围，不一会蚂蟥因受刺激收缩、扩张吸盘，自己就掉下来。

（2）预防为主。

在外活动中，特别是在蚂蟥较多的水域中活动时，可把防蚊虫香精、花露水、清凉油涂抹在袖口、裤口、鞋而上，每隔 2 个小时重抹一次，可有效地防止蚂蟥叮咬。另外，进入水中要穿防护鞋、防护衣裤，腿口要扎紧，能起到很好的防护效果。

（3）认真处理伤口。

被蚂蟥咬了以后，千万不要认为是小伤口就不处理，这样很可能会导致伤口化脓、感染，甚至会危及生命。因为，蚂蟥长期隐蔽在水底的污泥里，身上带有很多的微生物、病菌，如果不及时处理伤口，病菌、微生物就会通过伤口进入人体血液，导致生病。

三、被马蜂蜇伤

1. 发生事例

王师傅喜欢摄像。一天，他拿着摄像机，到野外拍摄植树的镜头。在行走中，不小心碰了灌木丛里一个特别大的马蜂窝。这下可"惹祸"了，数不清的马蜂像苍蝇一样，围着王师傅转。王师傅没有任何思想准备，也没有采取有效的防护，被马蜂蜇得遍体鳞伤，最后竟然抽搐起来。他本来就有高血压，这么一折腾，昏迷过去。当地的农民路过发现他时，他已经死亡两天了。

2. 具体表现

野外丛林里的树上、石头缝隙里、草丛达与灌木丛里、村头的老树上、农家的屋檐下都能看到大小不同的马蜂窝。蜂窝的大小不一，小的一般直径在 5 厘米左右，大的一般在 20 厘米左右，特别大的甚至有 80 厘米以上的。马蜂活动比较多的地点是灌木丛、大树周围和农家草屋。

在野外最常见的毒蜂有胡蜂和排蜂等。马蜂一般不会主动攻击人，只要你不招惹它，它很少主动攻击人。如果你故意或无意惊扰了它们，破坏了它们的家园，它们就会凶狠地报复人，如同"轰炸机"一样向人发起一波又一波的攻击。用其尾部的毒针刺进人的身体，同时瞬间释放出一种含有蚁酸的毒汁。

被马蜂蜇伤后，被蜇部位会立刻发红，并迅速肿胀起来，还流出一些混有血液的液体。人顿时会感到剧烈疼痛，宛如烧心一样。被蜇部位多的人，毒液侵入也比较多，会逐渐出现恶心、全身难受、四肢发麻、心跳加快、呼吸急促，甚至呼吸衰竭，危及生命。

3. 自我保护

（1）保持镇静，以预防为主，不轻易招惹马蜂。

在外活动中，要注意观察周围的情况，特别是在草丛中、灌木林中、村头大树周围、农家院子里，要仔细观察，发现马蜂窝后，要绕着走，尽量回避。如果必须惊动马蜂，实在无法回避，要在防护措施到位的前提下，轻轻地把马蜂窝转移走，不要贸然处理。

（2）积极防护。

如果不小心惊动了马蜂，看到马蜂在空中盘旋，准备开始攻击时，可以立刻跳入水里，隐蔽起来，等马蜂攻击过后，再逃出来。如果条件许可，可以用火来抵挡马蜂的攻击；还可以用厚衣服把身体的暴露点盖上，遮挡自己。特别要注意对头部的保护。一旦被马蜂蜇了，一定不能惊慌失措，这样不利于伤口的处理，只能加速毒液的扩散。

（3）科学治疗，正确处理。

由于马蜂的毒液是蚁酸，可以马上涂抹一些碱水，或者肥皂水，使酸碱中和，减弱毒性，起到止痛的作用。如果没有碱水、肥皂水，可以用草木灰水溶液涂抹，效果也不错。还可以到老乡家找一些洋葱，挤榨出洋葱汁，涂抹在伤口周围，起到止疼、消毒的作用。

被马蜂蜇了以后，如果当时的条件有限，没有任何药物，要积极寻找草药进行自救。发现有雄黄，研成细末，用水调均匀，涂抹在伤口处，效果很好。把野菊花、草河车捣碎，均匀涂抹患处，效果也不错。也可以用紫花地丁捣碎，涂抹在伤口周围，能起到抗菌消炎的作用。

四、得了雪盲症

1. 发生事例

某部队战士小胡是南方人，入伍前从来没有见到过白皑皑的雪。入伍后的一个冬天，他随连队到东北某地执行运输任务。休息时，他来到原始丛林中，看到了无边无际的雪，兴奋得在雪中整整玩了 6 个小时，进房间后感到眼睛看不清东西了，流泪不止，特别怕光，疼痛难忍，不得不住院治疗，医生诊断为"雪盲症"。由于他的眼睛被紫外线照射的时间过长，致使眼底发生病变，视力严重下降，无法继续参加连队的正常训练，只好离开连队，提前退伍。他十分后悔自己的无知。

2. 具体表现

野外如果遇到大雪天气，不注意对眼睛的防护，就可能引发雪盲症。为什么在雪中会造成雪盲症呢？我们知道，太阳光中含有紫外线，紫外线的波长是290～400纳米。适量的紫外线照射对人体有益，但是过量、超强度的照射，就会对人有害。在大雪过后且阳光充足的时候，人在雪地里劳动、活动时间长了，经雪地反射到人的眼睛里的紫外线就会过多，从而对人的眼角膜和结膜造成损伤。初期会感到双眼有异物感，严重时会感到疼痛、流泪不止，再严重时会出现怕光的现象，甚至会造成眼底损伤。另外，长时间紫外线照射，除对眼睛有损害外，皮肤也会发生异常反应，可以造成皮肤红肿、瘙痒、疼痛难忍，甚至出现水泡，严重的还会诱发癌变。所以对于"雪盲症"的发生应该予以重视。

3. 自我保护

（1）预防为主。

在雪地里活动，要注意对眼睛的保护。可以戴防护镜、墨镜；可以找一个帽檐很长的帽子遮挡一下反射回来的紫外线；也可以制作简易遮帘，戴在头上，效果也不错。

（2）注意休息。

活动中不要总是看着雪地表面，更不要长时间睁大眼睛看树、山上、河里的雪景；要经常闭闭眼睛，缓慢转动眼球，使眼睛得到适当的休息。活动间隙，可以用温水洗洗眼睛，使眼睛周围组织的血液循环畅通，使视神经得到休息。

（3）及时治疗。

发现自己患了"雪盲症"以后。不能继续在雪地里活动，应该及时休息，注意眼睛卫生，不要使眼睛劳累；要正确使用眼药水，及时把眼睛里的分泌物处理干净；如果眼睛周围发痒难受时，千万不要用手揉眼睛。以防止角膜溃疡、眼底感染，引发严重后果。

五、搬运伤者

1. 发生事例

老沈与单位的同事去野外的水库钓鱼，在跳跃一个山沟时，不慎摔伤脊椎。护送他的同事们为了赶时间，把他放到"人工担架"上，拼命跑。由于水库在半山腰处，途中颠震太厉害，致使骨折点的神经和脊髓损坏，老沈再也站不起来了。医生说："如果在运送中轻一些，注意保护好骨折点，情况就好一些。"听了医生的话，护送他的同事们深感不安。

2. 正确实施

野外搬运伤者十分重要，既要及时又要安全可靠。为了确保搬运成功，在搬运前应该认真分析当时的情况，把可以利用的一切东西利用上。搬运伤者很辛苦，需要付出极大的耐力，没有吃苦精神是不行的，因此要树立信心，头脑冷静，排除万难。

（1）搬运前应该先进行急救处理，不要消极地等待。根据伤者的具体情况、搬运者的体力，灵活地选择搬运工具；综合各种情况，科学确定搬运方法，争分夺秒，做到动作轻，保护措施得力。止血与固定也很关键，要切实做好。

（2）提示伤者不要扭动肢体，鼓励伤者树立战胜疾病的勇气与决心。

（3）常见的几种正确搬运方法。搀扶法：发现伤者后，只要伤者可以走动，没有太大的危险，就可以把伤者的胳膊搭在自己的肩膀上，另一手扶着伤员小心行走。背负法：如果伤者不是胸及腹部的伤口，可以采取背负法，弯腰把伤者背起来前进即可。抱持法：如果伤者的体重比较轻，可以采用抱持法前进。椅子搬运法：如果有椅子，可以让伤者坐在椅子上，两人抬着椅子前进。双人同步法：两人分别站在伤者的侧面，各自把胳臂插入伤者的腋下，分别用手抓住伤者的膝关节下窝，迅速抬起前进。三人担架法：救护人员身高相似时，可以同时站在伤者的一侧，分别将伤者的颈部、背部、臀部、腿部、膝关节处、踝关节处呈水平抬起来，步伐统一后，协调前进。多人担架法：如果人多，身高也差不多，可以采用此方法。分别站在伤者的两侧，水平托住伤者的头部、颈部、肩部、背部、臀部、腿部等位置，协调、平稳前进。简易担架法：如果在当时发现了门板、椅子、床、竹竿等，可以把这些物品临时改装成担架，让伤者躺在担架上。运送中尽量保持担架平稳。

六、被脏东西扎伤

1. 发生事例

喜欢根雕的老赵野外挖树根，脚被树坑里的一根生锈的铁钎扎破。伤口很深，却没怎么流血。由于当时在野外，没有带药，就用袜子把伤口用力缠住，继续挖树根。回家以后的第五天，他感到全身无力，四肢强直，大汗淋漓，严重抽搐，痛苦不堪。被家人送进医院后，医生诊断为破伤风，已经无法挽救了。

2. 具体表现

破伤风是由破伤风杆菌（厌氧杆菌）引起的。当破伤风杆菌污染呈现为内深外口小、引流不畅、且伴有组织缺血坏死或有异物存留的伤口后，在失活组织里，在无氧的条件下能迅速繁殖生长，同时产生大量毒素（痉挛毒素和溶血毒素），引起一系列的特异感染。这种细菌的外面有一层保护膜，因此它的抵抗力强，不容易被消灭。破伤风的发病率在野外是比较高的，通过调查发现，在野外发病原因除意外感染外，另外一个原因是大意和处理伤口不及时。其实，许多破伤风患者如果得到早期的正确治疗，通常是不会发生问题的。

破伤风的发病初期，患者感觉浑身无力、头痛烦躁、心神不安、肌肉酸痛，肌肉紧张度增强。继续发作时，受累的肌肉呈阵发性、强直性痉挛。病人初感咀嚼不便、张口困难，继则牙关紧闭，面肌痉挛使病人呈"苦笑"表情；颈项强直，背腹肌痉挛，呈"角弓反张"状；四肢肌痉挛，呈屈膝、弯肘、半握拳等姿势；膈肌和胸部肌痉挛时，呼吸困难；有时伴有大小便失禁。严重时，会在持续扩张收缩的基础上，光线、声响、震动等均能对病人产生刺激，并诱发强烈的痉挛。发作时可持续数分钟甚至数小时，病人口吐白沫、流涎、磨牙、大汗淋漓，但神志清醒，非常痛苦。此病危险性大，愈后效果差，死亡率高。破伤风的潜伏期一般是4～14天，也有长达几个月的。潜伏期越短，受伤部位距神经中枢越近，病情越严重。因此破伤风应该引起人们的高度重视，原则上以积极预防为主。

3. 自我保护

在野外活动中，怎样才能预防破伤风呢？

（1）从清破伤风杆菌的生存环境。

通常破伤风杆菌生存在泥土、灰尘、竹木、瓦片、铁锈以及人畜的粪便中。它通过伤口侵入人体。在劳动中，手脚一旦被瓦片、石头、铁钉、木棍、草刺等割伤或刺伤后，病菌就会乘虚而入。在缺氧的环境中，大量繁殖，产生痉挛毒素。因此，在野外活动时，特别是进行地下作业时，必须特别的小心。因为地下缺氧，极易使破伤风杆菌生存下来。

（2）积极预防。

在活动中，尽量减少皮肤外伤，要注意自我保护，越是在劳累的时候，越要小心。因为这时由于体力下降，往往容易出现粗心大意的现象，极容易发生意外的皮肤损伤。劳动前，要检查周围有无钉子、生锈的铁丝、脏玻璃、树枝、草刺等物，如果有的话应尽可能地避开这些东西。

（3）正确处理。

应该及时彻底清理伤口，清创越早效果越好。受伤后，千万不要用泥土、树叶、破布、脏手绢、衣服等物掩盖或包扎伤口。对感染伤口进行早期彻底清创，不宜缝合。应该先用干净的清水清理出伤口中的泥土或其他异物，再用碘酒消毒。如果没有碘酒，可用盐水反复冲洗。如伤口较深，可用双氧水冲洗，再用碘酒消毒。

（4）及时注射破伤风抗毒素。

受伤后，特别是伤口较深、较脏时，要迅速在医生的指导下注射破伤风抗毒素。

七、迷失方向以后

1. 发生事例

退休老师杨某喜欢研究野长城，经过两年的准备，去年春天他开始了考察野长城的行动。在西北某戈壁滩，道路崎岖，没有正规的道路可走，只能按照模糊不清的野长城遗迹走。途中，遇到了沙尘暴，迷失了方向。携带的食物与水也丢失了。他四处寻找前进的道路，盲目地走冤枉路。体力消耗过大，越走越偏离附近的村庄，最终累倒在戈壁上，一位放牧的牧民发现他时，他已经永远闭上了眼睛。

在野外行动，会受到意外气象及情况的影响，很可能会迷失方向。外出时应带上一个罗盘，即指南针，还要带上地图。当你迷路时，有这两样东西指路，就不容易迷失方向。当没有带罗盘和地图，你一个人两手空空地面对陌生的环境时，被迫在广阔的沙漠、戈壁滩、丛林地、雪海、沼泽、高山、海、江、湖、河中求生的时候，你首先想到的是寻找家乡。知道怎么走吗？东、南、西、北向哪个方向走？方向对了，生的希望就大一些；方向错了，死的可能性就大了。可以说迷失方向以后，判断方向是生与死的一道门槛，当你抬腿的一刹那，请您一定要三思而后行。因为向什么方向走，已经决定了你的生死。

2. 自我保护

（1）利用太阳判别方向。

人们习惯认为太阳东升西落。其实，根据现代天文测算，一年中只有两天时间太阳是真正的从东方出、由西方落下去，即春分与秋分这两天。其他的每一天都不是从正东升起、正西落下的。大体上说，春天与秋天太阳是从东方升起，落于西方；夏天太阳出于东北，落于西北；冬天太阳出于东南，落于西南。通过太阳大概的升起与降落的方向，就可以粗略地判断东、南、西、北了。

（2）利用手表判别方向。

通常情况，早上6点的太阳在东方，中午12点的太阳在南方，下午18点的太阳在西方。在野外，只要有手表，白天又有太阳时，可将手表拿下来，平放在手掌上，把手表的时间折半后的时间，对准太阳。表盘12指的就是北方。例如：当时的时间是14点，你需要寻找方向，时间折半为7点，此时应该以表盘上的刻度7指向太阳，刻度盘上的12指的就是北方。为了精确一些，可以找来一个细直的针，或者树枝，竖立在时数折半的点上，慢慢转动手表，使针影通过表盘中心。这时，表盘中心与字12的延长方向即为北方。

（3）利用月亮判别方向。

劳动人民很早就对月亮有了非常深入的研究，根据月亮与地球、太阳的运动关系，摸索出了月亮与方向的规律。上弦月时，晚6点月亮在南方，晚12点在西方；满月时，晚6点在东方，晚12点在南方；下弦月时，晚12点在东方，次日早上6点在南方。

（4）利用星星判别方向。

在晚上有星星时，可以利用北极星来判断方向，北极星是正北天空上的一颗恒星，夜间找到了北极星，也就找到了北方。人们一般利用大熊星座（北斗7星）来寻找北极星。具体方法是：在勺端的两颗星间隔的 5 倍处，有一颗较为明亮的星，就是北极星。也可以在仙后星座（W 星）缺口方向，以中间那颗星向前延伸约两倍处，也可以找到北极星。

另外，在南天极附近，有一个明显的南十字星座。它是由四颗明亮的星组成，形状像"十"，人们习惯地称它为十字架星，是夜间判断方向的主要之一。南十字星座 A、B 两星是南天著名的一等亮星，在夜晚的天空显得非常明亮，C 是二等亮星，将 C 与 A 两星的连线沿 C 至 A 方向延长，约为两星的 4 倍半处，就是南天极，即正南方。

（5）利用植物判别方向。

在野外行动时，如果当时既没有手表，也没有太阳、月亮与星星，此时千万不要着急。有些植物受到阳光的照射影响，自然地形成了奇特的特征。前人根据规律，已经总结出了一套科学、简单的判断方向的方法。可以把一棵独树砍伐倒，观察树的年轮，年轮间隔大的一边是南方，间隔小的一边是北方。

如果树放不倒，可以看树的枝叶，枝叶茂盛、生长繁密、营养饱满、生长旺盛、很有光泽的一边是南方；枝叶稀疏、光泽差的一边是北方。

树皮也能反映一些情况。仔细观察树皮的光滑与粗糙情况，树皮粗糙、暗淡的一边是北方；树皮光滑、有光泽的一边是南方。

（6）利用地面物体判别方向。

突出的地面物体由于受到阳光、环境、气温的影响，会显现出某些与方向有关系的特征。土丘、土堆、土堤、独立岩石等，南面青草茂盛，干燥明亮，冬天积雪融化得快；北面阴湿、潮气大，有的还生有青苔，冬天积雪融化得慢。

在无积雪的情况下，冬季的土丘，其浅表深 0.5 米左右的土质情况是，南面土质松软、潮湿、温暖适度，北面土质硬（冻土层），常带有冰碴。

（7）利用动物判别方向。

许多动物对于方向的辨认非常敏感，在它们的脑子里已经形成固定的磁场定位系统。如：大雁飞行的方向有规律，秋季向南方飞，春季向北方飞。蚂蚁的洞口一般朝南方开。蝎子的洞口一般朝北方开。喜鹊的窝，开口方向一般是朝东。

八、断水以后

1. 发生事例

1955 年的一个夏天，西北沙漠里一架飞机因意外机械事故，迫降在一片干热的沙漠中。为了生存，飞行员开始了艰苦的徒步行军，饥饿、恐怖、疾病、黑夜与寒冷，也没有使他丧失生存下去的勇气。最令他难以忍受的是渴，在他的周围，到处都是干旱的沙漠与戈壁，没有一滴水。身体几度虚脱，他明白如果再不进水的话，就会永远躺在沙漠上了。于是，他试着把自己的尿液保存起来，并强忍着难闻的味道，在最困难的时候喝一口，使他终于坚持到了有水的地方，并成功地被救援者发现。后来他回忆说："如果当初不喝自己的尿，根本就无法坚持走到有水的地方，无法活下去，也就无法再驾驶战机了。"

2. 正确求生

野外断水以后，如何找水，如何判断水质情况，如何断定水源有没有毒，如何给水消毒过滤，这里教你几招。

（1）认识生命与水的关系。

生命活动中，最重要的新陈代谢过程离不开水，人的体温调节需要水，人体内部各器官的润滑剂是水。人在静止的情况下，大约排出 2 500 毫升水，每天必须把这些水补回来，是最基本的生理需要。根据科学考证，地球上先有了水，才有了生命，水是生命的摇篮。人体含水量约占体重的 55％～67％，儿童的含水量更高，可以达到 70％～80％。体重是 60 公斤的人，其中约有水 36 公斤。在血液中，80％是水，骨骼的含水量也在 20％左右。医学研究证明：人体水分减少 10％时，就会引起严重的疾病，如果减少 20％，就会导致死亡。地球上的其他生命，含水量大约在 50％以上。

（2）学会快速、简单判断水源是否有毒。

在野外，一旦发现水以后，不能着急饮用，无论多渴，也要从多个方面判断是否有异常，以防发生不测。根据经验，一要仔细看水源周围的植物生长情况，看有没有植物枯黄与枯萎。二要看水源周围的动物活动情况，看有没有大量的昆虫、动物活动异常，或是挣扎与死亡。三要观察水面上有无异常的油状物质和异常的气味。四要看水中有无大批量的鱼虾死亡。对于可疑的水，可以适当地取一些装入容器内，放入一些鱼虾，或是给其他动物饮用，观察 12～24 小时，看看是否中毒死亡。

（3）掌握简单、实用的过滤技术。

在野外，没有专用的消毒剂，但是要掌握简单的过滤技术。过滤的方法是：使水通过滤料（草木灰、土、沙子、木炭、煤渣、布类、树叶等），水中的杂质被截留而使得水被澄清。过滤的简易装置是：可用桶、缸或是修建沙滤池（30 厘米宽、40 厘米长、100 厘米深），从底部向上逐层填料为卵石 10～20 厘米，粗沙 20～30 厘米，细沙 30～40 厘米，木炭 10～20 厘米。将取来的不干净的水，从上倒入过滤装置，接取底部流出的水。这种水虽然能够除去大量的杂质和病源菌，但是仍然不能直接饮用，必须进行煮沸消毒。煮沸消毒，是最简单、可靠的消毒方法。水在 100％时，一般致病微生物便不能生存了。需要注意的是，煮沸的时间应当长一些，水沸腾后，要在 5～10 分钟后撤火。掌握实用的过滤技术后，关键的还是要学会选择水源，才能从根本上保证水的质量。对于水源选择的基本要求是：水源周围 30 米内应该没有厕所、粪坑、牲畜圈、污水坑、废水排放口等污染源。

（4）具备寻找水源的技巧。

在野外。如果所处的环境中，周围没有任何水源时，也不要着急，更不能主动放弃，失去生存的勇气，应该积极开动脑筋去寻找。可以通过对动物、昆虫、植物的观察，发现水的蛛丝马迹。还可以根据一些植物的生长情况，寻找水源。如：马兰、沙柳、狼尾草、芦苇集中生长的地方，在其地下不深的地方就可能会有水。在草地上，一处生长特别浓绿的草地下面的浅表层，就可能会有水。在山谷地的竹林和树木生长茂密的地方，存在地下水的可能性大。沙漠里的仙人掌下面可能有水。热带的芭蕉树下可能有水，而椰子树上的椰子里面含有充足的水分。

山上生长着浓绿苔藓的岩石下面可能有水。也可以根据一些动物的生活习性，寻找水源。通常情况下蚂蚁洞穴多的地方，其下面可能有水。晚上青蛙鸣叫的附近可能有水。蜻蜓大量出没的附近可能有水。燕子、野鸭成群出现的附近可能有水。蛇冬眠的地下可能有水。甲鱼出没的附近可能有水。野牛、野羊、野驴群出没的地方可能有水。

（5）勇敢体验尿当水喝的滋味。

人体的尿液里面几乎全是水，没有什么特别的东西。在特别严重缺水的地域，建议把自己的尿液保存好，相信它会给你带来意外的收获。因为在没有任何水源的情况下，喝尿确实可以暂时延续人的生命。实践证明，在身体缺水到了危及生命时。喝尿是明智的选择。因为生命延长一分一秒，就可能有生的希望。

（6）知道吝惜体内的每一个水分子的重要性。

在身体极度缺少水的情况下，应该学会吝惜身体内的每一个水分子。呼出的气体、行走的速度、外界气温的变化、自己尿液的收集等。为了保存体力与减少体内水分的损失。炎热的夏天，要昼藏夜行，尽量减少白天活动时间，不要长时间暴露于太阳光下。行走的速度要均匀、缓慢，不要急速前进，使体内的水分损失过大。对呼出的气体，可以采取用手帕、布、毛巾将口、鼻轻轻包住的办法，使呼出的气体中所含水分重新被收进体内。尤其在沙漠不要小看这样的做法。当被迫在阳光下行走时，应该用各种草、树枝做一个遮阳帽，以保持体内水分不被快速蒸发掉。收集水是有技巧的，早晨有一些杂草上有水珠形成，有一些树的枝叶上形成水潮气，要珍惜这点点的水珠与潮气，哪怕是一点点也要想办法吸到嘴里、鼻子里。

任务 8　远离传销

传销是指组织者发展人员，通过发展人员或者要求被发展人员以交纳一定费用为条件取得加入资格等方式获得财富的违法行为。传销的本质是"庞氏骗局"，即以后来者的钱发前面人的收益。

新型传销：不限制人身自由，不收身份证手机，不集体上大课，而是以资本运作为旗号拉人骗钱，利用开豪车，穿金戴银等，用金钱吸引，让你亲朋好友加入，最后让你达到血本无归的地步。

1998 年 4 月 21 日，全面禁止传销，2017 年 8 月，教育部、公安部等四部门印发通知，要求严厉打击、依法取缔传销组织，通知强调，对打着"创业、就业"的幌子，以"招聘"、"介绍工作"为名，诱骗求职人员参加的各类传销组织，依法取缔。最新一份判决系法院于 2018 年 5 月 2 日作出。65 种"传销币"涉案超百亿，逾千万人买入。

一、传销的发展形成

传销产生于二战后期的美国，成型于战后的日本，发展于中国。传销培训教材不仅极富煽动性和欺骗性，而且具有很多心理学的要素，极易诱人上当。在国外传销和直销是一个意思，也就是说国外只有传销这一个概念。国外传销的主要概念是：以顾客使用产品产生的口碑作为动力，让顾客来帮助经销商来宣传产品后分享一部分利润，也就是客户传播式销售。这跟国内的传销是两个概念。中国式传销：是虚假的公司，虚构的产品，什么都是空的，就只是让你拉人头，从入会费或者加盟费中提取少量提成。或者控制人身自由，没收财物，让你无法与外界联系，天天学习那些传销培训教材，让你学会怎么骗人，然后列名单、电话或书信邀约、摊牌、跟进、直至以各种方式交齐入会费或者加盟费。

二、量刑处罚

国家刑法规定：组织、领导以推销商品、提供服务等经营活动为名，要求参加者以缴纳费用或者购买商品、服务等方式获得加入资格，并按照一定顺序组成层级，直接或者间接以发展人员的数量作为计酬或者返利依据，引诱、胁迫参加者继续发展他人参加，骗取财物，扰乱经济社会秩序的传销活动的，处 5 年以下有期徒刑或者拘役，并处罚金；情节严重的，处 5 年以上有期徒刑，并处罚金。

三、行为方式

1. 组织特点

组织、领导以推销商品、提供服务、项目投资等经营活动为名，要求参加者以缴纳费用或者购买商品、服务、投资等方式获得加入资格。在《禁止传销条例》中，反复提到层级关系这个概念，一定规律组成层级关系只是众多传销中的一个现象，必须与非法占有他人财产的行为才有可能涉嫌传销。比如：村级社区商店商品，就有五六个级别并且层层加利，这是正常销售。所以说，传销侵犯的客体为复杂客体，侵犯多个社会关系和法律客体；主要客体要件必须有二项：

（1）欺诈性（侵犯公民财产所有权）。

（2）扰乱社会管理秩序与经济秩序。

首先，当把回报描述得天花乱坠的时候就应该警惕，高回报必然有高风险。

其次，无论传销的形式如何变化发展，其实质仍是以购买份额作为缴纳入门费，发展下线人员、拉人头组成层级，以下线人员"业绩"作为获利依据。

2. 传销的三个特征：

（1）入门费

是否需要认购商品或交纳费用取得加入资格或发展他人加入的资格，牟取非法利益。

（2）拉人头

是否需要发展他人成为自己的下线，并对发展的人员以其直接或间接滚动发展的人员数量为依据给付报酬，牟取非法利益。

（3）计酬方式

是否以直接或间接发展人员为依据计算报酬，牟取非法利益。

如果符合以上特征，就有可能涉嫌传销。

3. 传销组织的惯用名词

（1）"北部湾建设"、"资本运作"、"1040工程"、自愿连锁、民间互助理财。

（2）"消费返利"、"连锁销售"、"特许经营"、"点击广告获利"、"爱心互助"、"消费养老"、"境外基金、原始股投资"、电子币买卖。

（3）静态收益、动态收益、直推奖、层推奖、对碰奖、见点奖、领导奖、培育奖、报单奖、管理奖、小区业绩奖。

案例链接

2012年3月15日，一外地人张某到江苏省淮安市公安局清浦分局投案，称因为付不起下线的工资而面临着破产。他揭发了所在的"自愿连锁经营业"组织的资本运作型传销活动。

为此，清浦公安开始对该组织的93个聚集点进行侦查。查清：该组织由广西、长沙扩展到淮安，人员均为河南、安徽等外地人。"淮安区"基层组织共8个组，每组30至40人不等，每组5个班。一班为"开心门"，专与刚加入的人聊天，造成亲切感，以打破心理防线；二班、四班为"画小图门"，通过算账的方式，告诉加入者，你投入一元钱，会因"雁阵效应"成为几万元。三班为"砍塔尖门"，告诉加入者，传销是塔尖的人发财，而我们不是传销，是人人发财。我们是"1040富翁工程"，即当你很快得到1040万元时，你就得退出本活动，让位于别的人。五班为"侃大山门"，宣讲的中心理念是，我们这个做法是国家明面调控，暗地支持的，放的短片告诉加入者，这是某国 ABC 集团的经济运作。到此，加入者会"心甘情愿"地变卖家产甚至携妻举家入股。一股为 3300 元，21 股 6.98 万元为基本加入基线。

加入组织后的主要任务是发展下线，每拉一人加入，你就成为上线，就有提成。组织设"五级三阶"，即实习、组长、主任、经理、高级经理，到了高级经理，每月提成即可达 10 多万元。基层组织有五大"窗口"（职位），即大总管，自律总管（管纪律），能力总管（管发现人才和培训），经晨总管（管每天早晚课），申购总管（管财务）。对应于基层，中层和高层也设有相应名称的总监。"淮安区"最高领导是区长，名叫童中伟。成员三人一套入住组织租下的住宅，组织发一手机，用于互相联系与发展下线。如有人上课手机响，或是用手机打私事电话，即会被举报，被举报者也会心甘情愿地受罚。

查清基本案情后，4 月 15 日晚 10 时，清浦分局全局 200 余民警，分工到人，一起出动。先将"淮安区"区长童某等 40 余高管抓获。至凌晨，再收一网，将所余 200 余人一网打尽。审讯中，得知在安徽芜湖正要召开高级经理晋升大会，清浦警方赶到芜湖，在会前将主办会议的"徐州 A 区"区长叶某等 13 人抓获。经有关经算师测算，该组织成员要获得 1040 万元，需吸纳下线 2.5 亿元资金，这基本不可能做到。

四、传销新招

1. 传销有新招 发展下线有上限

传销有了新模式，每人发展下线，不再是传统的多多益善，而是设定了上限，人数为 2 人。

案例链接

犯罪嫌疑人秦丕涛、吴子金以安格医药集团有限公司工作人员的名义，组织授课的形式讲授安格公司会员制，在重庆发展会员上百人。巴南区检察院已对犯罪嫌疑人吴某、秦某以涉嫌组织领导传销活动犯罪批准逮捕。

据办案民警介绍，秦某、吴某某在重庆发展的安格公司会员上百人。此案办案民警介绍，安格医药公司集团的销售模式有一定的创新，在发展下线以及提成和销售模式上，都与传统性质的传销有不同之处，这也使该传销窝点有一定的隐蔽性，很多市民误以为不是传销而误入。

首先，安格医药集团以特定的产品作为媒介，新入会的会员需交纳 480（普卡会员）、2400（银卡会员）、4800（金卡会员）不等的会费购买产品，之后再购买产品可以享受三折优惠。传统模式传销大多采用资本运作模式，无具体产品，以发展会员获得收入。

其次，安格医药集团的销售模式与传统传销的销售模式不同。安格医药集团的会员只能发展两个会员，之后再发展的会员只能放在这两个会员之下，称为该会员的 A、B 区，每个会员在发展了自己的两个会员后会帮助其下的会员发展会员。

第三，安格会员发展会员所得奖金有两种，一种叫层奖，一种叫量奖，又分别有不同于传统传销提成模式的办法。

2. 不限自由 不集体上大课

只需投资 69800 元，两年后就能收入 1000 多万？这样的"好事"其实是新型传销，不限制人身自由，不收身份证手机，不集体上大课，而是以资本运作为旗号拉人骗钱。

这个明眼人一看就是传销的骗局，为啥会让成百上千的人沉迷其中？它是如何发展壮大的？又是如何骗钱的？

贪欲，在新华字典里解释为贪婪的欲望。一旦有了这个欲望，一些人就会被迷住心窍，失去基本的判断能力——只需要投资 69800 元，两年后就能收入 1000 多万，这本是一桩异想天开的事情，很多"追梦"者却信以为真了。其实，这是一种新型的传销，以资本运作为旗号拉人，投资 69800 元发展下线，号称两年后收入可达 1440 万元，很多人就无意识地加入了，而等发现陷入传销时，多数人已经投了很多钱进去……

任务9 反对邪教

一、邪教的基本特征

与正常的宗教相比较，邪教具有以下一系列专有的特征：

邪教的"精神领袖"至高无上，是一切信徒所必须永远服从的。这个"精神领袖"往往在世，也是邪教的创立者。他要么假借其他宗教的躯壳，要么自创一个教派。如"科学神教"借助基督教，控制着信徒的所有行动，而他自己则可以不受教规的限制。他能够解释一切现象。

二、中国的相关法律规定

《最高人民法院、最高人民检察院关于办理组织、利用邪教组织破坏法律实施等刑事案件适用法律若干问题的解释》

（2017年1月4日最高人民法院审判委员会第1706次会议、2016年12月8日最高人民检察院第十二届检察委员会第58次会议通过，自2017年2月1日起施行）为依法惩治组织、利用邪教组织破坏法律实施等犯罪活动，根据《中华人民共和国刑法》《中华人民共和国刑事诉讼法》有关规定，现就办理此类刑事案件适用法律的若干问题解释如下：

第一条 冒用宗教、气功或者以其他名义建立，神化、鼓吹首要分子，利用制造、散布迷信邪说等手段蛊惑、蒙骗他人，发展、控制成员，危害社会的非法组织，应当认定为刑法第三百条规定的"邪教组织"。第二条 组织、利用邪教组织，破坏国家法律、行政法规实施，具有下列情形之一的，应当依照刑法第三百条第一款的规定，处三年以上七年以下有期徒刑，并处罚金：

（一）建立邪教组织，或者邪教组织被取缔后又恢复、另行建立邪教组织的。

（二）聚众包围、冲击、强占、哄闹国家机关、企业事业单位或者公共场所、宗教活动场所，扰乱社会秩序的。

（三）非法举行集会、游行、示威，扰乱社会秩序的。

（四）使用暴力、胁迫或者以其他方法强迫他人加入或者阻止他人退出邪教组织的。

（五）组织、煽动、蒙骗成员或者他人不履行法定义务的。

（六）使用"伪基站""黑广播"等无线电台（站）或者无线电频率宣扬邪教的。

（七）曾因从事邪教活动被追究刑事责任或者二年内受过行政处罚，又从事邪教活动的。

（八）发展邪教组织成员五十人以上的。

（九）敛取钱财或者造成经济损失一百万元以上的。

（十）以货币为载体宣扬邪教，数量在五百张（枚）以上的。

（十一）制作、传播邪教宣传品，达到下列数量标准之一的：

1. 传单、喷图、图片、标语、报纸一千份（张）以上的。

2. 书籍、刊物二百五十册以上的。

3. 录音带、录像带等音像制品二百五十盒（张）以上的。

4. 标识、标志物二百五十件以上的。

5. 光盘、U 盘、储存卡、移动硬盘等移动存储介质一百个以上的。

6. 横幅、条幅五十条（个）以上的。

（十二）利用通讯信息网络宣扬邪教，具有下列情形之一的：

1. 制作、传播宣扬邪教的电子图片、文章二百张（篇）以上，电子书籍、刊物、音视频五十册（个）以上，或者电子文档五百万字符以上、电子音视频二百五十分钟以上的。

2. 编发信息、拨打电话一千条（次）以上的。

3. 利用在线人数累计达到一千以上的聊天室，或者利用群组成员、关注人员等账号数累计一千以上的通讯群组、微信、微博等社交网络宣扬邪教的。

4. 邪教信息实际被点击、浏览数达到五千次以上的。

（十三）其他情节严重的情形。

第三条　组织、利用邪教组织，破坏国家法律、行政法规实施，具有下列情形之一的，应当认定为刑法第三百条第一款规定的"情节特别严重"，处七年以上有期徒刑或者无期徒刑，并处罚金或者没收财产：

（一）实施本解释第二条第一项至第七项规定的行为，社会危害特别严重的。

（二）实施本解释第二条第八项至第十二项规定的行为，数量或者数额达到第二条规定相应标准五倍以上的。

（三）其他情节特别严重的情形。

第四条　组织、利用邪教组织，破坏国家法律、行政法规实施，具有下列情形之一的，应当认定为刑法第三百条第一款规定的"情节较轻"，处三年以下有期徒刑、拘役、管制或者剥夺政治权利，并处或者单处罚金：

（一）实施本解释第二条第一项至第七项规定的行为，社会危害较轻的。

（二）实施本解释第二条第八项至第十二项规定的行为，数量或者数额达到相应标准五分之一以上的。

（三）其他情节较轻的情形。

……

第十六条　本解释自 2017 年 2 月 1 日起施行。《最高人民法院、最高人民检察院关于办理组织和利用邪教组织犯罪案件具体应用法律若干问题的解释》（法释〔1999〕18 号），《最高人民法院、最高人民检察院关于办理组织和利用邪教组织犯罪案件具体应用法律若干问题的解释（二）》（法释〔2001〕19 号），以及《最高人民法院、最高人民检察院关于办理组织和利用邪教组织犯罪案件具体应用法律若干问题的解答》（法发〔2002〕7 号）同时废止。

三、邪教分布

据统计，全世界邪教组织有 1 万多个，信徒数亿人；西欧和南欧亦有 1317 个狂热教派，英国 604 个；法国 173 个，西班牙全国现有 200 个"具有破坏性"的邪教组织。在未来社会，由于人类情感的需要和人格的变异，邪教组织具有进一步发展扩大的趋势。邪教通过对痴迷者进行精神灌输，导致很多惨剧的发生。邪教组织的特点是：都是以拯救人类为幌子，散布迷信邪说，都有一个自称超自然力量的教主，作为信徒顶礼膜拜的偶像，都是以秘密结社的组织形式控制群众，都不择手段地敛取钱财。

以前，全世界所谓的"新兴教派"有十几万种。根据《大英百科年鉴》在 1990 年的统计，他们控制的信徒有 1.3 亿，占世界人口的 2.5%。世纪之交，这些形形色色的教派在各国均有所发展，其中以"末日论"为宗旨的邪教组织约有几万个，至少使几千万信徒被卷入恐惧和狂乱，他们渗透到地球的每个角落，成为社会不安定因素，令各国政府和人民不得安宁。

1992 年，活跃在世界上 48 个国际恐怖组织中，约有四分之一打着宗教的旗帜，进行邪教活动，危害了人民的正常生活。绝大多数国家的司法机构都严厉打击邪教，但是，也有个别的国家或政体为了一时的利益，对邪教的活动纵容、姑息、绥靖或束手无策。有些邪教组织对当局采取蒙骗、利用、施压或讨好等软硬手段，暗中挑拨意识形态矛盾、操纵选举、钻法律空子、收买要员，致使政府态度暧昧、政策摇摆、前后矛盾、内外不一，造成执政失误，将社会发展进程引向弯路或歧路。

案例链接

2000 年 3 月 17 日，乌干达邪教组织"恢复上帝十诫运动"在鲁昆吉里地区卡农古镇的教堂里集体焚烧信徒，造成超过一千人死亡。1978 年 11 月 18 日，美国邪教组织"人民圣殿教"的信徒在教主吉姆·琼斯的胁迫下，在南美洲圭亚那琼斯镇集体自杀。共有 913 人喝氰化物中毒身亡，其中包括 276 个儿童，那些拒绝自杀的人被强行灌下氰化物，或枪杀、勒死。吉姆·琼斯随即开枪自尽。整个营地只有四人幸免于难，其中两人是冒死逃跑的。另两个是行动不便和耳聋的老人，由于被别的信徒忘却而幸存。1993 年 4—5 月，"大卫教派"在美国得克萨斯州韦科市以东卡梅尔庄园被联邦调查局出动的军警包围。随后双方开始了长达 1 个月的武装对峙，庄园被攻破后，庄园内的 81 名邪教成员与教主大卫·考雷什一起集体自焚，葬身火海。1994 年 10 月 3 日—5 日，邪教组织"太阳圣殿教"的 53 名教徒在加拿大和瑞士集体自杀。1997 年 3 月 26 日，美国加利福尼亚洲的邪教组织"天堂之门"的 38 名邪教信徒和邪教教主集体自杀。1995 年 5 月 20 日，日本邪教组织"奥姆真理教"在东京地铁释放沙林毒气，造成 12 人死亡，超过 5000 人中毒。2001 年 1 月 23 日，5 名"法轮功"邪教组织信徒在北京天安门广场自焚，造成 2 人死亡，3 人重伤。2014 年 5 月 28 日，山东省招远市一麦当劳餐厅，6 名全能神教徒因索要电话号码未果，残暴打死一人。

四、近、现代的邪教组织

1. 中华民国

"一贯道"发端于晚清,极盛于 1940 年代。其教义,杂糅儒、道、佛及耶稣教经典,宣称整个宇宙分"红阳"、"青阳"、"白阳"三期,各历一万八千年。目下正值"白阳"期末世,大劫将至,须得信奉"一贯道",才能消灾免难。抗战期间,"一贯道"将大量汪伪政权高级官员发展进入组织。民国晚期,邪教组织"一贯道",甚至一度发展到与国、共两党分庭抗礼的程度。

2. 当代邪教

改革开放后,中国的邪教组织逐渐发展起来。20 世纪 80 年代,邪教势力大多在偏远地区活动,90 年代新生邪教多以中心城市为基地扩张,进入 21 世纪,当代邪教势力开始出现国际化的趋势。在中国,明确认定的邪教组织共有 14 个。同时,"法轮功"是带有典型邪教性质的非法组织。

（1）法轮功

法轮功的创立人李洪志自称"宇宙主佛",具有极大的危害性。法轮功极端敌视共产党和社会主义制度,被中国及多个国家认定为邪教。

（2）全能神

全能神教是由"呼喊派"骨干赵维山于 1989 年创立的,系脱离基督教新教地方教会运动的变种组织,是当前国内最具危害力的邪教组织之一 。组织情况:"全能神"的发起人赵维山拥有极强的组织能力,在人事管理方面很有一套。为了掌控全局,充分驾驭"全能神"的追随者,他建立了完整的组织体系。该体系等级森严、责任明确,极具危害性。据有关资料显示,该组织体系自上而下设有"女基督"、"大祭司"、"圣灵所使用的人"、"省级领导"、"区级领导"、"城乡领导"、"小排领导"和"细胞小组领导"等。

社会危害:造成此次招远血案的"全能神"教主赵维山曾是该团体的黑龙江骨干。多年来,该组织逐步演变出"被立王""主神教""实际神""东方闪电"等派系。

1995 年被公安部认定为邪教组织。

（3）徒弟会

徒弟会是陕西耀县农民季三保于 1989 年初创立,内部设有总会、小分会、教会点等 7 级机构。到 1995 年初,该组织活动已涉及 14 个省的 300 多个县,受蒙骗群众 35 万余人。季三保编造"七步灵程",自称是"神所立的基督""神的儿子",可以行神迹奇事,治病救人。该组织骨干制造、散布迷信邪说,致使大量学生辍学,很多群众整天"祷告",放弃生产,变卖家产,预备"升天",或有病不求医,因贻误治病而死亡。

（4）全范围教会

1984 年,河南镇平县人徐永泽在平顶山创立"全范围教会"。最高机构为"全范围议会",下设 7 个牧区。至 1991 年时,该组织活动已涉及 15 个省、自治区的 88 个县,蒙骗群众数万人。徐永泽编了《教会基本建造草案》,提出"实现中国文化基督化、全国福音化、教会基督化的国度，与主一同掌权"。一些骨干散布"世界将到尽头，灾难就要降临""信主能治病"等谣言，要求信徒天天聚会时嚎啕大哭。受其影响，很多群众不思工作，一心等待"升天"。

（5）灵灵教

灵灵教是江苏淮阴县农民华雪和于1983年创立。该组织形式较为疏松，但有明确分工。至1990年时，该组织活动已涉及13个省、自治区、直辖市，蒙骗群众1.5万余人。华雪和自称是"第二个耶稣、主基督"，是"主耶稣二次道成肉身降临"，称"淮阴就是耶路撒冷"。该组织宣扬"世界末日即将来临，整个人类要毁灭，只有早进'灵灵教'才能躲过灾难"，致使信徒群众放弃生产，坐等"世界末日"。

（6）新约教会

新约教会是香港女影星梅绮（江端仪）于1960年创立，后由其女儿张路得继续在台湾传播并建立组织。1964年，该组织另一负责人洪三期在台北高雄县建立新总部和"圣山"。1988年，该组织"石牌教会"负责人左坤另立"耶稣基督血水圣灵全备福音布道团"。截至2014年，该组织活动涉及20个省、自治区、直辖市。梅绮、洪三期、左坤等人均自称"先知"，代表"至高神来执掌王权"，是"神在地上的君"，宣称要"推翻人的国，建立神的国"。

（7）观音法门

1988年，英籍华人释清海在台湾创立"观音法门"，活动涉及全国大部分省、自治区、直辖市。1998年5月，骨干许成江另立"圆顿法门"，蔓延到9个省市的20余个县（市），受蒙骗群众约5000人。释清海标榜自己是"清海无上师"，等同于释迦牟尼、耶稣基督、安拉真主等。从1989年开始，"观音法门"组织成员以旅游、探亲、投资办厂为名，频繁派人进入大陆，发展成员，秘密建立活动点。此外，又多次策动境内信徒到境外参加"法会"或培训，回国后进一步发展邪教组织。

（8）主神教

主神教"是另一邪教组织"被立王"的骨干刘家国于1993年创立，活动涉及22个省、市。该组织成员分为"主神""省权柄""各级同工"等7个等级。刘家国自称"主神"，制造、散布"世界末日即将来临，只有信仰'主神'才能得救，要团结在"主神"四周，终极建立神的王国"等迷信邪说。他还以"赐神灵"为名，强奸妇女19人；以缴纳奉献粮、奉献款为名，诈骗钱财40余万元人民币。

（9）被立王

"呼喊派"骨干吴扬明于1988年创立"被立王"，曾一度在29个省、自治区、直辖市建立活动点500多处，发展信徒数万人。该组织体系分为"父王"（吴扬明）、"服权人"、信徒等5个等级，并制定了严格的戒律。吴扬明利用《圣经》中"被立"一词，自称"被立王"，宣称："世界末日就要到来，只有信'被立王'才能得救；若不信就要受惩罚，遭到屠杀"。他先后以诱骗和胁迫手段共奸污成年妇女和幼女数十人。他还要求信徒缴纳"奉献款"，聚敛钱财数十万元。

（10）同一教

同一教全称为"世界基督教同一神灵协会"，美籍朝鲜人文鲜明于1954年在韩国釜山创立。

该组织规定信徒必须与异性信徒发生两性关系，称此为"洗礼"，由文鲜明为信徒指定婚配，主持跨国大型"集体婚礼"。该组织曾在韩国、美国组织过反共大游行。"同一教"以投资援助、任职任教、文化交流等为名，派遣职员进入中国进行渗透活动。同时极力拉拢、发展我出国职员，指使他们回国后广泛传播"同一教"。

（11）三班仆人派

"三班仆人派"是河南镇平县人徐文库（又名徐双富）创立，组织成员分为"大仆人"、"二仆人"等6个等级，建立较严密的组织体系，活动一度涉及18个省、自治区、直辖市。徐文库借用《圣经》神化自己，自称"大仆人"。该组织散布"2000年以前世界有七大灾难，世界末日来到了"，"只有'三班仆人派'才是真理真道"等迷信邪说。近几年来，徐及其骨干以"奉献钱是交给神"等为名，骗取大量钱财。

（12）灵仙真佛宗

1979年美籍华人卢胜彦创立"灵仙真佛宗"，总部设在美国西雅图雷躲寺（又称"灵仙真舍总堂"）。1988年开始渗透中国，活动曾一度涉及13个省市。卢胜彦标榜自己为"活佛"、"佛主"，极端敌视社会主义制度，曾于1989年多次发表公然演讲，攻击党和政府。该组织还在上海、广州、昆明等地设立分支机构，委任主持人，偷运、散发大量该组织书籍和宣传品，发展成员，建立组织。

（13）天父的儿女

天父的儿女"又称"爱的家庭"，是由美国人大卫·摩西·白克于1968年在美国创立，其基本单位为"家庭"，最高机构为"皇室"，大卫任"国皇"。该组织从1980年开始渗透中国。攻击一切社会制度和意识形态，宣称"上帝的爱即是性爱"，指使信徒用类似卖淫的方法发展信徒，募捐经费。在"家庭"中实行群居、滥交，甚至提倡儿童性行为。受其影响，境内大多数成员有流氓行为，乱搞两性关系。

（14）达米宣教会

达米宣教会是韩国人李长林于1988年创立，最高机构为"达米宣教会世界总本部"。1992年初传进中国，活动一度涉及10多个省、自治区、直辖市。该组织以宣扬"末世论"为宗旨，宣称1992年10月28日23时是"世界末日"的开始，届时加进该组织的人将随复活的耶稣一起'升天'，不信其说教的人将在而后的7年'大灾难'中受苦。自1992年以来，该组织频繁派人进入中国，发展成员，建立组织，并指使境内骨干煽动、组织受蒙骗群众搞集体"升天"活动。

（15）世界以利亚福音宣教会

世界以利亚福音宣教会是韩国人朴叫呼于1980年创立。组织成员分为上帝、总务等5个等级。该组织从1993年传进中国，活动涉及东三省、北京、河北、上海等11个省、市、自治区。朴叫呼自称是最后的先知"以利亚"，要求信徒将其作为"石仙"加以崇拜，称其组织为"石国"。该组织在中国各地建立了聚会点、联络点，并租地建立"石国"聚居村，唆使受蒙骗群众变卖家产，举家移居，共同生活。在"石国"聚居村内，要求他们断尽与外界联系，集中学习邪教教义，不得读报、看电视、听广播。

任务10 游泳安全

2018年5月12日下午，桐柏县程湾镇5名中学生相约在石步河水库游泳，其中一名因体力不支而溺水。2018年5月12日下午四时许，西峡重阳镇雪沟水库发生一起溺水事故。女孩带狗狗到水库洗澡，不幸跌落水中，父亲去打捞女儿，也掉落水中！经过消防部门等多方努力，父女两人均已打捞上来，但均无生命迹象！

2017年5月7日下午，江岸区宝岛公园内，一名10岁男孩琪琪（化名）与两名小伙伴在湖边玩耍时不慎落水。2017年2月26日，深圳境内大田南干渠，两名儿童下水游泳被冲向下游，幸好有渠道上施工人员及时发现，一名儿童得救，另一名却不幸溺亡。2017年1月7日下午3点多，肇庆市荷田村6年级小学生小莫和同班的3名男孩一起前往新兴江荷田村附近江段沙洲玩耍，准备去河里摸几条鱼用来烧烤。结果，小莫落水，直到8日晚上，他的遗体才被打捞起来。

一、游泳时注意事项

（1）不要独自一人外出游泳，更不要到不摸底和不知水情或比较危险且宜发生溺水伤亡事故的地方去游泳。对游泳场所的环境，如该水库、浴场是否卫生，水下是否平坦，有无暗礁、暗流、杂草，水域的深浅等情况要了解清楚。

（2）必须要有组织并在老师家长或熟悉水性的人的带领下去游泳，以便互相照顾。

（3）要清楚自己的身体健康状况，平时四肢容易抽筋者不宜游泳。要做好下水前的准备，先活动活动身体，如水温太低应等适应水温后再下水游泳；镶有假牙的同学，应将假牙取下，以防呛水时假牙落入食管或气管。

（4）对自己的水性要有自知之明，下水后不能逞强，不要贸然跳水和潜泳，更不能互相打闹。不要在急流和漩涡处游泳，更不要酒后游泳。

（5）在游泳中如果突然觉得身体不舒服，如眩晕、恶心、心慌、气短等，要立即上岸休息或呼救。

（6）在游泳中，若小腿或脚部抽筋，千万不要惊慌，可用力蹬腿或做跳跃动作，或用力按摩、拉扯抽筋部位，同时呼叫同伴救助。

二、关于溺水的误区

误区一：溺水后都会大声呼喊吗

我们在影视剧里看到溺水者总是双手乱挥、用力拍水、大声呼救，其实真正的溺水总是悄然发生的。

误区二：会游泳就不会溺水吗

有很多人认为只要会游泳，在水里就很安全，就不会发生危险，从而放松了警惕。

误区三：手拉手就能救上来溺水者吗

救人的方式有千万种，但这种手拉手救人的方式死亡率是最高的，因为结成"人链"后，一旦有人因体力不支而打破"平衡"，就会让多人落水，导致群死事件！

误区四：倒背控水真的靠谱吗

对于神志清醒的溺水者或者昏迷但呼吸、脉搏尚存者，其溺水时间比较短，肺内根本未吸入水或者仅吸入很少水，完全没必要控水。控水过程会导致胃内容物反流和误吸，反而会阻塞气道，还可能导致肺部感染，有害无益。而对于无呼吸无脉搏的溺水者，控水会延误救人的黄金时间，使溺水者丧失最佳复苏时机，同样也会导致误吸，增加死亡率。

三、落水时如何自救和施救

1. 落水自救

(1) 落水后应保持镇定，胡乱挣扎反而会使身体下沉、呛水。

(2) 尽量抬头后仰、面部朝上，使口鼻露出水面进行呼吸。

(3) 露出水面吸气要深，呼气要浅，避免下沉过快，无法呼吸。

(4) 缓解肌肉"抽筋"，可用手握住"抽筋"肢体的远端，做反复屈伸运动。

(5) 会游泳者在落水自救的过程中，应注意防止"抽筋"，并保存体力。

2. 施救他人

(1) 发现溺水者后，可充分利用现场器材，如绳、竿、木板、救生圈等救人。

(2) 下水救人时，应绕到溺水者的背后或潜入水下，从其左腋下绕过胸部，然后握其右手，以仰游姿势将其拖向岸边，也可以在其背后拉腋窝拖带上岸。

(3) 下水救人时，不要从正面接近，防止被溺水者抓、抱。若被抱住，应放手自沉，溺水者便会放开。

(4) 施救者若不熟悉水性或不了解现场水情，不应轻易下水，应呼救或报警。未成年人不宜下水救人。

任务11 液化气、天然气安全

案例链接

一对夫妇在附近的一家餐馆吃饭后，午夜时分回家，在屋内闻到煤气味。

男人很快赶到厨房，发现气味更浓。

潜意识推动他打开灯，厨房爆炸，丈夫立即死亡，妻子送到重症监护室。从这个令人震惊的事件中吸取的教训是：当你闻到煤气的味道时，不要开灯，但要平静地打开所有的门窗，这样就不会产生火花，然后关闭煤气管，直到气体的气味完全消失。

如果你闻到煤气味，也不要打开冰箱，因为它也会引起爆炸，甚至吸风机也不要打开，因为它带电，只需打开窗户即可。

目前，家家户户都使用上了煤气，在我们国家，家用罐装煤气用的是液化气，家用管道煤气用的是天然气。因此，关于使用天然气、液化气等危险品时，要具备的安全常识。

一、使用液化气、天然气的安全措施

1. 做到"五会"

（1）会点火：要掌握"火等气"的原则，使用时先点火后开气。

（2）会装卸减压阀：安装前首先检查连接杆头部的胶皮密封圈有无脱落；安装时手轮对准钢瓶阀口放正，逆时针旋转上紧。

（3）会调风门：火焰调到蓝色为最佳。

（4）会试漏：对灶具开关、胶管、减压阀、钢瓶角阀等易漏气部位，要经常检查。试漏时应用皂液，不准用明火。

（5）会处理紧急事故：若发现室内天然气泄漏，应迅速关掉气源，通风散气。若不能关掉气源，应保持镇静，采取通风措施，不能有任何明火出现，不能接触任何电器开关，迅速拨打抢险热线。

2. 做到"五要"

（1）胶管使用寿命为18个月，发现到期或老化时，要及时更新。

（2）点火用气时要有人看管。

（3）嵌入式灶具要用金属软管连接，并保持灶具下面橱柜通风良好。

（4）天然气本身无味、无色，但为了用户在使用时能快速鉴别是否有漏气，在输送之前进行了加臭处理，因此发现家中有类似臭鸡蛋味时要迅速关闭阀门，打开门窗通风换气。

（5）用完燃气或休息前，要检查供气阀门和灶前开关是否关严，并关好厨房门，打开厨房窗户。

3. 做到"五不准"

（1）不准在闻到有燃气气味时开启任何燃气用具、电器开关（包括电灯、门铃等），使用电话（包括手机）和明火。

（2）不准在天然气灶具还燃着火时就睡觉。

（3）不准私自安装、改装炉灶、热水器、加大火嘴或增加火头。

（4）不准小孩玩火。

（5）不准先开气后点火。

4. 处理天然气泄漏的"五办法"：

（1）切断气源。

（2）杜绝火种，严禁在室内开启各种电器设备，如开灯、打电话；不能迅速脱下化纤服装，以免由于静电产生火花引起爆炸。

（3）通风换气，及时打开门窗，但切忌开启排气扇，以免引燃室内混合气体，造成爆炸。

（4）如果发现邻居家有天然气泄漏，不允许按门铃，应敲门告知。

（5）及时到室外拨打天然气抢修及客户服务热线：119。

二、天然气、液化气系统漏气的几种原因：

（1）管线上各种接头填料或垫圈损坏。

（2）管子被腐蚀有孔眼。

（3）气表损坏。

（4）连接气管的橡胶软管老化或损坏。

（5）灶具旋塞不严。

（6）气表前阀门填料损坏。

三、防止天然气、液化气中毒的措施

（1）要防止供气单位因工作需要实行临时停气或忽停忽送。特别要防止夜间突然送气，导致忘关气阀门的用户发生中毒。

（2）经常检查天然气阀门和管线接头是否失控松漏，发现故障及时修理或更换。

（3）每天入睡前必须检查室内气阀门是否关闭关严。

（4）在室内燃烧天然气时，应注意通风，严禁通宵燃烧天然气炉取暖并且关闭门窗睡觉。

（5）使用燃气热水器，要严格按照管理局的要求，进行统一安装、统一标准、统一检验。必须要隔室安装，并且增设排烟管道，防止发生缺氧中毒和废气中毒。

四、天然气使人体发生中毒的主要途径

（1）在卧室使用天然气作燃料取暖，关闭门窗睡觉会发生缺氧或一氧化碳中毒。

（2）在室内使用天然气时，火焰会遇到突然情况自行熄灭，会导致天然气泄漏而发生中毒。

（3）关闭门窗睡觉，家用天然气管线、阀门漏气会引起中毒。

（4）在卫生间内使用燃气热水器洗澡最易引起中毒。

模块六　网络安全

网络是一把双刃剑，如果你善于利用它，它就可以成为促进成长、助你成功的天使。随着国内几大互联网的崛起，在中国数字化生活的舞台上，活跃着一批最为优秀的年轻人，他们个性张扬，积极进取，具有超常的洞察力和快速积累的的惊人财富，成为互联网这一神奇产业和正在到来的网络时代的英雄，这些网络创造者们也成了青少年的榜样。

任务1　网络——一把锋利的双刃剑

一、认识网络

网络交流具有隐蔽性、自由性、匿名性、虚拟性等特点。人们之间不需要见面，只要有网络账号和鼠标，就可以在另一个隐蔽的网络世界里自由活动、自在交流。在这个世界里，没有现实社会的种种约束和限制，你可以尽情挥洒自己的热情，张扬自己的个性，做自己想做和愿意做的事，不用担心别人的看法。在网络里，网民可以编造一个假的身份游戏和聊天，体验一种新的角色带来的全新感受。"在网上，没有人知道你是一条狗。"这句通俗的网络语言反映出网上交际的匿名性特点：没有人知道你的真实姓名、性别、年龄、种族和社会身份。正是这样的网络给人们提供了一个绝好的表达真实心理、释放不良情绪的新平台。网络以其文字、声音、图像、互动性相结合的特点给青少年带来了全新的感受，其信息超地域性、全方位性、快速时效性特点又满足了青少年的好奇心、求知欲。很快，上网成了青少年群体的一种时尚，他们在网络的海洋里快乐的冲浪。

那么，网络到底为我们提供了什么呢？我们可以通过网络查阅资料、看世界各地的新闻、网上购物、网上交友、网络学习、求医问药、网络游戏……如今，我们的工作、生活和学习几乎处处都离不开网络，网络带给我们一个多姿多彩的世界。一项调查显示青少年上网主要以休闲娱乐为主，他们查查资料、打打游戏、聊聊天、购物或下载文件，用于学习的比例非常低。

而从上网频率看，上网率越高的学生越爱玩游戏，所以这令许多家长担心——孩子上网就是为了玩游戏。调查还发现一个新现象，上网青少年中，越来越多的人自己建主页，他们喜欢到各种论坛发表自己的看法。作为孩子的身份，在网上他们找到了表达和受尊重的快感，这是在现实社会中很难实现的。网络交友是青少年上网的新趋势，有一半的人有 5 人以上的网友，平均有 2.75 人，其中 10% 的人网友超过 100 人，而与网友见面的比例达 26.96%。

二、网络对青少年发展的积极意义

1. 网络拓宽了青少年的求知途径

网络上获取知识方便、快捷、全面，网络上的信息极其丰富，而且更新速度非常快，为青年追求知识带来极大的方便。网络使得青少年和世界息息相通，使得他们在有限的学习、工作的重压之外获得了更广阔的空间。当全世界缤纷多彩的信息资源集结在青少年的面前，他们的视野、心胸会与以往完全不同。从一定程度上说，网络不仅为青年学生打开了认识世界的一扇窗，还为他们创造了另一个求知的广阔空间。

2. 网络扩大了青少年的交往范围

网络是在真实的社会之外存在的另一个虚拟社会，青少年可以通过网络与许多互不相识的人交流、沟通，根据个人的兴趣、需要，交到自己满意的朋友。互联网本身就是一种与外界接触的媒体，通过网络，青少年能更好的与外界交流，网上交友轻松、便捷，许多人乐此不疲。一项调查研究显示约 60% 的青少年用户使用电子邮件与朋友联系，使用频率是一周 1 次到几次之间。25.2% 的青少年用户在聊天室或 BBS 经常发言。37.6% 的青少年用户使用 ICQ 与认识或不认识的朋友联系。

3. 网络为青少年提供了一个求助新途径

网络是个知识的海洋，当青少年遇到困难时，可以求助于网络，绝大部分问题都能在网络上找到答案。网民在网络上都是虚拟的、数字化的、以符号形式出现的千奇百怪的网名和头像，人与人的交往变现为文字和符号的互动，这是一种新鲜有趣的交流方式。一些网站为"吸引眼球"，想方设法为人们提供多样的、满足各种需要的免费服务。

4. 网络为青少年提供展现自我的空间

网络高效、快速、方便、独特的交流方式与当代青少年偏于好奇、乐于幻想、追求独立的要求相吻合。因此，网络一出现，便注定与青少年紧紧联系在一起。在现实生活，青少年是受教育者，展现自己才华的机会较少，在网络世界里青少年拥有平等展现自我的权利和机会，他们开辟出自己的另一个独特的世界。

5. 网络提高了青少年的创造力

在网络浩如烟海的信息面前，"博闻强记"不再被特别看重，计算机和网络可以代替你去记忆。青少年面临最重要的任务不是储存知识，而是以高度的想象力去运用知识和创造新知识。他们越来越关注知识与创造力的重要性，网络使青少年的观念发生了根本性的改变，无论是树立创新观念、锻炼创新思维、培养创新能力还是积极实践创新内容等方面都得到了极大的提高，他们的智力水平得到了很大提升。专家介绍说，网络具有 8 种特性：有限的感知经验；灵活而匿名的个人身份；平等的地位；超越空间的界限；时间延伸和浓缩；永久的记录；易于建立大量的人际关系；变化的梦幻般体验。正是这些特性深深地吸引一些青少年上网。

三、网络对青少年的消极影响

网络不只是天使，一旦被它控制，它就会展现出魔鬼的一面。网络世界中的问题其实与现实社会一样，到处是矛盾。如果不加以规范，让青少年在网络中自由的不加引导地畅游，就会出现危险。

我国网络文化对青少年成长有三大影响：一是部分青少年无限制使用网络、沉溺网络，使他们的社会交往减少，造成青少年社会化的"不足"。网络并不能取代真实社会，长时间沉迷于网络，一旦回到真实社会，巨大的反差往往会让青少年无所适从。由于真实的、亲和感的人际交往机会减少，很多青少年甚至会产生人格障碍和人际交往障碍，无法面对真实社会，变得越来越孤独，为摆脱孤独又不断上网，这种恶性循环的结果就导致网络成瘾。二是不健康的信息对青少年造成"信息污染"。被誉为信息宝库的网络同时也是一个垃圾场，网上各种信息良莠并存，真假难辨。由于缺乏有效的监管，网上色情、反动等负面的信息屡见不鲜。这些不良信息对于身体、心理都正处于发育期，是非辨别能力、自我控制能力和选择能力都比较弱的青少年来说，是不足以抵御的。他们最容易受新奇、刺激东西的吸引，因而难以抵挡不良信息的负面影响。从《中国教育报》获悉的数据：互联网上非学术性信息中，47％与色情有关；每天约有 2 万张色情图片进入互联网；网上 60％的青少年无意识的接触黄色信息，而接触过网上黄色信息的青少年中 90％以上有性犯罪动机或行为。由于网络上的每个人都可以成为传递信息的来源，如何判断信息的准确性和完整性便成为一个极为迫切的问题。青少年的是非判别能力、自我控制能力和选择能力还不足以抵御这些不良的信息的负面影响，很容易在不知不觉中成为不良信息的"污染"对象。三是以暴力为主题的网络游戏危害青少年健康成长。有些青少年因为沉迷于网络游戏而模仿游戏中的角色从楼上跳下自杀。四是网络的高度隐蔽性会造成青少年道德感的弱化现象。在网络世界里，技术是衡量一个人价值的标准。一旦拥有高超的计算机技术，你就是众人崇拜的对象。青少年对技术的过度崇拜，容易造成对思想修养的偏废，认为个人素养无足轻重，只要学好技术就可以包打天下。一些青少年以做"黑客"为荣，恶意攻击他人或政府网站。在网络聊天、谈论中，谎话、脏话随处可见，不少青少年就是从网络上学会了撒谎，并以此为乐事。

小调查

如果你是一个网民，你一般上网做什么？

1. 看新闻　　　　　　　　　　　　（　）
2. 下载学习资料　　　　　　　　　（　）
3. 学习使用电脑　　　　　　　　　（　）
4. 听音乐看电影　　　　　　　　　（　）

5. 玩游戏 　　　　　　　　　（　　）

6. 聊天 　　　　　　　　　　（　　）

7. 购物 　　　　　　　　　　（　　）

8. 写博客 　　　　　　　　　（　　）

9. 做网页 　　　　　　　　　（　　）

10. 其他 　　　　　　　　　　（　　）

11. 你在网上有朋友吗？

12. 你知道网友的国籍、地区、年龄、性别、职业等真实情况吗？

13. 你与网友见过面吗？感觉如何？

任务 2 青少年网络成瘾的危害

网络对青少年的消极作用不容轻视，其中"青少年网络成瘾"的危害是最大的，全国青少年网络成瘾的比例高达15％左右，它是一种由网络引发的心理疾病。2005年11月22日，中国青少年网络协会在京发布了对30个城市青少年进行网瘾问题调查的结果。调查发现，网络成瘾现象在全国青少年中普遍存在，其中13～17岁中学生网民中网瘾比例最高。这是我国首次正式发布有关青少年网瘾问题的调查报告。有关专家指出，网瘾已经严重危及青少年的健康成长，需要引起全社会的关注。

调查显示，目前我国青少年网瘾比例达13.2％，另有13％的青少年存在着网瘾倾向。其中，男性青少年网瘾比例为17.07％，女性青少年网瘾比例为10.04％。报告同时显示，上网成瘾的群体以男性为主，初中生、失业或无固定职业者和职业高中生等群体比例较高，网瘾群体上网目的以玩网络游戏为主。

一、什么是网络成瘾

网络成瘾又称"互联网成瘾综合症"（Inter-net Addiction Disorder），"指个体由于过度使用互联网而导致明显的社会、心理功能损害的一种现象。"是由重复地使用网络所导致的一种慢性或周期性的着迷状态，并产生难以抗拒的再度使用的欲望，对于上网所带来的快感会一直有心理与生理上的依赖，当剥夺上网行为之后会出现焦躁情绪行为。其主要表现为：对网络有一种心理上的依赖感，不断增加上网时间；从上网行为中获得愉快和满足，下网后感觉不快，出现焦虑、烦躁、抑郁、多汗等生理症状。在个人现实生活中出现自闭，不与他人交往，终日沉浸在迷幻、恍惚的状态中；以上网来逃避现实生活中的烦恼与情绪问题；不承认过度上网给自己的学习、生活造成了损害。

除此以外，还有一些症状如：上网后精神极度亢奋，行为不能自制，常常上网时间大大超过原计划；不上网和别人聊天时，手指常不自主地运动，似乎依然在敲打键盘；还有一些人每天都需要有固定时间在网上度过，否则会吃不下饭，睡不着觉。据专家介绍，这些症状发展严重时，就沉迷在虚幻的网络世界里，对现实生活毫无兴趣，人际关系淡漠。网络成瘾对于青少年身心健康的影响是巨大的，一些研究发现有网络成瘾倾向的青少年，焦虑水平显著高于非网络成瘾的青少年，在个性倾向方面，网络成瘾倾向的青少年大多情绪不稳定。北京军区总医院有关专家介绍，有网瘾的人一般会出现以下9种情况：

一是只有不断增加上网时间才能满足心理需求。

二是下线继续想象上网情形。

三是无法控制上网冲动。

四是将上网作为解脱痛苦的唯一方法。

五是长时间迷恋上网导致睡眠节律紊乱。

六是对家人或亲友隐瞒迷恋网络的程度。

七是把上网作为最重要的事。

八是因为上网而失学或是失去朋友、亲人。

九是虽然上网后会很后悔，但还是忍不住要上网。

知识链接

网络成瘾的心理特点

中国的网络成瘾者发病年龄多数在 $15\sim40$ 岁之间，24 岁以下的网民占总人数的 51%。专家分析其中的主要原因是这一群体具有以下 5 种心理特点使他们成为网瘾的易感者。

一是求知欲望强烈，追求时尚。如认为通宵上网、玩网络游戏是当代时尚青年的必修课，不玩网络游戏就没有与同学交流的谈资，听到同学、朋友大谈网络乐趣而自己插不上嘴则感到尴尬。当他们还没有培养起有益身心的兴趣爱好或没有能力从事其他的文娱活动时，网络便乘虚而入。

二是强烈的自我实现欲望。在网络游戏中，网络游戏的高技巧性、复杂性使网络游戏者获得在现实生活中不易取得的成就感、力量感和自尊感，匿名带来的多种身份感，可以使上网者卸掉伪装，肆意宣泄人们潜在的攻击、愤怒乃至仇恨的情绪，展示自己人格在现实生活中难以表现的一面，使自我充分张扬。

三是青春期性心理尚不成熟。青少年性开始发育并走向成熟，性生理功能的发展自然会产生性的冲动和欲望，但因缺乏科学性教育的引导，他们不能从有效途径接受科学的性知识和心理调节的方法，而容易在网络中寻求感官刺激，满足性心理生理的需求，因而频频光顾黄色网站。

四是青少年还未学会正确地应对现实中的困难挫折。不少青少年沉迷于网络往往是因为现实生活中遇到了问题或挫折，如果家庭不和、对新环境适应不良、成绩下降、与恋人分手、与朋友吵架、受到委屈等，而又缺乏应对困境的方式和资源以及相应的勇气和信心，不去积极处理和解决自身的问题或采用较为有益身心的方式进行调节，而借助上网摆脱烦恼，从而沉迷于网络。

五是部分青少年缺乏工作、学习与生活目标。因而在受到同学、朋友的邀请或偶尔上网后便沉迷于网络，虚度光阴。

二、网络成瘾的表现形式

网络成瘾表现形式有多种，包括网络游戏成瘾、网络交际成瘾、色情成瘾、强迫信息收集成瘾、网络技术成瘾等 5 类：

1. 网络游戏成瘾

这是最早引起人们注意的网络成瘾症，患者长时间地沉迷于网络游戏而不能自拔。

2. 网络交际成瘾

网络交际成瘾者利用各种聊天软件及网站的聊天室进行人际交流，并到了成瘾的程度，主要分为交友成瘾和网恋成瘾两种。交友成瘾者多在现实生活群中有孤僻、自卑等极端性格者，

他们在现实生活中极不合群，以求在网络中谈心、宣泄
自己的情绪，这样觉得可以尽情放松。长此以往网友则
成为自己心灵的寄托，只能在网络中找到自己的价值。
与网络交友成瘾不同的是，网恋成瘾者交谈的双方通常
是异性，他们在网上确立恋爱关系，像真实生活中男女
进行恋爱，享受着网恋情感带给他们的快乐，这类患者
多是失恋者或未曾恋爱者。网恋可发展成现实的恋爱，
但成功的可能性比较小。

漫画/陈涛

3. 网络色情成瘾

在网络中，各种与性和色情有关的站点比比皆是，
各种淫秽文字、声音、图像信息泛滥，可以毫无障碍地
在网络中传播，只要稍不留心，就可能误入其中而不能自拔。

4. 强迫信息收集成瘾

这类成瘾者经常强迫性地从网上收集无用的、无关紧要的或者不迫切需要的信息。这种现
象与以强迫性物品收集为主的强迫症类似。患者下网后担心错过了什么"重要"的信息，即使
这些信息对他来说是无关紧要的，也总想查看或者下载到自己的计算机中。有的甚至在夜间起
床时，还情不自禁地打开电脑，到网上"浏览"，看看有无"重要"信息。

5. 网络技术成瘾

患者强迫性地沉溺于电脑编程或游戏中不能自拔。这与电脑程序员的工作不同，网络技术
成瘾的患者往往没有目的，无计划。

三、网络成瘾的危害

危害一：角色的混乱

青少年网络成瘾者，过度地沉溺于网络中的虚拟角色，很容易迷失真实的自我，他们将网
络上的游戏规则带到现实生活中，造成角色的混乱。

很多青少年在现实社会中学习、人际交往受到挫折时，就会转向虚拟的网络世界寻求安慰，
消极地逃避现实，这对青少年的自我发展、人格塑造是非常不利的。玩电子游戏可以暂时让青
少年忘掉现实生活中的苦恼，进入自我主动权很大的电子游戏幻想世界，在那里他们成了掌握
权力、富有智慧、勇敢而又敏捷的英雄，现实生活中失去的自信在这里找到了。因此，在这种
情况下，青少年沉迷电子游戏后，很容易形成心理依赖。这种心理依赖最后的结局往往是生活
中越不成功，越依赖电子游戏满足各种心理需要，越依赖电子游戏，就越不关心如何改变现实，
学习和人际交往也就越差，由此形成一种危险的恶性循环。过度沉迷于网络游戏，容易使人减
少人际间交流，产生自闭倾向，甚至会患上"电脑自闭症"。

危害二：道德感的弱化

在网络世界里，网络成瘾者因为不用跟其他人面对面地打交道，他们成了非常自由不受约

束的人，缺少现实社会中以教师、家长为核心的人际关系对他们行为的监督。他们在网上自由任性，缺少"慎独"的道德自律，容易在网络游戏、黄色网站中放纵自己的欲望。在一项对近3000名青少年的调查中，承认访问过色情网站的青少年占46.9%（魏宁：《网络成瘾：虚拟空间对青少年的挑战及对策》，《北京教育》，2003年7～8期，第7页）。另外，计算机成瘾者也容易做出窃取他人电子邮件或机密信息、制造传播网络病毒等事端，导致网上违规和违法行为。根据北京五所高校的一个调查，有12.5%的人曾经非法获得他人的邮件，5.4%的人曾发布不健康的信息。据调查，有31.4%的青少年并不认为"网上聊天时撒谎是不道德的"，有37.4%的青少年认为"偶尔在网上说说粗话没什么大不了的"，还有24.9%的人认为"在网上做什么都可以毫无顾忌"（中科院"互联网对新时期青年与青年工作的影响"课题组：《互联网对当代青年的影响调查》，《北京日报》）。

危害三：思想、情感、行为异化

网络上很多信息是英文的，网络文化实际上仍受西方文化和价值观主导。西方国家利用网络大力宣扬自己国家的政治制度、文化思想、价值观念，同时由于监管力度不够，网上大量的黄色、暴力等信息到处泛滥，许多青少年网络成瘾者沉迷其中，是首当其冲的受害者。这些网络的文化不利于青年学生树立健康的人生观、世界观、价值观。加之青少年长久沉迷于网络，容易对真实生活中的人和事缺少兴趣，情感淡漠，和亲人、朋友之间的交往减少，慢慢将自己封闭起来。青少年在网络上无拘无束的行为习性，容易导致自我约束力的下降，如果将这种习性带入现实世界，就容易产生网络世界与现实世界的矛盾冲突，导致青少年学生违反校规、甚至违法犯罪。

危害四：学习的挫折

据华东某高校对237名退学、试读和留级学生调查，有80%的学生是因为迷恋网络而导致成绩下降。北京某高校曾发生过两个专业90多名学生中竟有超过1/6的学生因沉迷于网络而导致考试不及格，最终退学的事件。美国宾州某大学调查表明，58%的青年学生因为花在网上时间太多而影响学习，各种迹象表明，青少年网络成瘾者多因迷恋网络而无心学习，学业不佳，形成恶性循环。

危害五：健康的损害

网络成瘾不仅影响青年学生的心理，还会影响青少年的身体健康，尤其是引起植物神经紊乱，体内激素水平失衡，使免疫功能降低，引发心血管疾病，胃肠神经功能病，紧张性头疼、焦虑、忧郁等，甚至可能导致死亡。同时，由于玩游戏时全神贯注，身体始终处于一种姿态，眼睛长时间注视显示屏，会导致视力下降，眼睛疼痛、怕光、适应能力下降，脖子酸痛，头晕眼花等。对于处于身体发育的关键阶段的职业学校学生而言，一旦沉溺于网络世界，长时间面对电脑，日常的生活规律完全被打破，饮食不正常，体重下降，睡眠减少，身体易变得越来越虚弱，更严重者容易导致猝死。

危害六：违法犯罪

网络游戏是一个与现实社会不同的虚拟社会，遵循的行为规范、道德标准和价值观念与现实世界有极大的差异。比如以搏杀、枪战为主题的游戏，谁杀人最多，谁的积分最高，也就最能赢得尊敬。现实中人与人之间的交往要讲诚信，而有一些游戏却鼓励欺诈，可以为达到自己的目的不择手段，并且不需要对自己的行为负任何责任。在网络游戏的虚拟世界里，青少年网民面对的都是敌人，他最好的办法就是出击，把别人打倒。在这种情况下，久而久之必然形成一种攻击性心理，这种攻击性心理就是造成青少年犯罪的一种诱因。还有一些网络游戏里互相打杀，青少年网民可能把虚拟世界里的一些仇恨带到生活中来，实施一些报复行为或者说伤害行为，最终导致违法犯罪。此外，一些沉迷网络游戏不能自拔的孩子，因为没有钱继续上网打游戏，就有可能为筹集游戏资金而实施盗窃、抢劫等犯罪行为。

危害七：形成网络人格

青少年的网络双重人格是凭空想象出自己所希望的、感兴趣的或者好奇的人格特点，并以此作为自己进行网络交往的基本特点，就像自己真的有这些人格一样。久而久之，这种虚拟人格固定下来，在心理上形成某种程度的分离。网络人格一旦形成，往往进入潜意识的层次，表现出让青少年自己也觉得不可思议的行为特点，有时甚至难以觉察到它的存在。现实中，人们会发现很多青少年在生活中表现的循规蹈矩，但是在网络中却是截然不同的"另类"，他们破坏游戏规则，为所欲为，喜欢"恶搞"。这种心理上的网络双重人格，使青少年的性格和态度发生很大变化，不能在真实社会和网络世界的角色之间平衡，保持性格的稳定一致，最终严重影响社会化程度。网络双重人格是一种心理障碍，严重影响青少年的心理健康，甚至表现出明显的攻击倾向和反社会行为。

知识链接

网络人格的症状表现

1. 关闭真实生活大门，独自龟缩在小屋里，在虚拟网络世界里冲浪，用电子同伴代替人与人交流的自闭症。

2. 饱食终日，不注意运动，整天坐在电脑边。

3. 在电脑前，不住地吃一些如巧克力、方便食品之类的含热量很高的零食。

4. 养成依靠喝咖啡、和含酒精饮料等打发网上时间的不良习惯。

5. 出现了驼背倾向。

6. 用眼过度，导致视力衰退。

7. 过于沉迷于网络，学习成绩一落千丈。

8. 对现状不满通过不切合实际的网络生活进行发泄。

四、网络成瘾的原因

1. 个体原因

心理医生发现，网络成瘾的青少年大多性格内向，不善于人际交往，希望得到别人的关注，但又十分孤独。他们对朋友和家庭情感冷淡，亲社会行为少，对很多事情没有兴趣，情绪低落，缺乏追求和抱负，希望得到他人的接纳、认可，但是害怕被拒绝，自我封闭。在现实生活中他们常以"退避"、"自责"和"幻想"等不成熟的应付方式应对困难和挫折。

2. 社会原因

原因一：学业压力。社会对每个人都提出了越来越高的要求，竞争的压力在青少年身上也体现得相当明显。升学、竞赛、就业等都给他们带来很大压力，紧迫意识、危机意识明显增强。在这些压力面前，他们需要缓解和释放，但是社会和家长、学校没有帮助他们调整心态，化压力为动力。他们就借助网络转移和释放学业压力。

原因二：家庭系统支持功能降低。青少年学生的社会化已经发生了变化，出现了"反向社会化"，即思维活跃的青少年首先把握了最新最有效的互联网知识技术，然后再向成人延伸。很多家长网络知识和技术素养很低，使他们的权威受到挑战，孩子与父母之间的代沟不断加深。不满足现状的青少年不得不向外界尤其是信息容量大的网络聚集。代沟进一步阻碍了青少年与家长之间的心理沟通、情感交流，使很多青少年的心理冲突直接源于父母和家庭。因此，渴求理解和宣泄的青少年便纷纷转向网络寻求情感支持。

原因三：青春期教育不能满足学生发展的需要。职校学生的心理发展处在不平衡状态中，由性生理发育导致的性意识萌动，自我意识的觉醒以及心理发展的不平衡性常常使他们感到痛苦和迷茫，他们需要有针对性、科学有效的青春期教育。当学校和家庭不能完成这个任务的时候，网络就成了青少年获得这些知识的主要途径。

原因四：网络监管不力。2001年4月信息产业部、公安部、文化部、国家工商行政管理总局四部局联合制定了《互联网上网服务营业场所管理办法》，明确规定在限定时间以外向18周岁以下未成年人开放，或者允许无监护人陪伴的14周岁以下的未成年人进入其营业场所的，有关部门将对其进行警告、罚款、要求停业整顿、没收违法所得、关闭营业场所、吊销经营许可证和营业执照等处罚。但是，一些黑心的网吧老板采用各种手段逃避检查，违反规定，诱使青少年上网，危害青少年身心健康。

任务3　健康上网，快乐生活

2001 年 11 月 23 日团中央等发布《全国青少年网络文明公约》，全国十万人参加网上发布大会，向全国的青少年倡议："要善于网上学习，不浏览不良信息；要诚实友好交流，不侮辱欺诈他人；要增强自护意识，不随意约会网友；要维护网络安全，不破坏网络秩序；要有益身心健康，不沉溺虚拟时空。"

一、提高网络道德水平

提高自身的网络道德水平可以营造健康、和谐的网络环境，它是健康上网的关键。每一个职校生上网时都要有自我约束意识，只有意识增强了，才会自觉地维护网络秩序，遵守网络道德。同时，通过培养网络道德意识，也会增强自我防范能力，抵制不良信息的诱惑。

二、树立科学的网络观

网络成瘾应该以预防为主，因为一旦网络成瘾，它就对学生的身心健康造成了极大的伤害，它具有类似其他成瘾行为的特点，简单的说教和劝说很难消除，一般要靠专业的心理技术和药物综合治疗，给学生本人和家庭带来物质和精神的双重压力。所以，树立健康的网络观是预防网络成瘾的前提。

三、养成良好的上网习惯

上网前要计划，明确上网的目的和上网的时间，避免无节制地上网。如果不是为了工作、学习，而主要为了娱乐，就更要控制好上网时间。如果漫无目的地"冲浪"、沉迷于网络聊天或网络游戏，时间在不知不觉中流失，自己身陷网络不能自拔。所以，必须规定自己的上网时间：如果在家里，你可以主动让父母监督；如果在学校里就请同学帮忙提醒；要是在网吧里，就要带少量的钱，约束自己的上网时间。

四、努力提高心理素质

沉迷上网的职校学生大多存在逃避现实的心理倾向，在虚拟的网络世界中，他们不用面对现实的压力，更不用承担现实社会赋予他们的责任。面对学习压力、人际交往问题、情绪控制、性心理等问题缺乏应对技巧和相应的心理素质，因此，提高心理素质是避免职校生陷入网络、促进个性健康发展的长远策略。现实社会的确是复杂的、不完美的，必定存在着与我们期望不一致的方面。每个人都要勇敢地面对现实世界中存在的问题，丢掉幻想，积极地改造自己、改造环境、改造社会，在这个过程中获得个人的成长、成熟和成功。

五、积极参加各种实践活动

职校学习与社会需要紧密地联系在一起，未来的工作对职校学生的知识技能水平要求很高，职校生在学习期间要积极参加各种实践活动，从虚拟的网络世界跳出来，主动投身真实社会和工作环境，提高自己的适应能力。还要培养广泛的兴趣爱好、丰富自己的业余生活。比如：多参加体育、文化娱乐或交际活动，不仅充实了生活，而且提高自己处理现实问题的能力，从而避免依赖于虚拟的网络世界的机会。

心理测试：网络成瘾（IAD）自测量表

答案和分值为：几乎没有1分，偶尔2分，有时3分，经常4分，总是5分

1. 你觉得上网的时间比你预期的要长吗？
2. 你会因为上网忽略自己要做的事情？
3. 你更愿意上网而不是和亲密的朋友待在一起吗？
4. 你经常在网上结交新朋友吗？
5. 生活中朋友、家人会抱怨你上网时间太长吗？
6. 你因为上网影响学习了吗？
7. 你是否会不顾身边需要解决的一些问题而上网查 Email 或看留言？
8. 你因为上网影响到你的日常生活了吗？
9. 你是否担心网上的隐私被人知道？
10. 你会因为心情不好去上网吗？
11. 你在一次上网后会渴望下一次上网吗？
12. 如果无法上网你会觉得生活空虚无聊吗？
13. 你会因为别人打搅你上网发脾气吗？
14. 你会上网到深夜不去睡觉吗？
15. 你在离开网络后会想着网上的事情吗？
16. 你在上网时会对自己说："就再玩一会吗？"
17. 你会想方法减少上网时间而最终失败吗？
18. 你会对人隐瞒你上网多长时间吗？
19. 你宁愿上网而不愿意和朋友们出去玩吗？
20. 你会因为不能上网变得烦躁不安，喜怒无常，而一旦能上网就不会这样吗？

测试评定：

40～60 轻度

60～80 中度

80～100 重度

模块七 消防安全

任务1 防火常识

一、校园防火常识

（1）严格执行《中华人民共和国消防法》。按消防法规范自己的行为，从国家、集体利益出发，顾全大局，严防各类火灾事故发生。

（2）遵守学校消防规定。不要私自在住地、宿舍乱拉电线，不准使用电炉子、热水器、电吹风、电热杯等电器设备。

（3）不要躺在床上吸烟，不要乱扔烟头；使用过的废纸及时清扫，以免引起火灾。室内严禁存放易燃、易爆物品。

（4）台灯不要靠近枕边，不要在蚊帐内点蜡烛看书，室内照明灯要做到人走灯灭。

（5）用过的废纸、旧书本等，不要乱烧。如非烧不可时，也要远离建筑物，并要有专人负责看守，等余火完全熄灭后再离现场。

（6）实验用的易燃、易爆物品，要在专门库房存放，随用随领，用完即清理，更不能私自存放。

（7）经常检查电器设备的安装使用情况，用完后要切断电源。

二、家用电器防火常识

这几年，越来越多的家用电器走进了校园。大家在使用这些电器时，要格外小心，不要因使用不当而引发火灾。

（1）电视机要与墙壁保持一定距离，以利通风散热。室内无人不要开机，使用后及时关机，拔下插销。

（2）使用电熨斗熨衣时，要将熨斗放在耐火砖、石板、铁支架上。在无人看管时不要接通电源，用完后要及时拔下插销。

（3）电冰箱应与墙壁及两侧物品保持一定距离，以利通风散热。因为马达、压缩机、风扇及线圈上积落的尘埃、棉绒是引起火灾的主要原因，所以要注意保持电冰箱清洁。

（4）白炽灯泡的功率不同，通电后在一般散热条件下其表面温度也不同。如 40 W 的表面温度是 50～63℃，60 W 的为 137～180℃，100 W 的为 170～216℃。而一般可燃点都在这个温度范围之内。所以使用白炽灯泡一定要与可燃物保持一定的距离；不要用灯泡烤衣物、毛巾等物；也不要用纸自制灯罩。

（5）不要随便延长或拉设电器设备的导线。尤其注意不要在家具和地毯下面拉设电线，防止搬移家具或人员踩踏发生短路引起火灾。

三、微机室防火

（1）严格按照有关规定安装配电设施、电气线路及 UPS 电源，微机不得超负荷运行，并坚持定期检修。检修时，应在单独的修理室内进行，不得随意在微机室内进行焊接、切割操作，杜绝使用电炉、电热器等大功率电器。

（2）严禁存放腐蚀性物品和易燃、易爆物品。维修中尽量避免使用汽油、酒精、丙酮、甲苯等易燃溶剂。确实需要，应严格限量，每次不得超过 100 克，做到随用随取，并严禁使用易燃品清洗带电设备。

（3）要做好防静电工作，避免涤纶、腈纶、氯纶服装，聚乙烯拖鞋产生静电火花。

（4）要加强微机室管理人员的消防安全培训，使之掌握防火灭火技能，懂得微机室的火灾危险性和防火措施及扑救微机室火灾的方法，学会报警及使用消防器材扑救初起火灾等应急处理措施。

四、点蚊香注意事项

夏日的夜晚，蚊子常常令人难以入睡，人们常用蚊香驱蚊。蚊香虽小，但使用不当也容易引起火灾，所以入睡前一定要检查。

（1）蚊香要放在支架上。支架不要放在纸箱桌面或木制地板上，要放在金属盘、瓷盘及水泥地、砖地上。

（2）不要在窗台等容易被风吹到地方点蚊香。

（3）使用电蚊香，要放在远离纸、木桌等易燃物的地面上，不使用时，应该拔掉插头。

任务 2　应对方法

一、着火后的应对方法

一旦发生火情，同学们一定要保持镇静，量力而行。火灾初起阶段，一般是很小的一个小点，燃烧面积不大，产生的热量也不多。这时只要随手用沙土、干土，浸湿的毛巾、棉被、麻袋等去覆盖，就能使初起的火熄灭。如果火势猛烈，正在或可能蔓延，切勿试图扑救，应该立刻逃离火场，打 119 火警电话，通知消防队救火。（没有电话或没有消防队的地方，如农村和边远山区，可以打锣敲钟、吹哨、喊话向四周报警，动员乡邻一齐来灭火。）

（1）报警时要讲清着火单位、所在区（县）、街道、胡同、门牌或乡村等详细地址；说明什么东西着火，火势怎样；讲清报警人姓名、电话号码和住址。

（2）报警后要有人到街道口等候消防车，指引消防车去火场的道路。

（3）遇有火情，不要围观。

有的同学出于好奇，喜欢围观消防车，这既有碍于消防人员工作，也不利于同学们的安全。

不能随意乱打火警电话。假报火警是扰乱公共秩序、妨碍公共安全的违法行为。如发现有人假报火警，要加以制止。

二、灭火的基本方法

一般说来，起火必须具备三个条件，即可燃物、助燃物（主要指含氧气的空气、氧化剂等）和点燃源，并且三者要相互作用。灭火就是根据起火物质燃烧的状态和方式，采取一定的措施以破坏燃烧必须具备的基本条件，从而使燃烧停止。灭火的基本方法有以下四种：

（1）冷却灭火法。将灭火剂直接喷洒在可燃物上，使可燃物的温度降到燃点以下，从而使燃烧停止。用水扑救火灾，其主要的作用就是冷却灭火。除忌水物质外，一般物质起火，都可以用水来冷却灭火。火场上，除用冷却法直接灭火外，还经常使用水冷却尚未燃烧的可燃物，防止其达到燃点而着火；还可用水冷却建筑构件、生产装置或容器等，以防止其受热变形或爆炸。

（2）隔离灭火法。将燃烧物与附近可燃物隔离或者疏散开，从而使燃烧物停止燃烧。采取隔离法灭火的具体措施有很多种，如将火源附近的易燃、易爆物质转移到安全地点；关闭设备或管道上的阀门，阻止可燃气体、液体流入燃烧区；排除生产装置、容器内的可燃气体、液体；阻拦疏散易燃、可燃或扩散的可燃气体；拆除与火源相毗邻的易燃建筑结构，造成阻止火势蔓延的空间地带等。

（3）窒息灭火法。采取适当的措施，阻止空气进入燃烧区，或用惰性气体稀释空气中的氧含量，使燃烧物缺乏或断绝氧气而熄灭。这种方法特别适用于扑救封闭式的空间、生产设备装置及容器内的装置。火场上用窒息法灭火时，可采用湿麻袋、湿棉被、沙土、泡沫等不燃或难燃材料覆盖燃烧物或封闭孔洞；用水蒸气、惰性气体（如二氧化碳、氮气等）冲入燃烧区域；利用建筑物上原有的门窗以及生产储运设备上的部件来封闭燃烧区，阻止新鲜空气进入。此外，在无法采取其他补救方法而条件又允许的情况下，可采用水淹没（灌注）的方法进行补救。

（4）抑制灭火法。将化学灭火剂喷入燃烧区参与燃烧反应、中止链反应而使燃烧反应停止。采用这种方法可使用的灭火剂有干粉和1211、1301等卤代烷灭火剂。灭火时，一定要将足够数量的灭火剂准确地喷射在燃烧区内，使灭火剂参与和阻断燃烧反应，否则将起不到阻止燃烧的作用。同时还要采取必要的冷却降温措施，以防复燃。

在火场上采取哪种灭火方法，应根据燃烧物质的性质、燃烧的特点和火场的具体情况，以及灭火器材装备的性能进行选择。

三、灭火器使用方法

（1）干粉灭火器：使用时，先拔掉保险销，一只手握住喷嘴，另一只手握紧压柄，干粉即可喷出。

（2）1211灭火器：使用时，先拔掉保险销，然后握紧压柄开关，压杆就使密封间开启，在氮气压力作用下，1211灭火剂喷出。

（3）二氧化碳灭火器：使用时，先拔掉保险销，然后握紧压柄开关，二氧化碳即可喷出。

> **知识链接**
>
> （1）干粉灭火器灭火法属于窒息灭火，一般适用于固体、液体及电器的火灾。
>
> （2）二氧化碳灭火器、1211灭火器灭火法属于冷却灭火，一般适用于图书、档案、精密仪器的火灾。

（3）使用二氧化碳灭火器时，一定要注意安全措施。因为空气中二氧化碳含量达到8.5%时，会使人血压升高、呼吸困难；当含量达到20%时，人就会呼吸衰弱，严重者可窒息死亡。所以，在狭窄的空间使用后应迅速撤离或戴呼吸器。另外，要注意勿逆风使用，因为二氧化碳灭火器喷射距离较短，逆风使用可使灭火剂很快被吹散而影响灭火。此外，二氧化碳喷出后会迅速从周围空气中吸收大量热量，因此，使用中要防止冻伤。

四、火灾逃生自救要诀

第一诀：不入险地，不贪财物。

生命是最重要的，不要因为害羞及顾及贵重物品，而把宝贵的逃生时间浪费在穿衣或寻找、拿走贵重物品上。

第二诀：简易防护，不可缺少。

校园、家中、公司、酒家应备有防烟面罩，最简易方法也可用毛巾、口罩蒙鼻，用水浇身，匍匐前进。因为烟气较空气轻而飘于上部，贴近地面逃离是避免烟气吸入的最佳方法。

第三诀：缓降逃生，滑绳自救。

千万不要盲目跳楼，可利用疏散楼梯、阳台、落水管等逃生自救。也可用身边的绳索、床单、窗帘、衣服自制简易救生绳，并用水打湿，紧拴在窗框、暖气管、铁栏杆等固定物上，用毛巾、布条等保护手心、顺绳滑下，或下到未着火的楼层脱离险境。

第四诀：当机立断，快速撤离。

受到火势威胁时，要当机立断披上浸湿的衣物、被褥等向安全出口方向冲出去，千万不要盲目地跟从人流相互拥挤、乱冲乱撞。撤离时，要注意朝明亮处或外面空旷地方跑。当火势不大时，要尽量往楼层下面跑，若通道被烟火封阻，则应背向烟火方向离开，逃到天台、阳台处。

第五诀：善用通道，莫入电梯。

遇火灾不可乘坐电梯或扶梯，要向安全出口方向逃生。

第六诀：大火袭来，固守待援。

大火袭来，假如用手摸到房门已感发烫，此时开门，火焰和浓烟将扑来，这时，可采取关紧门窗，用湿毛巾、湿布塞堵门缝，或用水浸湿棉被，蒙上门窗，防止烟火渗入，等待救援人员到来。

第七诀：火已烧身，切勿惊跑。

身上着火，千万不要奔跑，可就地打滚或用厚重的衣物压灭火苗。

第八诀：发出信号，寻求救援。

若所有逃生线路都被大火封锁，要立即退回室内，用打手电筒、挥舞衣物、呼叫等方式向外发送求救信号，引起救援人员的注意。

第九诀：熟悉环境，暗记出口。

无论是在校、居家，还是到酒店、商场、歌厅时，务必留心疏散通道、安全出口及楼梯方位等，当大火燃起、浓烟密布时，便可以摸清道路，尽快逃离现场。

任务3 灭火器的使用常识

2016年5月21日11时许，大连市长兴岛经济开发区三堂村三堂街292号发生火灾，位于一家商店二楼的补习班着火，造成三名六年级学生死亡。据警方通报称，公安消防部门初步认定的起火部位位于"小博士"商店一楼东侧的厨房内，起火原因为洛某信使用电炒锅加热至油温过高着火后，处置不当洒落引燃周围可燃物进而发生火灾。过火面积80平方米，室内物品均有不同程度的烧毁，楼梯、厨房、卫生间和楼梯附近的墙体烧毁严重，烟熏程度较重。此次火灾事故涉及4名责任人，分别是"小博士"商店经营业主洛某怀及其父亲洛某信，金色童年文化培训班法人代表尹某及其丈夫范某。

一、灭火器的种类及特点

1. 干粉式灭火器

干粉灭火器使用方便、有效期长，一般家庭使用的灭火器都是这一类型。它适用于扑救各种易燃、可燃液体和易燃、可燃气体火灾，以及电器设备火灾。

2. 泡沫式灭火器

泡沫灭火器适用于扑救各种油类火灾和木材、纤维、橡胶等固体可燃物火灾。

3. 二氧化碳灭火器

二氧化碳灭火器灭火性能高、毒性低、腐蚀性小、灭火后不留痕迹，使用比较方便。它适用于各种易燃、可燃液体和可燃气体火灾，还可扑救仪器仪表、图书档案和低压电器设备以及600伏以下的电器初起火灾。

二、干粉灭火器使用方法

1. 有管灭火器的使用方法

（1）使用前要将瓶体颠倒几次，使筒内干粉松动。

（2）然后除掉铅封。

（3）拔掉保险销。

（4）左手握着喷管。

（5）右手提着压把。

（6）在距火焰两米的地方，右手用力压下压把，左手拿着喷管左右摇摆，喷射干粉覆盖燃烧区，直至把火全部扑灭（见图7-1）。

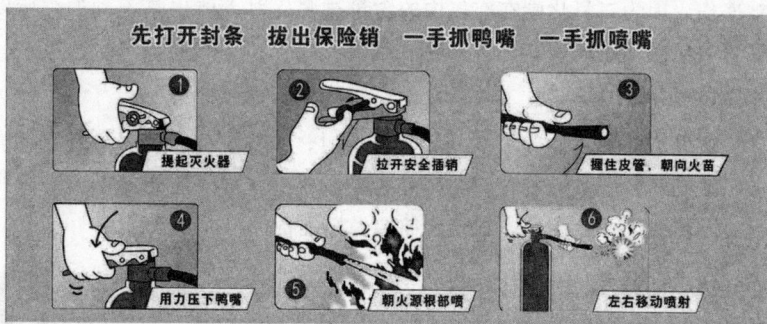

先打开封条 拔出保险销 一手抓鸭嘴 一手抓喷嘴

① 提起灭火器
② 拉开安全插销
③ 握住皮管，朝向火苗
④ 用力压下鸭嘴
⑤ 朝火源根部喷
⑥ 左右移动喷射

图7-1 有管灭火器的使用方法

2. 无管灭火器的使用方法

（1）也是先将瓶体颠倒几次，使筒内干粉松动。

（2）除掉铅封或钥匙。

（3）拔掉保险销。

（4）左手端着瓶底，右手抓着压把。

（5）后对着火苗根部压下压把进行灭火（见图7-2）。

取出灭火器

拉开保险销

对准火源根部喷射

用力按下手柄

图7-2 无管灭火器的使用方法

三、其他灭火器使用方法

1. 泡沫式灭火器

使用泡沫灭火器时应该注意，人要站在上风处，尽量靠近火源，因为它的喷射距离只有

2~3米，要从火势蔓延最危险的一边喷起，然后逐渐移动，注意不要留下火星。手要握住喷嘴木柄，以免被冻伤。因为二氧化碳在空气中的含量过多，对人体也是不利的，所以在空气不畅通的场合，喷射后应立即通风。

2. 二氧化碳灭火器

二氧化碳灭火器有开关式和闸刀式两种。使用时，先拔去保险销，然后一手握住喷射喇叭上的木柄，一手按动鸭舌开关或旋转开关，最后提握器身。需要注意的是：闸刀式灭火器一旦打开后，就再也不能关闭了。因此，在使用前要做好准备。

四、灭火器的日常维护注意

（1）应该定时检查、维护灭火器、消防栓的正常有效，灭火器日晒雨淋会造成漏气减压，急用时会出故障影响扑救。

（2）消防灭火器从检验日起5年内有效，达到或超过5年视为过期。

（3）消防灭火器属于压力容器装置，可以看到灭火器压力表有红绿黄三段。如果指针指到红色区域，表示压力器内压力小，不能喷出，这表明该灭火器已经失效了，请立即充装或更换（见图7-3）。

图7-3　压力表是否正常

（4）如果指针指到绿色区域，表示灭火器内压力正常，可以正常使用。如果指针指到黄色区域，表示灭火器内压力过大，可以使用，但却有爆炸的危险。所以灭火器不能充装的太满，也不能在烈日下暴晒。

模块八　自然灾害安全

任务1　地震逃生

案例链接

2008 年 5 月 12 日 14 日 28 分，四川省发生里氏 8 级强烈地震，全国大半地区有明显震感，震中位于阿坝州汶川县。汶川地震是新中国成立以来影响最大的一次地震，震级是继 1950 年 8 月 15 日西藏墨脱地震（8.5 级）和 2001 年昆仑山大地震（8.1 级）后的第三大地震，直接严重受灾地区达 10 万平方千米。这次地震危害极大，总计遇难 69 227 人，受伤 374 643 人，失踪 17 923 人。其中四川省 68 712 名同胞遇难，17 921 名同胞失踪，共有 5 335 名学生遇难，1 000 多名失踪。直接经济损失达 8 452 亿元。

案例分析

由于地球不断运动，逐渐积累了巨大能量，从而在地壳某些脆弱地带造成岩层突然发生破裂或错动，这就是地震。

地震发生前往往会有一些异常现象，对此应引起警觉。

（1）井水异常。"井水是个宝，前兆来得早。无雨水质混，天旱井水冒。水位变化大，翻花冒气泡。有的变颜色，有的变味道。"

（2）动物反常。"骡马牛羊不进圈，鸭不下水狗狂叫。老鼠搬家往外跑，鸽子惊飞不回巢。冰天雪地蛇出洞，鱼儿惊慌水面跳。"

（3）地光声响。"临震前，一瞬间，地声隆隆地光闪，大震将至要果断，迅速行动快避险。"但异常现象并不一定全是地震前兆，不能因此盲目恐慌。

地震是一种自然现象，目前人类尚不能阻止地震的发生。但是，我们可以采取正确有效的避险和自救互救措施，最大限度地减轻地震灾害。

应对方法

1. 家中避震

（1）地震应急时间短暂，室内避震更具现实性，而室内房屋倒塌后形成的三角空间，往往是人们得以幸存的相对安全地点，可称其为避震空间，这主要是指大块倒塌体与支撑物构成的空间。

（2）室内易于形成三角地的地方是：炕沿下、坚固家具附近；内墙墙根、墙角；厨房、卫生间、储藏室等开间小的地方。

（3）千万不要从楼上跳下，不要到阳台上去，不要站在窗边！

2. 户外避震

（1）就地选择开阔地避震。趴下或蹲下，以免摔倒；不要乱跑，避开人多的地方；不要随便返回室内。

（2）避开高大建筑物或构筑物。楼房，特别是有玻璃幕墙的建筑；过街桥、立交桥；高烟囱、水塔下。

（3）避开危险物、高耸或悬挂物。变压器、电线杆、路灯、广告牌、吊车等。

（4）避开危险场所。狭窄的街道；危旧房屋，危墙；女儿墙、高门脸、雨篷下；砖瓦、木料等物的堆放处。

3. 公共场所避震

（1）在影剧院、体育馆等处：就地蹲下或趴在排椅下；注意避开吊灯、电扇等悬挂物；用书包等保护头部；等地震过后，听从工作人员的指挥，迅速撤离。

（2）在商场、书店、展览馆、地铁等处：选择结实的柜台、商品（如低矮家具等）或柱子边，以及内墙角等处就地蹲下，用手或其他东西护头；避开玻璃橱窗、门窗或柜台；避开高大不稳或摆放重物、易碎品的货架；避开广告牌、吊灯等高耸或悬挂物。

（3）在行驶的电（汽）车内：抓牢扶手，以免摔倒或碰伤；降低重心，躲在座位附近；地震过去后再下车。

4. 野外避震

（1）避开山边的危险环境，如：避开山脚、陡崖，以防山崩、滚石、泥石流等；避开陡峭的山坡、山崖，以防地裂、滑坡等。

（2）躲避山崩、滑坡、泥石流。遇到山崩、滑坡，要向垂直于滚石前进方向跑，切不可顺着滚石方向往山下跑；也可躲在结实的障碍物下，或蹲在地沟、坎下；特别要保护好头部。

知识链接

一、避震要点

震时是跑还是躲，我国多数专家认为：震时就近躲避，震后迅速撤离到安全地方，是应急避震较好的办法。

避震应选择室内结实、能掩护身体的物体下（旁）、易于形成三角空间的地方、开间小、有支撑的地方；室外开阔、安全的地方。

身体应采取的姿势：伏而待定、趴下或蹲下，尽量卷曲身体，降低身体重心。抓住桌腿等牢固的物体，保护头颈、眼睛，掩住口鼻。

避开人流，不要乱挤乱拥，不要随便点明火，因为空气中可能含有易燃易爆气体。

二、被埋自救

（1）震后，余震还会不断发生，你的环境还可能进一步恶化，要尽量改善自己所处的环境，稳定下来，设法脱险。

（2）设法避开身体上方不结实的倒塌物、悬挂物或危险物，搬开身边可搬动的碎砖瓦等杂物，扩大活动空间。注意搬不动时千万不要勉强，防止周围杂物进一步倒塌。

（3）设法用砖石、木棍等支撑残垣断壁，以防余震时再被埋压。

（4）不要随便动用室内设施，包括电源、水源等，也不要使用明火。

（5）闻到煤气、有毒异味或灰尘太大时，设法用湿衣物捂住口鼻。

（6）不要乱叫，保持体力，用敲击声求救。

三、开展互救

救人方法：挖掘被埋人员时应保护支撑物，以防进一步倒塌伤人；使伤者先暴露头部，清除其口鼻内异物，保持呼吸通畅，如有窒息，立即进行人工呼吸。

被压着不能自行爬出时，不要生拉硬扯，以免造成进一步损伤；脊椎损伤者，搬运时应用门板或硬担架。

当发现一时无法救出的存活者，应立下标记，以待救援。

救人原则：先救近，后救远；先救易，后救难；先救青壮年和医务人员，以增加帮手。

操作演练

四川安县桑枣中学紧邻北川，在汶川大地震中也遭遇重创，但由于平时的多次演习，地震发生后，全校2 200多名学生，上百名老师，从不同的教学楼和不同的教室中，全部冲到操场，以班级为组织站好，用时1分36秒，无一伤亡，创造了一大奇迹。显然，此次桑枣中学创造的奇迹归功于该校每学期组织一次的紧急疏散演练。

演练方法和步骤

方法：以学校的统一铃声代替地震预警。铃响之前，各班老师要组织学生将书本、用具等全部放到书包里或课桌里，桌上没有任何东西，书包带要系好。老师站在讲台前，学生在座位上等待老师的口令。当老师下达躲避口令后，学生将椅子（凳子）放到桌面上，拿起书包顶在头上，躲在桌子下面。当老师下达站起来的口令后，学生从桌下站起来，将书包放到课桌里，自动在室内站成两行（不要管桌上的椅子）。之后由班主任带领，按照学校事先指定的路线，有序地撤离到操场上。

步骤：演练开始前，各个班级都要做好一切准备。老师站在讲桌前，学生坐在座位上，等待学校统一铃声。

（1）铃声响后，老师立刻下达口令："大家不要慌，躲到桌子下，靠门窗的同学躲到墙根下"。这时，学生要先将椅子（凳子）放到桌面上，再将书包放到头上，然后躲在桌子下。班主任在下达口令的同时，自己也要躲在讲台下。

（2）老师和学生躲在桌子下5秒钟后，班主任站起来，立刻再下达口令："大家站起来，同学们，不要慌，成两列跟我到操场去集合！"全体学生从桌下站起来，将书包放到桌面（不要把桌上的椅子放下来），迅速站成两列。

（3）学生成两列站好队后，由老师在前领队，带领全班同学按学校事先指定的路线撤离到操场。撤离时学生要快走，不许跑、不许吵、不许拥挤。

任务 2　火灾逃生

案例链接

2009 年 8 月 6 日至 8 月 10 日，台湾中南部及东南部发生了一起严重水灾，起因为台风"莫拉克"侵袭台湾所带来的前所未有的雨势，造成前述地区发生水灾及泥石流、滑坡等，导致著名观光景点阿里山及南横公路多处坍塌，高雄县甲仙乡小林村被毁，数百人被活埋。

案例分析

大水泛滥成灾的主因是密集大量的降雨，超出土壤所能吸收的负荷，使河流水位渐渐上升，形成水灾。一般而言，水灾大致分为突发性的山洪暴发和缓慢持久的河流泛滥两种类型。前者所经过之处无所不催，严重威胁人类的生命财产安全。水灾发生时还会引发泥石流、山体滑坡等次生灾害。因此，了解水灾、泥石流、滑坡、山崩等灾害发生时的预防预警知识，掌握应对措施对保护人身和财产安全有着重要的作用。

应对方法

洪水灾害正威胁许多地区和人民群众的财产和生命安全。学习、掌握洪涝灾害逃生自救知识和技能，是积极应对洪涝灾害，挽救生命的有效措施。

1. 洪水到来之前做好准备

（1）要注意收看、收听天气预报，尤其是洪涝灾害的警报。

（2）应准备好必备的物品，如食品、保暖衣物、雨具、打火机或火柴、手电筒等，有条件的应准备好饮用瓶装水、手机和常用药品，并妥善放置，以备一旦需要疏散或转移时，能够马上带走。

（3）如果水位上涨迅速，随时有发生水灾的可能，要准备一块大木板或木头，或扎制一个木筏或竹筏，以备紧急撤离时使用。

（4）要选择好撤离路线和转移安置地点，配合有关部门做好加固堤坝等防汛工作。

2. 洪水来临时迅速逃生

（1）如果洪水来了，我们要按照预先选择好的撤离路线，尽快撤离容易被洪水淹没的地区，并要把家人以及家禽、家畜、财物转移到安全地带。

（2）在离开家门之前，要关好煤气阀、电闸，不能带走的贵重物品要包好，放在不容易被洪水冲走的地方。还要注意关好门窗，以免财物随水漂流丢失。

（3）如果洪水来势迅猛，来不及撤离，大家一定要尽量保持镇静，不要惊慌，要尽快逃向高处，如坚固建筑的屋顶、山丘、高坡，或爬上大树，等待救援。

注意：土墙、土坯房被洪水浸泡后容易坍塌，所以这些地方只能作为暂时的避难场所，应尽快转移到安全地带。一定要在安全地带等待救援。

（4）万一被洪水卷走，要尽可能抓住木板、树干等漂浮物，不让身体下沉，等待救援。如果没有东西可抓，千万别慌，应尽量采取仰卧位，让口、鼻露出水面，深吸气，浅呼气，使身体漂浮水面，等待救援机会。

在水中漂浮时，应注意避免被有毒的蛇或虫咬伤，避免被倒塌掉下的电线电击。

有可能的话，可用手机拨打110、120、119等求救电话或家人朋友的电话，告诉他们自己的位置和出现的险情，争取救援。或用手电筒发出的光线、吹哨子的声音、挥动旗帜和鲜艳的衣物等发出求救信号，引起救援人员的注意，争取救援。

知识链接

一、泥石流

泥石流是由洪水、冰雪消融等引发的，携带有大量泥沙、石块的特殊洪流，一般发生在山地、沟谷地带。泥石流来势凶猛，且伴随山洪、山体崩塌等，最农田、道路和桥梁破坏性极大，甚至会淤埋村庄、城镇。

1. 预防/预警

（1）警惕暴雨。山区发生暴雨或长时间降雨，应警惕泥石流的发生。

（2）河水异常。泥石流发生前，河流会突然断流或水势突然加大，并夹有较多柴草、树枝等。

（3）深谷闷响。深谷或沟内传来类似火车轰鸣或闷雷般的声音。

（4）沟谷昏暗。沟谷深处突然变得昏暗，并有轻微的动感。

2. 应急要点

（1）高处走。发生泥石流时，应立即向沟谷两侧山坡或高地跑，同时要注意避开从高处滚落的山石。不可停留在低洼处，更不能往河沟下游走。

（2）离山坡。不要躲在滚石和大量堆积物的陡峭山坡下面。

（3）弃累赘。逃生时，要抛弃一切影响奔跑速度的物品。

（4）莫上树。不要攀爬到树上躲避，泥石流可能将树连根拔起。

二、滑坡/山崩

斜坡上的岩体受到河流冲刷、地下水活动、地震人工切坡等影响，在重力的作用下，沿着一定的软弱面（或软弱带）整体或分散地顺坡下滑，称为滑坡，俗称"走山"。

陡峭斜坡上的岩土体在重力作用下突然脱离母体崩落、滚动，堆积在坡脚或沟谷的地质现象叫做山崩。

1. 预防/预警

（1）水突变。大滑坡或崩塌前，可能会出现断流多年的泉水"复活"，也可能会使泉水、井水突然干涸，井（或钻孔）内水位突变等异常。

（2）动物惊。可能出现猪、狗、牛等家畜惊恐不安、老鼠乱窜不进洞等现象。

（3）树木枯。可能出现树木枯萎或歪斜等异常现象。

（4）坡脚凸。滑坡时，前沿坡脚处的土体会出现上隆（凸起）的现象。

（5）裂纹现。在滑坡体中部或前部出现横行及纵向放射状裂纹，标致着滑坡体已进入临滑状态。

（6）裂缝扩。滑坡体后缘的裂缝急剧扩展，并从裂缝中冒出热气或冷风。

（7）岩石裂。大滑坡前，会有岩石开裂或被剪切按压的声音。

（8）岩体塌。临滑之前，滑坡体四周岩土体会出现小型坍塌或松动现象。

（9）山势陡。山体坡度大于 45 度，或山坡成鼓励山嘴、凹形陡坡等形状，以及坡体上有明显的裂痕，都容易形成崩塌。

2. 应急要点

（1）两侧逃。感到地面震动，应以最快速度向两侧稳定区域逃离。向滑坡体上方或下方跑都很危险。

（2）缓坡停。无法逃离时，应找一块坡度较缓的开阔地带。

（3）险地离。不要进入有警示标志的滑坡危险区。滑坡发生时要远离房屋、围墙、电线杆等。

任务3　台风逃生

2006年8月10日17时25分，近60年来登陆中国大陆的最强台风"桑美"在温州苍南登陆时，最大风力竟然高达17级，台风登陆前后苍南霞关测得68米/秒的极大风速，同时伴有特大暴雨。浙江南部及福建北部蒙受罕见巨灾，死伤极为惨重（死亡人数估计高达千人以上）。

案例分析

台风即飓风，都属于热带气旋中强度最强的一级，因所在海域不同而名称各异。西北太平洋上热带气旋中心附近最大风力在12级或12级以上的称为台风；印度洋和大西洋上热带气旋中心附近最大风力在12级或12级以上称为飓风。它的形成在热带或副热带海洋温度在26℃以上的广阔洋面上，是一种强烈发展的热带气旋（中心气压很低）。

台风的主要灾害由强风、特大暴雨和风暴潮造成。10级大风就可以拔树倒屋，而台风伴有12级以上的强风，具有可怕的摧毁力。强风会掀翻万吨巨轮，使地面建筑物和通信设施遭受严重损失。特大暴雨（一天之中降雨量达500~1 000毫米）会造成河堤决口，水库崩溃，洪水泛滥，瞬息之间使农田、村镇变成汪洋泽国。特大风暴更会产生毁灭性灾害。严重的风暴潮，潮位可高出海平面5~6米，能破坏海堤，淹没岛屿。

减少因台风造成的人身伤害及财产损失重点在于了解台风预警信号和及时采取相应的防护措施。

知识链接

台风预警信号分四级，分别以蓝色、黄色、橙色和红色表示，如图8—1所示。

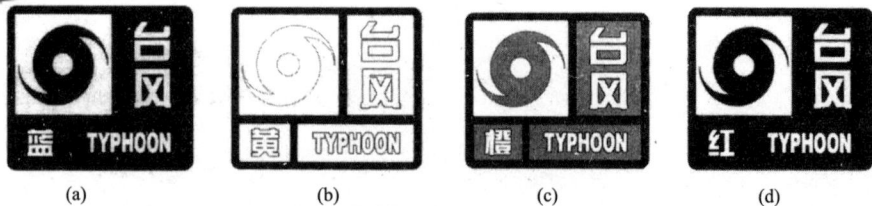

(a)　　　　(b)　　　　(c)　　　　(d)

图8—1　台风四级警报

1. 台风蓝色预警信号

标准：24 小时内可能或者已经受热带气旋影响，沿海或者陆地平均风力达 6 级以上，或者阵风 8 级以上并可能持续。

防御指南：

（1）政府及相关部门按照职责做好防台风准备工作。

（2）停止露天集体活动和高空等户外危险作业。

（3）相关水域水上作业和过往船舶及养殖渔排采取积极的应对措施，注意最新的台风预报，做好撤离准备，采取回港避风或者绕道航行等措施。

（4）加固门窗、围板、棚架、广告牌等易被风吹动的搭建物，切断危险的室外电源。

2. 台风黄色预警信号

标准：24 小时内可能或者已经受热带气旋影响，沿海或者陆地平均风力达 8 级以上，或者阵风 10 级以上并可能持续。

防御指南：

（1）政府及相关部门按照职责做好防台风应急准备工作。

（2）停止室内外大型集会和高空等户外危险作业。

（3）相关水域水上作业和过往船舶采取积极的应对措施，加固港口设施，防止船舶走锚、搁浅和碰撞。

（4）渔排上人员应安全转移。

（5）加固或者拆除易被风吹动的搭建物，人员切勿随意外出，确保老人小孩留在家中最安全的地方，危房人员及时转移。

3. 台风橙色预警信号

标准：12 小时内可能或者已经受热带气旋影响，沿海或者陆地平均风力达 10 级以上，或者阵风 12 级以上并可能持续。

防御指南：

（1）政府及相关部门按照职责做好防台风抢险应急工作。

（2）停止室内外大型集会、停课（停业特殊行业除外）。

（3）相关水域水上作业和过往船舶应当回港避风，加固港口设施，防止船舶走锚、搁浅和碰撞。

（4）加固或者拆除易被风吹动的搭建物，人员应当尽可能待在防风安全的地方，当台风中心经过时风力会减小或者静止一段时间，切记强风将会突然吹袭，应当继续留在安全处避风，危房人员及时转移。

（5）相关地区应当注意防范强降水可能引发的山洪、地质灾害。

4. 台风红色预警信号

标准：6 小时内可能或者已经受热带气旋影响，沿海或者陆地平均风力达 12 级以上，或者阵风达 14 级以上并可能持续。

防御指南：

(1) 政府及相关部门按照职责做好防台风应急和抢险工作。

(2) 停止集会、停课、停业（特殊行业除外）。

(3) 回港避风的船舶要视情况采取积极措施，妥善安排人员留守或者转移到安全地带。

(4) 加固或者拆除易被风吹动的搭建物，人员应当待在防风安全的地方，当台风中心经过时风力会减小或者静止一段时间，切记强风将会突然吹袭，应当继续留在安全处避风，危房人员及时转移。

(5) 相关地区应当注意防范强降水可能引发的山洪、地质灾害。

应对方法

(1) 四色预警。台风预警信号分为四级，分别以蓝色、黄色、橙色、红色表示。

(2) 关窗断电。台风来临前应关好门窗，切断危险电源，关闭煤气、天然气阀门等。

(3) 加固物品。加固围板、栅架、广告牌等易被风吹动的搭建物；妥善安置易受大风影响的室外物品，遮盖建筑物资。

(4) 停课停业。根据风力大小，中小学校和有关单位应当停课、停业；停止露天活动和高空等户外危险作业；人员减少外出。

(5) 船只回港。相关水域水上作业和过往船只应采取积极的应对措施，如加固港口设施，回港逼风或者绕道航行等，防止船舶走锚、搁浅和碰撞。

(6) 人员转移。危险地带人员和危房居民尽量转移到安全的避风场所。

(7) 远离险物。刮风时不要在大树、电线杆、广告牌、临时搭建物等下面逗留，以免被砸、被压或触电。

(8) 横向逃离。在野外遭遇大风时，应及时朝垂直于大风前进路线的方向逃离。

(9) 速卧洼地。来不及逃生时，迅速找低洼地卧下，闭上眼睛，用双手、双臂抱住头部。

(10) "地下"安全。躲避大风的安全场所是混凝土建筑的地下室或半地下室。

(11) 躲进小屋。在室内躲避台风，应选择到较小的房间内抱头蹲下，且避开房子的外墙、门和窗。

(12) 谨防突袭。台风中心经过时，风力会减小或者静止一段时间，但强风会再次突然吹袭。切记应当继续留在安全处避风，不要盲目外出。

(13) 警惕山洪。台风往往带来暴雨，相关地区应当注意防范强降水可能引发的山洪、泥石流等地质灾害。

任务4　海啸逃生

案例链接

海底大地震，搅动了一向宁静的印度洋，印尼、斯里兰卡、马尔代夫……这些常与"美丽、悠闲、宁静"联系在一起的地方在瞬间变成了全世界的噩梦。几十米高的水墙无情地冲上了海岸，席卷了沙滩，摧毁了房屋，吞没了几十万鲜活的生命。

印尼地处太平洋地震带，每年发生大小地震数千次。2004年12月26日印尼发生里氏7.9级强烈地震，并引发了波及印度洋沿岸十多个国家和地区的巨大海啸，造成印尼12万人死亡，20万人流离失所。

2006年7月17日，印度尼西亚爪哇岛南部的钱度洋海域发生强烈地震并引发沿岸部分地区海啸，造成至少668人死亡，1 438人受伤，287人失踪，74 100人无家可归。

案例分析

海啸是一种具有强大破坏力的海水剧烈运动，海底地震、火山爆发、水下塌陷和滑坡等都可能引起海啸。总结那些在海啸袭击中奇迹般幸存下来的人的经历，冷静的头脑、正确的判断，还有逃生的知识和训练，在生死危机关头发挥了巨大的作用。

应对方法

(1) 离岸远，去深海。发生海啸时，来不及回港或靠岸的船只应马上驶向深海区，深海区相对于海岸更安全。

(2) 抓浮物，少动作。若不幸落水，要尽量抓住木板等漂浮物，同时避免与其他硬物碰撞；在海中不要挣扎，应减少动作，浮在水面随波逐流，以防体能过多消耗。

(3) 勿脱衣，保体温。若海水温度偏低，在水中不要轻易脱衣服。

(4) 拒海水，不要喝。海水不仅不能解渴，反而会让人产生幻觉，严重的可能导致精神失常甚至死亡。

(5) 互靠拢，来救援。尽可能向其他落水者靠拢，这样既便于相互帮助和鼓励，又能扩大目标，易于被援救人员发现。

知识链接

灾难带来的损失永远无法补救，惨痛的教训让人们比任何时候都更加珍视普通、宁静的生活。在海啸中得以生还的人是非常幸运的，他们的故事给人们以启发。2004年12月26日，印度洋海啸中20万人失去生命。当时，十岁的英国小姑娘蒂莉在海滩上看到海水产生大量气泡，且潮水涨落反常，马上联想到学校学到得海啸知识，预感海啸即将来临，立即告诉妈妈。在蒂莉和她妈妈的动员下，百余名游客及时撤离，幸免于难。

海啸预防/预警常识。

（1）有震感，离海岸。在海边，如果感到地面强烈或长时间震动，要立即离开海岸，迅速转移到高低等安全地方。

（2）潮汐怪，跑得快。如果发现潮汐突然反常涨落，海平面显著下降或者有巨浪袭来，都应以最快的速度撤离岸边。

（3）泡沫涌，海啸来。海啸来临前，海水中有时会产生大量气泡。

（4）不抓鱼，高处待。海啸前，海水异常退去时会把鱼虾等海洋生物留在浅谈，不要前去捡鱼或者看热闹，应迅速向高地等安全的地方转移。

（5）警报响，速逃离。听到海啸警报，必须立即离开海岸。

任务5　预防雷电

1995年某单位由于雷击造成通讯系统几乎瘫痪，严重影响当时的防汛等工作；1997年某水库管理处的通讯设备也因雷击造成数万元损失；1998年7月，一住宅区因雷电造成20多户居民的家电设备被损坏。

2004年10月1日，海南省定安县突然出现雷雨天气，雷击造成龙河中学初三年级出外观光、野炊的学生3人死亡，11人受伤。

案例分析

雷电是自然界中雷云之间或是雷云与大地之间的一种放电现象。其特点是电压高、电流大、能量释放时间短，具有很大的危害性。雷电灾害是联合国"国际减灾十年"公布的最严重的十种自然灾害之一，它不仅威胁人身安全，从卫星、通信、导航、计算机网络系统乃至每个家庭的家用电器，都有可能在一道闪电中，毁于一旦。一次闪电产生的能量非常大，雷电活动一旦对大地产生放电，便会引起巨大的热效应，电效应和机械力，而造成破坏和灾难。

据最近十年的统计，每年雷电伤亡的人数都在近千次。这主要是由于大家对雷电灾害，防预重视不够，预防灾害的意识不强，对如何预防雷电的知识知之甚少造成的，如图8-2所示。

雷电对人的伤害方式，有直接雷击、接触电压、旁侧闪击和跨步电压等四种形式。

（1）直接雷击：在雷电现象发生时，闪电直接袭击到人体，因为人是一个很好的导体，高达几万到十几万安培的雷电电流，由人的头顶部一直通过人体到两脚，流入到大地。人因此而遭到雷击，受到雷电的击伤，严重的甚至死亡。

（2）接触电压：当雷电电流通过高大的物体，如高的建筑物、树木、金属构筑物等泄放下来时，强大的雷电电流，会在高大导体上产生高达几万到几十万伏的电压。人不小心触摸到这些物体时，受到这种触摸电压的袭击，发生触电事故。

图8-2　雷电灾害

（3）旁侧闪击：当雷电击中一个物体时，强大的雷电电流，通过物体泄放到大地。一般情况下，电流是最容易通过电阻小的通道穿流的。人体的电阻很小，如果人就在这雷击中的物体附近，雷电电流就会在人头顶高度附近，将空气击穿，再经过人体泄放下来，使人遭受袭击。

（4）跨步电压：当雷电从云中泄放到大地时，就会产生一个电位场。电位的分布是越靠近地面雷击点的地方电位越高；远离雷击点的电位就低。如果在雷击时，人的两脚站的地点电位不同，这种电位差在人的两脚间就产生电压，也就有电流通过人的下肢。两腿之间的距离越大，跨步电压也就越大。

应对方法

1. 室外防雷的措施

在雷电发生时，我们应尽量不要到室外活动，大多数雷击死亡的事故都发生在户外。所以在遇到乌云密布，狂风暴雨即将来临时，大家要尽快躲到室内。如果躲避不及，在室外遇到雷雨天气时，提醒大家可以采取以下几种防护措施。

（1）由于云与大地之间发生的雷电是有选择性的，一般情况下，高大的物体以及物体的尖端是容易被雷击的。所以在室外请不要靠近铁塔、烟囱、电线杆等高大物体，更不要躲在大树下或者到孤立的棚子和小屋里避雨。

（2）有些建筑物或构筑物为了防止直击雷的袭击，都安装了避雷针或避雷带等接闪器。当雷电发生时，往往这些防雷装置起到的是引雷的效果，雷电电流由接闪器通过引下线导入地下，它可以保护周围不遭直击雷的袭击。所以如果在室外万一无处躲藏，你可以躲在与避雷装置顶成45°夹角的圆锥范围内，这是一个避雷针安全保护的区域，但不要靠近这些建筑物或构筑物。

（3）在郊外旷野里不要站在高处，也不要在开阔地带骑车和骑马奔跑，更不要撑着雨伞，拿着铁锹和锄头，或任何金属杆等物，因为这样可能会遭到直接雷击的袭击。要找一块地势低的地方，站在干燥的，最好是有绝缘功能的物体上，蹲下且两脚并拢，使两腿之间不会产生电位差。

（4）为了防止接触电压的影响，在室外千万不要接触任何金属的东西，像电线、钢管、铁轨等导电的物体。身上最好也不要带金属物件。另外，在雷雨中也不要几个人挨在一起或牵着手跑，相互之间要保持一定的距离，这也是避免在遭受直接雷击后，传导给他人的重要措施。

（5）当你在野外高山活动时，遇到雷雨天气那是非常危险的。在大岩石、悬崖下和山洞口躲避，会遭到雷电流产生的电火花的袭击。

（6）在雷雨天气时，千万不要到江河湖塘等水面附近去活动。在雷电发生时，要尽快上岸躲避，并且要远离水面。

（7）如果你能找到一栋有金属门窗并装有避雷针的建筑物，躲在里面是非常安全的。如果能有汽车，将车的门窗关闭好躲在里面，这也是很安全的。因为金属的汽车外壳是一个非常好的屏蔽。若一旦有雷击，金属的外壳就会很容易地把雷电电流导入大地。

（8）如果在雷电交加时，头、颈、手处有蚂蚁爬走感，头发竖起，说明将发生雷击，应赶紧趴在地上，这样可以减少遭雷击的危险，并取下身上佩戴的金属饰品和发卡、项链等，尤其是金属框的眼镜一定要拿下来。不要靠近避雷设备的任何部分，尽量不要使用设有外接天线的收音机和电视机，不要接打手机。

2. 野外防雷电"十不要"

（1）不要站在山顶、山脊等高处和躺在地上。

（2）不要站在大树下、树林边或草垛旁躲雨。

（3）不要靠近孤立的高楼、烟囱、电杆行走。

（4）不要穿湿衣服赶路。

（5）不要在开阔的水面游泳、划船、应尽快离开水面或稻田。

（6）不要靠近金属物体。

（7）不要把锄头、铁铲等工具扛得高高的。

（8）不要骑牛、马，不要在空野里骑车。

（9）不要使用移动电话。

（10）不要站在避雷针附近。

3. 室内防雷的措施

雷电来临时，躲到室内是比较安全的，但这也只是相对室外而言。在室内除了会遭受直击雷侵袭外，雷击电磁脉冲也会通过引入室内的电源线、信号线、无线天线的馈线等通道，进入室内。所以在室内如果不注意采取措施，也可能遭受雷电的袭击。

（1）发生雷雨时，在房间内一定要关闭好门窗，目的是为了防止直接雷击的雷电电流的入侵。同时还要尽量远离门窗、阳台和外墙壁。

（2）在室内不要靠近，更不要触摸任何金属管线，包括：水管、暖气管、煤气管等等。特别要注意在雷雨天气不要洗澡，尤其是不要使用太阳能热水器洗澡。

（3）在房间里不要使用任何家用电器。

（4）要保持室内地面的干燥，以及各种电器和金属管线的良好接地。

知识链接

当人被雷电电流击伤后，如不能及时采取应急措施，将会造成更严重的后果。人被雷击中后，他的身上是不带电的，因为天空中的闪电是很短的一阵，雷电电流击中人后已经通过人体泄放到大地，所以接触受伤者进行抢救是没有危险的。受伤者被雷电的电火花烧伤只是表面现象，最危险的是对心脏和呼吸系统的伤害。通常被雷击中的受伤者，常常会发生心脏停跳、呼吸停止，这实际上是一种雷电"假死"的现象。要立即组织现场抢救，将受伤者平躺在地，在进行口对口的人工呼吸，同时要做心外按摩。如果不及时抢救，受伤者就会因缺氧死亡。另外，要立即呼叫急救中心，由专业人员处置和抢救。

任务6　山崩逃生

　　山崩，是山坡上的岩石、土壤快速、瞬间滑落的现象。泛指组成坡地的物质，受到重力吸引，而产生向下坡移动现象。暴雨、洪水或地震可以引起山崩。人为活动，例如伐木和破坏植被，路边陡峭的开凿，或漏水的管道也能够引起山崩。有些山崩现象不是地震引发的，而是由于山石剥落受重力作用产生的。在雨后山石受润滑的情况下，也能引发山崩；而由于山崩，大地也会震动起地震。

一、山崩发生的原因

　　发生山崩最主要的原因是山坡上的岩石或土壤吸收了大量的水（比如由于暴雨或者融雪），导致岩石或土壤内部的摩擦力降低，土壤或岩石丧失其稳固性下滑。

　　另外，其它原因也能导致山崩，比如：地震、其它地壳运动、风和霜冻造成的风化，由于垦荒和强烈的采矿造成的土壤和植被的破坏。归纳起来产生山崩发生的可能性由以下因素决定：

　　（1）地表的吸水性和透水性

　　（2）山坡的坡度

　　（3）是否有加固土壤稳定性的植被

　　（4）是否有易滑动（比如粘土）的土壤或岩石层。

　　（5）火山爆发导致山崩

案例链接

　　四川省西北部的岷江上游，群山夹峙，水流湍急。这里的河岸又高又陡，到处崎岖不平。但是在松潘县城南边约120千米处，岷江东岸的半山间，却有一块沙石堆积的比较平坦的地盘，在地质学中被称为阶地。它的面积只有2平方千米左右，不过已足够修建一些房屋供来往旅客歇脚了。远在唐朝初年，在这里已筑起了一座小城，取名翼城，明清后改名叠溪。叠溪城建成后，1300多年过去了，在这偏僻的地区，似乎是古城依旧，山川如昔，没有什么变化。其实，一场剧变已在酝酿，只是当时人们没有注意到罢了。1933年8月25日，叠溪出现了罕有的酷热，下午2点半，许多人还在家里吃午饭，突然地下发出隆隆的巨响，顿时平静的地面好像一条小船在风浪中颠簸，人在地上站立不稳了，匍匐也难前行；房屋也摇晃起来，顷刻成了瓦砾堆。附近的山上，只见沙石崩落，尘土飞扬，遮天蔽日；震动发生后3小时，才尘消雾散，能够看清大地的面目已非旧观。只见叠溪古城东部已被滚落的山石掩埋，西部则连同那沙石构成的地基一起垮落到岷江之中，在岷江里拦腰筑起一座高达160米的大坝。与此同时，北边的岷江上也堆起了两座这样形成的坝，很快形成了三个湖泊，岷江断流43天。到10月7日，才有江水漫过这天然堆成的石坝流走；又过了 2 天之后，靠近古城的这个坝溃决了，湖泊消失，但另外两个湖则至今犹存。叠溪古城对岸有个龙池山，山上有个湖就叫做龙池，是这里的名胜，如今也山崩湖涸，另是一番景象了。城北有一座走向东西，形象如蚕的蚕陵山，更沿山脊产生了一条断裂带，南降北升，上下错位，露出了北边那一半的断裂面，远在几千米之外都能看见。在帕米尔高原上，地震曾经引起过更大规模的山崩，在一刹那间就形成了高 600～700 米、宽约 8000 米的堤坝，组成堤坝的土石，估计重达 60 多亿吨。

二、山崩时的逃生

当不幸遭遇山体崩塌时，首先要沉着冷静，不要慌乱。然后采取必要措施迅速撤离到安全地点。

（1）迅速撤离到安全的避难场地，避灾场地应选择在易崩塌两侧边界外围。遇到山体崩滑时要朝垂直于滚石前进的方向跑。跑不出去时应躲在坚实的障碍物下遇到山体崩滑，当你无法继续逃离时，应迅速抱住身边的树木等固定物体。可躲避在结实的障碍物下，或蹲在地坎、地沟里。应注意保护好头部，可利用身边的衣物裹住头部。

（2）到崩塌多发地区旅游，要注意险情发生。外出旅游时一定要远离崩塌多发区。野营时避开陡峭的悬崖和沟壑，避开植被稀少的山坡。非常潮湿的山坡也是崩塌的可能发生地区。

（3）山体崩塌发生后的科学自救方法

①崩塌停止后，不应立刻回家检查情况。因为崩塌会连续发生，贸然回家，可能遭到第二次崩塌的侵害。只有当崩塌已经过去，并且自家的房屋远离崩塌，确认完好安全后，方可进入。②及时清理疏浚，保持河道、沟渠通畅。做好崩塌地区的排水工作，可根据具体情况砍伐随时可能倾倒的危树和高大树木。③公路的陡坡应削坡，以防公路沿线崩塌。

任务 7　滑坡逃生

产生滑坡的基本条件是斜坡体前有滑动空间，两侧有切割面。例如中国西南地区，特别是西南丘陵山区，最基本的地形地貌特征就是山体众多，山势陡峻，土壤结构疏松，易积水，沟谷河流遍布于山体之中，与之相互切割，因而形成众多的具有足够滑动空间的斜坡体和切割面。广泛存在滑坡发生的基本条件，滑坡灾害相当频繁。

一、滑坡发生前的异常现象

不同类型、不同性质、不同特点的滑坡，在滑动之前，均会表现出不同的异常现象。显示出滑坡的预兆（前兆）。归纳起来常见的，有如下几种：

（1）大滑动之前，在滑坡前缘坡脚处，有堵塞多年的泉水复活现象，或者出现泉水（井水）突然干枯，井（钻孔）水位突变等类似的异常现象。

（2）在滑坡体中，前部出现横向及纵向放射状裂缝，它反映了滑坡体向前推挤并受到阻碍，已进入临滑状态。

（3）大滑动之前，滑坡体前缘坡脚处，土体出现上隆（凸起）现象，这是滑坡明显的向前推挤现象。

（4）大滑动之前，有岩石开裂或被剪切挤压的音响。这种现象反映了深部变形与破裂。动物对此十分敏感，有异常反应。

（5）临滑之前，滑坡体四周岩（土）体会出现小型崩塌和松弛现象。

（6）如果在滑坡体有长期位移观测资料，那么大滑动之前，无论是水平位移量或垂直位移量，均会出现加速变化的趋势。这是临滑的明显迹象。

（7）滑坡后缘的裂缝急剧扩展，并从裂缝中冒出热气或冷风。

（8）临滑之前，在滑坡体范围内的动物惊恐异常，植物变态。如猪、狗、牛惊恐不宁，不入睡，老鼠乱窜不进洞。树木枯萎或歪斜等。

二、识别滑坡体

在野外，从宏观角度观察滑坡体，可以根据一些外表迹象和特征，可粗略的判断它的稳定性。

1. 已稳定的老滑坡体的特征

（1）后壁较高，长满了树木，找不到擦痕，且十分稳定。

（2）滑坡平台宽大、且已夷平，土体密实，有沉陷现象。

（3）滑坡前缘的斜坡较陡，土体密实，长满树木，无松散崩塌现象。前缘迎河部分有被河水冲刷过的现象。

（4）河水远离滑坡的舌部，甚至在舌部外已有漫滩、阶地分布。

（5）滑坡体两侧的自然冲刷沟切割很深，甚至已达基岩。

（6）滑坡体舌部的坡脚有清晰的泉水流出等等。

2. 不稳定的滑坡体常具有的迹象

（1）滑坡体表面总体坡度较陡，而且延伸很长，坡面高低不平。

（2）有滑坡平台、面积不大，且有向下缓倾和未夷平现象。

（3）滑坡表面有泉水、湿地，且有新生冲沟。

（4）滑坡表面有不均匀沉陷的局部平台，参差不齐。

（5）滑坡前缘土石松散，小型坍塌时有发生，并面临河水冲刷的危险。

（6）滑坡体上无巨大直立树木。

三、滑坡的危害

滑坡常常给工农业生产以及人民生命财产造成巨大损失、有的甚至是毁灭性的灾难。滑坡对乡村最主要的危害是摧毁农田、房舍、伤害人畜、毁坏森林、道路以及农业机械设施和水利水电设施等，有时甚至给乡村造成毁灭性灾害。位于城镇的滑坡常常砸埋房屋，伤亡人畜，毁坏田地，摧毁工厂、学校、机关单位等，并毁坏各种设施，造成停电、停水、停工，有时甚至毁灭整个城镇。发生在工矿区的滑坡，可摧毁矿山设施，伤亡职工，毁坏厂房，使矿山停工停产，常常造成重大损失。

四、滑坡逃生

（1）遭遇山体滑坡时，首先要沉着冷静，不要慌乱，然后采取必要措施迅速撤离到安全地点。避灾场地应选择在易滑坡两侧边界外围。

（2）遇到山体滑坡时要朝垂直于滚石前进的方向跑。在确保安全的情况下，离原居住处越近越好，交通、水、电越方便越好。切忌不要在逃离时朝着滑坡方向跑。更不要不知所措，随滑坡滚动。千万不要将避灾场地选择在滑坡的上坡或下坡。也不要未经全面考察，从一个危险区跑到另一个危险区。同时要听从统一安排，不要自择路线。

（3）当你无法继续逃离时，应迅速抱住身边的树木等固定物体。可躲避在结实的障碍物下，或蹲在地坎、地沟里。应注意保护好头部，可利用身边的衣物裹住头部。

（4）立刻将灾害发生的情况报告相关政府部门或单位，及时报告对减轻灾害损失非常重要。

案例链接

1961年3月6日湖南省资水柘溪水库库岸发生了一起重大滑坡次生灾害。当时水库工程尚未竣工，正值施工期间，在大坝上游右岸1.5公里处的塘岩光发生了大滑坡。滑体约165万立方米，土石以高达每秒25米的速度滑入深50余米的山区水库，激起的涌浪漫过尚未建成的大坝顶部泄向下游，造成了巨大损失，死亡40余人。究其原因，有如下几个方面：

（1）勘察人员对柘溪水库库岸的不良地质环境（即岩层倾向与库岸坡倾向一致）认识不足。

（2）由于断层节理的切割，使该处岸坡容易脱离山体成为潜在不稳定地段。

（3）对水库蓄水的不利作用和影响缺乏认识。

（4）对连续8天降雨可能诱发滑坡灾害毫无戒备。

总之，由于没有充分的认识自然规律，对可能导致滑坡的破坏因素没有采取控制措施，以致发生了滑坡灾害，这个教训是应该吸取的。

任务8　泥石流逃生

　　泥石流是指在山区或者其他沟谷深壑，地形险峻的地区，因为暴雨、暴雪或其他自然灾害引发的山体滑坡并携带有大量泥沙以及石块的特殊洪流。泥石流具有突然性以及流速快，流量大，物质容量大和破坏力强等特点。发生泥石流常常会冲毁公路铁路等交通设施甚至村镇等，造成巨大损失。

　　泥石流是暴雨、洪水将含有沙石且松软的土质山体经饱和稀释后形成的洪流，它的面积、体积和流量都较大，而滑坡是经稀释土质山体小面积的区域，典型的泥石流由悬浮着粗大固体碎屑物并富含粉砂及粘土的粘稠泥浆组成。在适当的地形条件下，大量的水体浸透流水 山坡或沟床中的固体堆积物质，使其稳定性降低，饱含水分的固体堆积物质在自身重力作用下发生运动，就形成了泥石流。泥石流是一种灾害性的地质现象。通常泥石流爆发突然、来势凶猛，可携带巨大的石块。因其高速前进，具有强大的能量，因而破坏性极大。泥石流流动的全过程一般只有几个小时，短的只有几分钟，是一种广泛分布于世界各国一些具有特殊地形、地貌状况地区的自然灾害。这是山区沟谷或山地坡面上，由暴雨、冰雪融化等水源激发的、含有大量泥沙石块的介于挟沙水流和滑坡之间的土、水、气混合流。泥石流大多伴随山区洪水而发生。它与一般洪水的区别是洪流中含有足够数量的泥沙石等固体碎屑物，其体积含量最少为15％，最高可达80％左右，因此比洪水更具有破坏力。

案例链接

　　1. 2002年2月17日的印度尼西亚发生严重泥石流事件，7人死亡多人受伤。

　　2. 2002年6月17日暴雨引发洪灾及泥石流，四川省3000万应急款急调灾区。

　　3. 2002年8月19日云南新平泥石流死亡人数升至33人，3000多人参与抢险。

　　4. 2008年11月4日云南泥石流致35人死亡，107万多人受灾。

　　5. 2010年8月7日22时许，甘南藏族自治州舟曲县突降强降雨，县城北面的罗家峪、三眼峪泥石流下泄，由北向南冲向县城，造成沿河房屋被冲毁，泥石流阻断白龙江、形成堰塞湖。

　　6. 2010年8月11日18时至12日22时，陇南市境内突发暴雨，引发泥石流、山体滑坡等地质灾害，致使多处交通路段堵塞，电力通讯设施中断，机关单位、厂矿企业和居民住房进水或倒塌。

　　7. 2013年7月甘肃天水泥石流：24人遇难1人失踪损失超汶川地震影响。

一、泥石流灾害的特点

　　泥石流是一种自然灾害，是山区特有的一种自然地质现象。由于降水（包括暴雨、冰川、积雪融化水等）产生在沟谷或山坡上的一种夹带大量泥沙、石块等固体物质的特殊洪流，是高浓度的固体和液体的混合颗粒流。它的运动过程介于山崩、滑坡和洪水之间，是各种自然因素（地质、地貌、水文、气象等）、人为因素综合作用的结果。泥石流灾害的特点是规模大、危害严重；活动频繁、危及面广；且重复成灾。一般情况下，泥石流的发生有 3 个条件：

（1）大量降雨。

（2）大量碎屑物质。

（3）山间或山前沟谷地形。

二、预防措施

1. 房屋不要建在沟口和沟道上

受自然条件限制，很多村庄建在山麓扇形地上。山麓扇形地是历史泥石流活动的见证，从长远的观点看，绝大多数沟谷都有发生泥石流的可能。因此，在村庄选址和规划建设过程中，房屋不能占据泄水沟道，也不宜离沟岸过近；已经占据沟道的房屋应迁移到安全地带。在沟道两侧修筑防护堤和营造防护林，可以避免或减轻因泥石流溢出沟槽而对两岸居民造成的伤害。

2. 不能把冲沟当作垃圾排放场

在冲沟中随意弃土、弃渣、堆放垃圾，将给泥石流的发生提供固体物源、促进泥石流的活动；当弃土、弃渣量很大时，可能在沟谷中形成堆积坝，堆积坝溃决时必然发生泥石流。因此，在雨季到来之前，最好能主动清除沟道中的障碍物，保证沟道有良好的泄洪能力。

3. 保护和改善山区生态环境

泥石流的产生和活动程度与生态环境质量有密切关系。一般来说，生态环境好的区域，泥石流发生的频度低、影响范围小；生态环境差的区域，泥石流发生频度高、危害范围大。提高小流域植被覆盖率，在村庄附近营造一定规模的防护林，不仅可以抑制泥石流形成、降低泥石流发生频率，而且即使发生泥石流，也多了一道保护生命财产安全的屏障。

4. 雨季不要在沟谷中长时间停留

雨天不要在沟谷中长时间停留；一旦听到上游传来异常声响，应迅速向两岸上坡方向逃离。雨季穿越沟谷时，先要仔细观察，确认安全后再快速通过。山区降雨普遍具有局部性特点，沟谷下游是晴天，沟谷上游不一定也是晴天，"一山分四季，十里不同天"就是群众对山区气候变化无常的生动描述，即使在雨季的晴天，同样也要提防泥石流灾害。

5. 泥石流监测预警

监测流域的降雨过程和降雨量（或接收当地天气预报信息），根据经验判断降雨激发泥石流的可能性；监测沟岸滑坡活动情况和沟谷中松散土石堆积情况，分析滑坡堵河及引发溃决型泥石流的危险性，下游河水突然断流，可能是上游有滑坡堵河、溃决型泥石流即将发生的前兆；在泥石流形成区设置观测点，发现上游形成泥石流后，及时向下游发出预警信号。对城镇、村庄、厂矿上游的水库和尾矿库经常进行巡查，发现坝体不稳时，要及时采取避灾措施，防止坝体溃决引发泥石流灾害。

三、逃生自救要领

1. 泥石流来临前山坡的变化

（1）土质滑坡张开的裂缝延伸方向往往与斜坡延伸方向平行，弧形特征较为明显，其水平扭动的裂缝走向常与斜坡走向直接相交，并较为平直。

（2）岩质滑坡裂缝的展布方向往往受到岩层面和节理面的控制。

（3）当地面裂缝出现时，有可能发生滑坡。

2. 泥石流到来前周围事物的变化

（1）当斜坡局部沉陷，而且该沉陷与地下存在的洞室以及地面较厚的人工填土无关时，将有可能发生泥石流。

（2）山坡上建筑物变形，而且变形构筑物在空间展布上具有一定的规律，将有可能发生泥石流。

（3）泉水、井水的水质浑浊，原本干燥的地方突然渗水或出现泉水蓄水池大量漏水时，将有可能发生泥石流。

（4）地下发生异常响声，同时家禽、家畜有异常反应，将有可能发生泥石流。

3. 如何选择临时避灾场地

（1）应在泥石流隐患区附近提前选择几处安全的避难场地。

（2）避灾场地应选择在易发生泥石流的两侧边界外围。在确保安全的情况下，离原居住处越近越好，交通、水、电越方便越好。

（3）千万不要将避灾场地选择在泥石流地带的上坡或下坡。

（4）千万不经全面考察，从一个危险区搬迁到另一个危险区。

4. 正处在发生泥石流的山体上怎么办

（1）沉着冷静，不要慌乱。

（2）向泥石流方向的两侧逃离，并尽快在周围寻找安全地带。

（3）当无法继续逃离时，应迅速抱住身边的树木等固定物体。可躲避在结实的遮蔽物下，或蹲在地坎、地沟里。应注意保护好头部，可利用身边的衣物裹住头部。

（4）一定不要逃离时朝着泥石流方向跑。

5. 驱车从发生泥石流地区经过时应怎么办

（1）注意路上随时可能出现的各种危险，如掉落的石头、树枝等。

（2）查看清楚前方道路是否存有塌方、沟壑等，以免发生危险。

（3）一定不要不探明情况，便驱车通过。

（4 一定不要刚刚发生泥石流，便通过此地区。

6. 泥石流过后，如何面对矗立的房屋

（1）仔细检查房屋各种设施是否遭到损坏。

（2）在重新入住之前，应注意检查屋内水、电、煤气等设施是否损坏，管道、电线等是否发生破裂和折断，如发现故障，应立刻修理。

7. 泥石流发生时，身处非滑坡山体区怎么办

（1）不要慌张，尽可能将灾害发生的详细情况迅速报告相关政府部门和单位。

（2）做好自身的安全防护工作。

（3）一定不要认为与自己无关，不予报告。

（4）一定不要只身前去抢险救灾。

8. 发生泥石流后应该怎样做

（1）不要再闯入已经发生泥石流的地区找寻损失的财物。

（2）可以马上参与营救其他遇险者。

（3）不要在泥石流危险期未过就回发生泥石流的地区居住，以免再次发生泥石流而带来危险。

（4）泥石流已经过去，在确认自家的房屋远离泥石流区域、完好安全后，方可进入生活。

（5）一定不要泥石流停止后，立刻回家检查情况。

（6）一定不要忽视泥石流会连续发生的危险性。

9. 抢救被泥石流掩埋的人和物时应注意什么

（1）将滑坡体后缘的水排干。

（2）从滑坡体的侧面开始挖掘。

（3）先救人，后救物。

10. 野外露宿时怎样避免遭遇泥石流

（1）野外露宿时避开陡峭的悬崖和沟壑。

（2）野外露宿时避开植被稀少的山坡。

（3）非常潮湿的山坡也是泥石流的可能发生地区。

（4）千万不要暴雨时在山谷中行走。

（5）千万不要听到山谷中有声响而不在乎。

模块九 传染病的安全防护

任务1 传染病概述

案例链接

起源于美国的西班牙型流行性感冒是人类历史上致命的传染病，在 1918～1919 年曾经造成全世界约 5 亿人感染，2 千 5 百万到 4 千万人死亡（当时世界人口约 17 亿人）；其全球平均致死率约为 2.5%－5%，和一般流感的 0.1% 比较起来较为致命，感染率也达到了 5%。西班牙型流感可以简单分为三波，第一波发生于 1918 年春季，基本上只是普通的流行性感冒；第二波发生于 1918 年秋季，是死亡率最高的一波；第三波发生于 1919 年冬季至 1920 年年春季，死亡率介于第一波和第二波之间。第一波有记录的流感发生于 1918 年 3 月 4 日一处位于美国堪萨斯州的军营，但当时的症状只有头痛、高烧、肌肉酸痛和食欲不振而已。4 月正处于第一次世界大战的法国也传出流感，3 月中国、5 月西班牙、6 月英国，也相继发生病情，但都不严重。同年 8 月刚离开西非国家塞拉利昂的英国船上发生了致命的流感，在该船抵达英国之前，75% 的船员被感染，7% 的船员死亡，另外多艘船只也发生了类似的情况。另一说第二波的源头是当时苏联的阿什哈巴德（今属土库曼斯坦）。8 月 27 日，流感传回美国，并在波士顿的码头工人间传播，而法国的布莱斯特也在几乎同一时间爆发了流感；9 月开始在欧洲和美国普遍传播，并在数星期内传到世界各地。第二波流感和过去的流行性感冒不同，在 20～35 岁的青壮年族群中死亡率特别高，其症状除了高烧、头痛之外，还有脸色发青和咳血等。许多人早上还正常，中午染病，晚上便死亡。许多城市限制市民前往公共场所，电影院、舞厅、运动场所等都被关闭长达超过一年。同年 10 月是美国历史上最黑暗的一个月，20 万美国人在这个月死去，1918 年美国的平均寿命因此比平常减少了 12 年。第三波流感在大约 1919 年冬季开始在许多地方出现，至 1920 年春季起便逐渐神秘地消失（除了澳大利亚和夏威夷之外）。此流感漫延全球，从阿拉斯加的爱斯基摩部落到太平洋中央的萨摩亚岛，无一幸免；许多爱斯基摩部落是一村一村的死绝，在萨摩亚死亡率更高达 25%。亚马逊河口的马拉若岛是当时世界上唯一没有感染报告的人口聚集地。西班牙流感的影响，在约 6 个月内夺去 2 千 5 百万到 4 千万条生命，比持续了 52 个月的第一次世界大战死亡人数还多（见图 9—1）。此外此流感也是第一次世界大战提早结束的原因之一，因为各国都已没有额外的兵力作战。这一波的大流感也传入台湾，在当时造成约两万五千人的死亡。西班牙型流感在 18 个月内便完全消失，而其病株从来都没有被真正辨认。

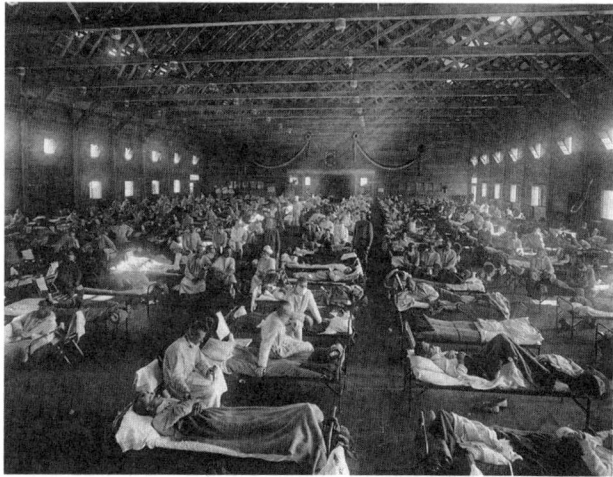

图 9—1　西班牙大流感

一、传染病的概念

传染病（Infectious Diseases）是由各种病原体引起的能在人与人、动物与动物或人与动物之间相互传播的一类疾病。病原体中大部分是微生物，小部分为寄生虫，寄生虫引起者又称寄生虫病。有些传染病，防疫部门必须及时掌握其发病情况，及时采取对策，因此发现后应按规定时间及时向当地防疫部门报告，称为法定传染病。中国目前的法定传染病有甲、乙、丙 3 类，共 39 种。传染病是一种能够在人与人之间或人与动物之间相互传播并广泛流行的疾病，经过各种途径传染给另一个人或物种的感染病。通常这种疾病可借由直接接触已感染之个体、感染者之体液及排泄物、感染者所污染到的物体，可以通过空气传播、水源传播、食物传播、接触传播、土壤传播、垂直传播（母婴传播）、体液传播、粪口传播等。

二、传染病的特点

传染病的特点是有病原体，传染性和流行性，感染后常有免疫性。有些传染病还有季节性或地方性。传染病的分类尚未统一，可以按病原体分类，也可以按传播途径分类。传染病的预防应采取以切断主要传播环节为主导的综合措施。传染病的传播和流行必须具备 3 个环节，即传染源（能排出病原体的人或动物）、传播途径（病原体传染他人的途径）及易感人群（对该种传染病无免疫力者）。若能完全切断其中的一个环节，即可防止该种传染病的发生和流行。各种传染病的薄弱环节各不相同。在预防中应充分利用。除主导环节外对其他环节也应采取措施，只有这样才能更好地预防各种传染病。

三、传染病的传播

病原体从已感染者排出，经过一定的传播途径，传入易感者而形成新的传染的全部过程。传染病得以在某一人群中发生和传播，必须具备传染源、传播途径和易感人群三个基本环节。

1. 传染源

在体内有病原体生长繁殖，并可将病原体排出的人和动物，即患传染病或携带病原体的人和动物。患传染病的病人是重要的传染源，其体内有大量的病原体。病程的各个时期，病人的传染源作用不同，这主要与病种、排出病原体的数量和病人与周围人群接触的程度及频率有关。如多数传染病病人在有临床症状时能排出大量病原体，威胁周围人群，是重要的传染源。但有些病人如百日咳患者，在卡他期排出病原体较多，具有很强的传染性，而在痉咳期排出病原体的数量明显减少，传染性也逐渐减退。又如，乙型肝炎病人在潜伏期末才具有传染性。一般说来，病人在恢复期不再是传染源，但某些传染病（伤寒、白喉）的恢复期病人仍可在一定时间内排出病原体，继续起传染源的作用。病原携带者指已无任何临床症状，但能排出病原体的人或动物。携带者有病后携带者和所谓健康携带者两种。前者指临床症状消失、机体功能恢复，但继续排出病原体的个体。这种携带状态一般持续时间较短，少数个体携带时间较长，个别的可延续多年，如慢性伤寒带菌者。所谓健康携带者无疾病既往史，但用检验方法可查明其排出物带病原体。这种人携带病原体的时间一般是短暂的。

病动物也是人类传染病的传染源。人被患病动物（如狂犬病、鼠咬热病兽）咬伤或接触病动物的排泄物、分泌物而被感染。人和动物可患同一种病，但病理改变、临床表现和作为传染源的意义不相同。如患狂犬病的狗可出现攻击人和其他动物的行为，成为该病的传染源之一，而人患此病后临床表现为恐水症，不再成为该病的传染源。

2. 传播途径

指病原体自传染源排出后，在传染给另一易感者之前在外界环境中所行经的途径。一种传染病的传播途径可以是单一的，也可以是多个的。传播途径可分为水平传播和垂直传播两类。由于生物性的致病原于人体外可存活的时间不一，存在人体内的位置、活动方式都有不同，都影响了一个感染症如何传染的过程。为了生存和繁衍，这类病原性的微生物必须具备可传染的性质，每一种传染性的病原通常都有特定的传播方式，例如透过呼吸的路径，某些细菌或病毒可以引起宿主呼吸道表面黏膜层的型态变化，刺激神经反射而引起咳嗽或喷嚏等症状，藉此重回空气等待下一个宿主将其入，但也有部分微生物则是引起消化系统异常，像是腹泻或呕吐，并随着排出物散布在各处。透过这些方式，复制的病原随患者的活动范围可大量散播。

3. 易感人群

是指人群对某种传染病病原体缺乏免疫力而容易感染该病的人群。新生人口增加、易感者的集中或进入疫区，部队的新兵入伍，易引起传染病流行。病后获得免疫、人群隐性感染，人工免疫，均使人群易感性降低，不易传染病流行或终止其流行。

四、传染病的传播方式

1. 空气传染

有些病原体在空气中可以自由散布，直径通常为 5 微米，能够长时间浮游于空气中，做长距离的移动，主要藉由呼吸系统感染，有时亦与飞沫传染混称。

2. 飞沫传染

飞沫传染是许多感染原的主要传播途径，借由患者咳嗽、打喷嚏、说话时，喷出温暖而潮湿之液滴，病原附着其上，随空气扰动飘散短时间、短距离地在风中漂浮，由下一位宿主因呼吸、张口或偶然碰触到眼睛表面时黏附，造成新的宿主受到感染。例如：细菌性脑膜炎、水痘、普通感冒、流行性感冒、腮腺炎、结核、麻疹、德国麻疹、百日咳等等。由于飞沫质、量均小，难以承载较重之病原，因此寄生虫感染几乎不由此途径传染其它个体。

3. 粪口传染

常见于发展中国家卫生系统尚未健全、教育倡导不周的情况下，未处理之废水或受病原沾染物，直接排放于环境中，可能污损饮水、食物或碰触口、鼻黏膜之器具，以及如厕后清洁不完全，藉由饮食过程可导致食人者感染，主要病原可为病毒、细菌、寄生虫，如霍乱、A 型肝炎、小儿麻痹、轮状病毒、弓型虫感染症，于已开发国家也可能发生。有时，某些生物因体表组织构造不足以保护个体，可能因接触患者之排泄物而受到感染，正常情况下在人类族群中不会发生这种特例。

4. 接触传染

经由直接碰触而传染的方式称为接触传染，这类疾病除了直接触摸、亲吻患者，也可以透过共享牙刷、毛巾、刮胡刀、餐具、衣物等贴身器材，或是因患者接触后，在环境留下病原达到传播的目的。因此此类传染病较常发生在学校、军队等物品可能不慎共享的场所。

5. 垂直传染

垂直传染专指胎儿由母体得到的疾病。拉丁文以"in utero"表示"在子宫"的一种传染形式，通常透过此种传染方式感染胎儿之疾病病原体，多以病毒、和活动力高的小型寄生虫为主，可以经由血液输送，或是具备穿过组织或细胞的能力，因此可以透过胎盘在母子体内传染，例如 AIDS 和 B 型肝炎。细菌、真菌等微生物虽较罕见于垂直感染，但是梅毒螺旋体可在分娩过程，由于胎儿的黏膜部位或眼睛接触到母体阴道受感染之黏膜组织而染病；且有少数情况则是在哺乳时透过乳汁分泌感染新生儿。后两种路径也都属于垂直感染的范畴。

6. 血液传染

主要透过血液、伤口的感染方式，将疾病传递至另一个个体身上的过程即血液传染。常见于医疗使用注射器材、输血技术之疏失，因此许多医疗院所要求相关医疗程序之施行，必须经过多重、多人的确认以免伤害患者，于捐血、输血时，也针对捐赠者和接受者进一步检验相关生理状况，减低此类感染的风险，但由于毒品的使用，共享针头的情况可造成难以预防的感染，尤其对于艾滋病的防范更加困难。

五、预防措施

根据中国《传染病防治法》（1989 年发布）的规定，预防、控制和消除传染病的发生与流行是各级医务人员的神圣职责。因此临床医师在搞好临床诊断与治疗工作的同时，也应努力做好传染病的预防工作。传染病预防措施可分为：①疫情未出现时的预防措施；②疫情出现后的防疫措施；③治疗性预防措施。控制传染病最高效的方式在于防控，由于在传染病的三个基本条件中（传染源，传播途径和易感人群），缺乏任何一个都无法造成传染病的流行，所以对于传染病预防也主要集中在这三个方面：

（1）控制传染源：这是预防传染病的最有效方式。对于人类传染源的传染，需要及时将病人或病源携带者妥善的安排在指定的隔离位置，暂时与人群隔离，积极进行治疗，护理，并对具有传染性的分泌物，排泄物和用具等进行必要的消毒处理，防止病原体向外扩散。然而，如果是未知传染源，特别是动物担任的传染源，由于其确定需要流行病学的因果推断和实验室检测结果上得到充分的证据，有的时候并不是很容易得到确切结果，尤其是突发急性传染病发生时，想要短时间内锁定传染源更是困难。不过，一旦确定传染源后，需要及时采取高效的措施控制传染源，以保证传染源不会继续将病原体向易感人群播散。

（2）切断传播途径：对于通过消化道传染病、血液和体液传播的传染病，虫媒传染病和寄生虫病等，切断传播途径是最为直接的预防方式。主要方式在于对于传播媒介阻断，消毒或扑杀。如对于污染了病原体的食物或饮水要进行丢弃或消毒处理，对于污染了病原体的房间或用具要进行充分的消毒，对于一次性的医疗用品在使用后要及时进行消毒或焚烧等无害化处理，在虫媒传染病传播季节采取防蚊防虫措施等。同时，对于高危人群的健康教育干预手段也是极为必要的，如促进静脉注射吸毒人群对使用针具进行消毒，对会发生高危性行为的人群进行安全套使用的宣传教育等。如今预防甲型 H7N9 流感病毒的方法也仍然是注意基本卫生，勤洗手，戴口罩，吃肉要煮熟——虽然是老调重弹，但仍然是切断传播途径最有效的方式。

（3）保护易感人群：在传染病流行时，应当注意保护易感者，不要让易感者与传染源接触，并且进行预防接种，提高对传染病的抵抗能力。所以，保护易感人群也是传染病预防重要组成部分，而且往往是较为容易实现的预防方法。对于已经有预防性疫苗的传染病，给易感人群接种疫苗是最为保险的方法，如婴儿在出生后进行的计划免疫，对于传染科医生，护士，从事传染性疾病研究的科研人员和从事禽类养殖工作的人员等接种相应的疫苗。历史上，人们利用高效的疫苗已经成功的攻克了天花，证明对于易感人群的保护在传染病防治上起到了重要角色。

六、控制与消灭

各种传染病因其特异的流行环节、特征及不同的外界环境，因而它们的预防目标也有很大的差异。在目前，绝大多数传染病只能以控制发病与防制流行为目标。极少数疾病由于条件成熟，措施有效，可以达到消除的要求。极个别的疾病在条件成熟的前提下，在世界各国协同努力下，可以达到消灭的目标。传染病的预防从控制到消除再到消灭在疾病预防策略和措施上所显示的差异，称为疾病的控制谱（spectrum of disease control）。为了预防疾病，促进人类健康，人们期望对目前不易控制的疾病逐步得到控制，在此基础上才能迈向消除，最终才能达到消灭的目标。这个过程既是人类美好的理想，也是极其艰巨的历程，要达到这个目标，有赖于科学进步，其中也包括流行病学的进步及有关条件的准备。

1. 控制

控制（control）是指降低疾病的发病率和（或）现患率。有些疾病的控制效果明显，对策与措施一旦实施，发病率下降显著，如脊髓灰质炎疫苗对脊髓灰质炎，麻疹疫苗对麻疹，改善饮水供应对慢性水型伤寒流行。也有些疾病或由于流行环境复杂，或现阶段尚缺少有效对策与措施，故即使采取措施，效果并不明显。目前尚有不少疾病属于此种情况。

2. 消除

消除（elimination）是指在一个地区范围内，采取有效的预防策略与措施，使某种传染病消失。此地区的范围可大至一个国家、一个大洲，但并非全球。就预防观点看，消除疾病在质量要求上远非如同消灭那样严格，例如，WHO 于 1989 年宣布到 1995 年全球消除新生儿破伤风。它只要求从此不再出现新生儿破伤风患者，但不要求把外界环境中的破伤风芽孢完全消除。又如，美国于 1978 年提出"消灭本土麻疹"。所谓"本土麻疹"是指只限于美国国内发生的麻疹，不包括从国外传入的麻疹。即使如此，美国本土麻诊至今尚未消灭。但美国本土麻诊的发病率确已明显下降。

3. 消灭

消灭（eradication）是指某传染病的传播自消灭之日起永远终止，并达到全球所有国家永不再发生该种传染病。消灭不仅指临床症状的病例，而且也将可作为传染源的携带者或隐性感染者以及存在于外环境中的病原体均包括在内，此外还需达到即使不再进行预防接种或采取其他任何预防措施，再也不会遭受该病的危害。只有在这种条件下，才能被认为该传染病已经消灭。在目前达到消灭要求的只有天花一个病种。由此可见，与消除的要求相比，消灭的要求更为严格。

有人将消除与消灭两个术语相混淆，常常把消除当成消灭的同义词。严格地讲，在术语的概念上是错误的。

任务2 典型流行病预防常识

一、非典型性肺炎

非典型肺炎是一种传染性强的急性呼吸系统疾病，世界卫生组织于 2003 年 3 月 15 日将其名称公布为严重急性呼吸综合症（Severe Acute Respiratory Syndrome，SARS）。

1. 非典的临床表现

（1）非典型肺炎潜伏期为 1 天至 11 天，大多数人感染 4 天后发病。

（2）以发热为首要症状，体温一般高于 38 摄氏度，伴有头疼、关节酸痛和全身酸痛、乏力。偶有畏寒。

（3）呼吸道症状明显，如干咳等。部分病人偶有血丝痰。

（4）可能有胸闷，严重者出现呼吸加速，气促，或明显呼吸窘迫。极个别病人出现呼吸衰竭，如诊治不及时可引起死亡。

2. 确定非典疑似病例

（1）通过流行病原理判断

①是否与发病者有密切接触？

②是否属于群体发病者之一？

③发病前两周是否到过有非典病毒感染的地区和城市？

（2）通过临床表现判断是否出现发热、畏寒、头痛、干咳少痰、关节酸痛、乏力、腹泻、胸闷、气粗、有时呼吸困难等症状和体征？

（3）实验室检查

①白细胞是否不高或很低？

②淋巴细胞是否减少？

③胸部 X 射线检查肺部是否有片状、斑片状或网状轻微阴影？

（4）药物检查抗菌药物治疗是否不明显？

3. 非典的传播途径

（1）短距离呼吸道飞沫传播。

（2）接触病人呼吸道分泌物传播。

（3）密切接触传播。

（4）人群普遍易感，以医护人员为高发群体，在人群密集的地方如军营、学校、工厂等感染率也较高。

4. 非典的防治方法

加强预防，告别恐慌。

根除源头，阻断传播。

讲求卫生，居室通风。

佩戴口罩，经常洗手。

勤换衣服，多多饮水。

规律起居，增强免疫。

减少出行，人多勿去。

家有病人，观察周详。

疑似症状，医生帮忙。

突发事件，无惧有防。

5. 洗手六步法

（1）掌心相对，手指并拢相互摩擦。

（2）手心对手背沿指缝相互搓擦，交换进行。

（3）掌心相对，双手交叉沿指缝相互摩擦。

（4）一手握另一手大拇指旋转搓擦，交换进行。

（5）弯曲各手指关节，在另一手掌心旋转搓擦，交换进行。

（6）搓洗手腕，交换进行。

二、禽流感

禽流感是禽流行性感冒的简称，又称真性鸡瘟或欧洲鸡瘟，是一种由甲型流感病毒的亚型引起的传染性疾病综合症，被国际兽疫局定为 A 类传染病。

人类直接接触受 H5N1 病毒感染的家禽及其粪便或直接接触 H5N1 病毒也会受到感染，发病后死亡率高达 60%。目前为止，世界上约有 60 人死于禽流感。

H5N1 型禽流感病毒目前还处于由禽类传染给人的阶段。然而，如反复发作，一旦病毒基因发生变异，就有可能变成人与人之间传播的新型流感。

1. 禽流感的临床表现

（1）潜伏期：7 天以内。

（2）早期症状：类似流感，主要表现为发热、流涕、鼻塞、咳嗽、咽痛、头痛、全身不适等症状。

（3）年龄较大、治疗过迟的患者会因病情迅速发展成进行性肺炎、急性呼吸窘迫综合症、肺出血、胸腔积液等多种并发症而死。

2. 禽流感的传播途径

（1）空气传播：病禽粪便中，以及病禽咳嗽和鸣叫时喷射出的 H5N1 病毒在空气中漂浮，人吸入呼吸道被感染发生禽流感。

（2）食物传播：食用病禽的肉及其制品、禽蛋，食用病禽污染的水、食物，用被污染的手拿东西吃，都可能受到传染而发病。

（3）接触传播：经过损伤的皮肤和眼结膜容易感染 H5N1 病毒而发病。

3. 禽流感的防治

（1）洗手。预防疾病最好的方法是注意个人卫生，勤洗手。

（2）熟吃

①鸡蛋和鸡肉一定要煮熟后食用。

②不吃半熟的白斩鸡、醉鸡、半熟的鸭鹅肉，不吃半熟鸡蛋。

③到正规场所购买经过检疫的禽类制品，不自行宰杀食用。

（3）消毒

①高温加热的方式：60 度下加热 10 分钟，70 度下加热数分钟。

②阳光直接照射：40 到 48 小时均可消毒。

③乙醚、丙酮等有机溶剂和常见家用消毒药品亦可。

（4）强身。强体质，多锻炼，保证睡眠，保证营养。

（5）保护儿童。12 岁以下的儿童最容易受到感染！不要让小孩触摸、拥抱禽类动物，更不要带小孩去禽类市场。

（6）鸟类宠物：

①清除鸟粪时注意消毒。

②笼舍要保证通风和卫生。

③与鸟接触后及时洗手。

④鸟患病后，及时联系兽医诊治。

（7）疫区工作生活者：

①接触家禽后切记要立即洗手并用清水彻底洗净前臂。

②尽量避免与活禽接触。

三、炭疽热

炭疽热是一种罕见的由细菌引起的疾病，它通常在动物中出现，如猪、牛、羊、鹅等。人感染炭疽病，往往是恐怖主义蓄意传播的结果。炭疽细菌不能直接在人与人之间传播。疾病症状与患者感染该细菌的方式有关，通常在感染后一到七天内发作，但有时潜伏期可达 60 天。

1. 炭疽热的传播途径

（1）接触性：破损皮肤接触到炭疽孢子。

（2）食入性：食用感染的肉类。

（3）吸入性：吸入炭疽孢子。

2. 炭疽热的临床表现

（1）吸入性：最初症状类似于普通流感，包括发烧、咳嗽、头痛、虚弱、呼吸困难、胸部不适等。几天之后，症状恶化为严重的呼吸困难，发抖。这种类型的炭疽病如不及时就诊，会导致生命危险。

（2）接触性：最初的症状是出现使人发痒的小肿块，接着出现疼痛的，中心为黑色的水疱，感染部位的淋巴也会肿大。

（3）食入性：最初症状是恶心、呕吐、缺乏食欲、发烧，接下来是腹痛、呕血、严重痢疾。

3. 炭疽热的防治

（1）预防：

①死于炭疽病的动物要焚烧深埋。

②严禁剥食贩卖炭疽死畜的肉和皮毛。

③可能感染炭疽病的畜牧业、屠宰业从业人员应接种疫苗。

④如果发现自己出现炭疽症状要及时到医院确诊治疗。

⑤收到可能有炭疽细菌的邮件，要轻放，不要动，避免孢子散入空气中；立刻洗手并报警。

（2）治疗：

①及时就诊。

②及时向传染病防治部门报告。

③可以使用抗生素预防和治疗炭疽病。

④炭疽病不在人与人之间传播，所以不需要同时对患者接触过的人员进行救治。

任务 3　新型冠状病毒肺炎

新型冠状病毒肺炎（Corona Virus Disease 2019，COVID-19），简称"新冠肺炎"，世界卫生组织命名为"2019 冠状病毒病"，是指 2019 新型冠状病毒感染导致的肺炎。2019 年 12 月以来，湖北省武汉市部分医院陆续发现了多例不明原因肺炎病例，现已证实为 2019 新型冠状病毒感染引起的急性呼吸道传染病。2020 年 2 月 11 日，世界卫生组织总干事谭德塞在瑞士日内瓦宣布，将新型冠状病毒感染的肺炎命名为"COVID-19"。2020 年 2 月 21 日，国家卫生健康委发布了关于修订新型冠状病毒肺炎英文命名事宜的通知，决定将"新型冠状病毒肺炎"英文名称修订为"COVID-19"，与世界卫生组织命名保持一致，中文名称保持不变。2020 年 3 月 4 日，国家卫健委发布了《新型冠状病毒肺炎诊疗方案（试行第七版）》。当地时间 2020 年 3 月 11 日，世界卫生组织总干事谭德塞宣布，根据评估，世卫组织认为当前新冠肺炎疫情可被称为全球大流行（pandemic）。为表达全国各族人民对抗击新冠肺炎疫情斗争牺牲烈士和逝世同胞的深切哀悼，国务院决定，2020 年 4 月 4 日举行全国性哀悼活动。在此期间，全国和驻外使领馆下半旗志哀，全国停止公共娱乐活动。4 月 4 日 10 时起，全国人民默哀 3 分钟，汽车、火车、舰船鸣笛，防空警报鸣响。

一、病源和临床症状：

首先我们要知道新冠病毒可能来源于野生动物，或为某种菊头蝙蝠，可通过接触物体、空气飞沫、粪口传播。潜伏期 1—14 天，多为 3—7 天，以发热、乏力、干咳为主要表现。但也有个别病例以消化系统症状为首发表现：如轻度纳差、乏力、精神差、恶心呕吐、腹泻等；或以心脑血管症状为首发表现：如头痛、心慌、胸闷等；或以眼科症状为首发表现：如结膜炎等。但发热仍为主要症状，我们要高度重视。其次我们还要重视隐性传染源，就是患者已被感染，但还未出现相关症状，在这期间他也是可以传染给其他人（见图 9—2）。

二、临床诊断和分型

新型冠状病毒感染的肺炎诊疗方案第五版诊断标准：

1. 流行病学史

（1）发病前 14 天内有武汉市及周边地区、或其他有病例报告社区的旅行史或居住史。发病前 14 天内曾接触来自武汉及周边地区，或来自有病例报告社区的或有呼吸道症状的患者；

（2）聚集性发病。

（3）与新冠病毒感染者有接触史。

2. 临床表现

（1）发热和/呼吸道症状（鼻塞、流涕、咽痛等）。

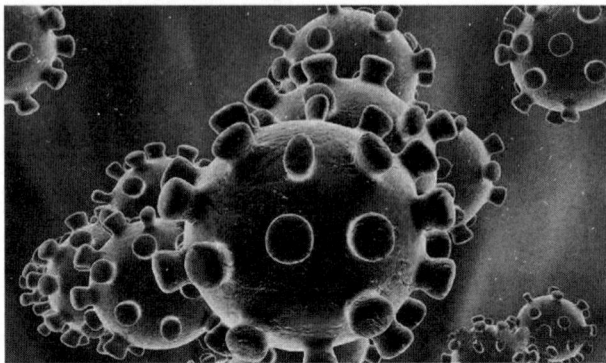

图 9-2　新型冠状病毒

（2）有肺炎影像学特征（早期呈多发小斑片影及间质性改变，以肺外带明显，进而发展为双肺多发磨玻璃影、浸润影，严重者出现肺实变，胸腔积液少见）。

（3）发病早期白细胞计数正常或降低，或淋巴计数减少。

3. 呼吸道标本或血液标本实时荧光 RT-PCR 新冠病毒核酸阳性；病毒基因测序与已知的新冠病毒高度同源。

三、就诊和日常防护的注意事项

1. 患者就诊须知

（1）发热患者请到医院发热门诊就诊，严格遵守分检人员的指导和安排，并如实提供近 15 天外出或接触可疑人员的具体情况。

（2）必要的相关检查需积极配合。

（3）建议尽量行胸部 CT 的检查，以防漏诊。

2. 日常防护

（1）最重要的一条：不要到处跑。不管年前还是年后，钟南山院士始终强调减少出行，这不仅关乎自己和家人，也关乎整个社会。外出时不要乘坐比较拥挤的公共交通车，建议步行或开车，逗留时间尽量缩短。宅在家时，应格外注意 3 个细节：通风：每日打开门窗通风 2~3 次，每次 30 分钟左右；天气好时，可以晒晒被子、衣服。洗手：回家后、做菜前、吃饭前、如厕后，应在流动水下用肥皂或洗手液揉搓 30 秒左右。饮食安全：处理食物时生熟分开，肉类充分做熟再吃；家庭实行分餐制或使用公筷。不要吃野味。

（2）不要参加集会。少出门、少聚会，是减少交叉感染的重要方法，尤其应避免去人员密集的公共场所，如商场、公共浴池、棋牌室、医院等。

（3）出门戴口罩，不一定戴 N95。钟南山院士表示，戴口罩不一定要戴 N95，医用外科口罩即可阻止大部分病毒进入呼吸道。普通口罩也能起到一定的隔离作用。如果口罩不够用，普通大众的口罩不必用一次换一次，可根据清洁程度延长使用时间。戴口罩时要把口鼻都完全覆盖住，并与面部贴合严实，尽量减少漏气情况。摘口罩时，不要抓着污染面，用手抓住系带脱离，扔到垃圾桶，不要到处乱扔。

（4）学会正确洗手。新型冠状病毒可通过接触传播，如果没有注意使双手沾上病毒，揉眼睛时就可能造成感染，所以一定要勤洗手。暂没有洗手条件时可用消毒湿巾擦拭双手。

3. 办公场所个人防护：

上班务必做好个人防护，重点提防办公场所的 3 个高危地带，这些地方更易传播病毒。

（1）电梯

新型冠状病毒，主要通过空气中的飞沫传播和接触传播。空气不流通、人员密度大、人员来往频繁的地方，都是高危地带。电梯内空气极其不流通，且人员往来频繁，按钮更是高频接触的部位，发生感染的风险最高。防护建议乘电梯时务必戴好口罩；有条件的单位，要频繁为电梯间消毒，尤其是按扭区；接触按钮时，可用纸巾或消毒湿巾隔开；如果手直接接触了按钮，出电梯后第一时间洗手；在电梯里，不要用手揉眼睛、接触口鼻；尽量不在电梯内交流；低楼层的人建议走楼梯，爬楼时不要触摸扶手。

（2）食堂餐厅

食堂就餐时，人员密度大，且需脱下口罩，会对病毒的传播起到助推作用。防护建议：坐下吃饭的最后一刻才摘口罩；摘口罩时，不要接触污染面，而应通过耳挂取下；错峰就餐，避免扎堆；避免面对面就餐，吃饭时尽量不说话；有条件的人可以自己带饭。

（3）办公室

到了办公室也不能掉以轻心，做好防护对人对己都很重要。防护建议：办公室内也应佩戴口罩；办公室每日通风 3 次，每次 20～30 分钟，通风时注意保暖；减少面对面交流，尽量线上沟通工作；人与人之间尽量保持 1 米以上的距离，勤洗手，传阅纸质文件前后均需洗手；多饮水，每人每日饮水不应少于 1500 毫升；减少集中开会，控制会议时长；咳嗽、打喷嚏时，用纸巾或手肘遮挡口鼻部；减少中央空调的使用。

（4）办公场所正确使用消毒剂

新型冠状病毒对有机溶剂和消毒剂、紫外线敏感，像喷香水那样将酒精洒在身上是没有意义的，关键是要对平时容易接触到的物品进行消毒，如手机、门把手、电梯按钮和鼠标键盘等进行擦拭。消毒后自然晾干即可，不用二次再擦拭。对于地面、墙壁可用 84 消毒液按 1∶200 比例稀释后喷洒和拖拭地板。同时对于公众来说，更要意识到"早预防、早发现、早诊断、早隔离、早治疗"是防治新型冠状病毒感染性肺炎的关键。日常要进一步提高防护意识，外出一定要戴口罩，避免去人多的公共场所，特别强调减少家庭聚会；勤洗手洗脸，对于手机、公共电脑键盘要注意定时定期消毒；学会正确的咳嗽和打喷嚏方式，严禁随地吐痰；对于使用过的口罩不要随意乱扔，放入垃圾袋封口处理。

模块十　树立事故防范意识

安全，特别是生命安全，最怕的，就是事故。不出事故则好，一出事故，必然免不了会伤害到身体、伤害到生命。然而，事故并不是一定会发生的，任何事故其实都是可以预防的。只要我们树立起高度的事故防范意识，掌握必要的事故防范知识，事故就不会发生，生命就有了保障。

任务 1　事故是生命最大的威胁

也许我们对安全不以为然，我们却一直安全；也许我们对违章操作满不在乎，我们也一样安然无恙；也许我们对隐患茫然不知，我们却一直什么事也没有……是的，这很有可能，因为还没有事故发生。然而，一旦发生事故，一切就会截然不同！

资料链接

2004 年 12 月 26 日上午，印尼苏门答腊岛海域发生 8.9 级地震，并引发强烈海啸，海啸激起的海潮最高超过 30 米，波及印度洋沿岸十几个国家，至少 29 万人死亡，包括至少 600 名华人，经济损失超过 100 亿美元。

2008 年 5 月 12 日 14 时 28 分 04 秒，四川汶川发生 8.0 级地震，截至 2008 年 9 月 18 日 12 时，已确认 69227 人遇难，17923 人失踪，374643 人受伤。造成直接经济损失 8451 亿元人民币。这是新中国成立以来破坏性最强、波及范围最大的一次地震。此次地震重创约 50 万平方公里的中国大地，受灾人数超过 5000 万人。

2010 年 1 月 12 日，海地发生 7.3 级地震，至少 30 万人受伤，遇难人数更是达到了 22 万多人。

这是无坚不摧的大自然对生命的席卷！在狂放的大自然面前，生命如尘埃般渺小细微。在它的无情摧残下，无数如夏花般美丽、如水晶般脆弱的生命随风远逝，永不再回。面对无情的自然灾害，除了任由它蹂躏生命，空留悲伤，我们却完全无能为力！

然而还有更多的事故，是完全可以避免、可以预防、可以不让它发生的，却一样带走了那么多鲜活的生命，这样的教训，更为惨痛！

资料链接

2001年7月17日发生在广西南丹县大厂矿区龙泉矿冶总厂拉甲坡矿的特大透水事故，这是一起因南丹县大厂矿区非法开采，以采代探，乱采滥挖，矿业混乱，违章爆破引发特大透水的重大责任事故。事故造成81名矿工死亡，直接经济损失8000余万元。

2002年6月20日，黑龙江鸡西煤矿发生特大瓦斯爆炸事故，115名矿工遇难。

2003山西"3·22"特大瓦斯爆炸事故截止到26日9时，山西省吕梁地区孝义市驿马乡孟南庄煤矿已经发现62人遇难，10人下落不明。

2003年1月，江西丰城建新煤矿特大瓦斯爆炸事故致49人遇难。

2004年10月，河南大平煤矿因"特大型煤与瓦斯突出"而引发特大瓦斯爆炸事故，遇难矿工达148人。

2004年11月20日，河北沙河铁矿发生特大火灾事故，70人遇难。

2004年11月，陕西铜川陈家山煤矿特大瓦斯爆炸事故死亡矿工166人。

2005年2月，辽宁孙家湾煤矿特大瓦斯爆炸事故遇难214人。

2005年3月，山西朔州平鲁煤矿特大瓦斯爆炸事故遇难72人。

2005年7月，新疆阜康神龙煤矿特别特大瓦斯爆炸事故遇难83人。

2005年2月14日辽宁省阜新市煤矿矿难213人死1人失踪。

2007年12月5日，山西省临汾市洪洞县瑞之源煤业有限公司发生特别重大瓦斯爆炸事故，造成105人死亡、18人受伤，直接经济损失4275万元。

2008年5月12日，汶川发生8级地震，近10万生命随风而逝，37万余人受伤。

2009年5月17日下午，湖南株洲市区红旗路一高架桥发生坍塌事故，确认9人死亡，17人受伤，另外还有包括一辆公交车在内的22台车被压。

2009年6月5日8时25分许，成都北三环附近一辆9路公交车发生燃烧，致27人遇难、72人受伤的事故……

事故触目惊心！

而这一组数据不过是近年来发生的重大安全事故的冰山一角。资料显示，仅2007年，全国事故总量50万起，平均每天1387起，因事故死亡平均一天278人；2007年发生重特大事故86起，平均4.2天就发生一起；生产亿元GDP死亡率是先进国家的10倍。平均每天死亡278人，其中包括交通事故、火灾、抢劫、意外、生产安全事故等众多方面……

可见，事故是生命最大的威胁！

不出事故，一切都好，一旦事故发生，带走的，就是那些鲜活美丽的生命；留下的，就只有伤悲和眼泪！

这一个个鲜活的生命背后，还给亲人留下难以弥合的创伤，给家庭、企业、社会留下沉重的包袱和不稳定因素。一起安全事故的发生，对于一个企业来讲，其损失足惨重的，尤其是重大安全事故对企业的损失更大。可对于一个家庭来讲，不是能用损失来衡量的，它是一场无法弥补的灾难，是永远挥之不去的噩梦，是永无尽头的伤痛！父母失去儿子、妻子失去丈夫、子女失去父亲、情侣失去爱人……一幕又一幕惨景，留下的永远只是泪水和悲恸。

　　所以，珍爱生命，重视安全，就必须提高事故预防意识，认识到事故对生命的巨大威胁，认识到事故的巨大危害，认识到事故的惨痛后果，并把事故消灭在发生之前，才能真正保护我们生命的安全。

任务2　任何事故都是可以预防的

事故如此可怕，事故对生命的威胁如此严重，那么我们该怎样才能杜绝事故，减少事故对生命的威胁，降低事故对生命的危害呢？答案只有一个：预防！

安全事故可以预防吗？答案是肯定的，不仅是可以预防的，而且是可以避免的。现代企业安全的典范企业杜邦公司便提出了"任何事故都是可以预防的"理论，并身体力行，用杜邦企业的安全成果有力地证明了这一结论的正确性。

知识链接

杜邦是世界500强企业中历史最悠久的企业，已经有了二百多年的历史。杜邦CEO贺利得总结企业基业常青的核心原因，是永不动摇的4个承诺：安全、职业道德、环保与健康、对人的尊重。在企业界提起"杜邦"，人们就会想到"安全"；各大公司制定安全技术标准时，杜邦是最好的参照物，甚至许多航空公司都在引进杜邦的管理系统。"9·11"后，就连美国政府也在向杜邦咨询安全管理问题。而杜邦公司一直生产和经营的都是如火药、炸药、化学药品等高危产品。

从1802年杜邦初建开始，产品几乎全部是最易引起事故的黑火药。火药时刻会爆炸，尽管创始人E.I.杜邦在厂房选址及车间设计上，充分考虑了将可能的爆炸造成的损失减少到最小，但接二连三的重大伤亡事故仍然发生，以至于E.I.杜邦的几位亲人也没能逃脱厄运。其中，最大的事故发生在1818年，一百多名员工中，有四十多人伤亡，企业一度濒临破产。

刻骨铭心的事故让创始人E.I.杜邦体会到，设备和厂房的安全并不能完全杜绝安全事故，真正的安全，必须有制度和意识的保证。事故发生后不久，E.I.杜邦做出了今天看来可堪称影响杜邦历史的三个决策：首先，建立管理层对安全的责任制度，而不专设安全生产部门。即：从总经理到厂长、部门经理、组长等，所有管理者均是安全生产的直接责任人。其次，建立公积金制度，即：从员工工资、企业利润中定期提取公积金，为万一发生的事故提供经济补偿。第三，建立"以人为本"的安全管理理念。即：通过各种形式的宣传教育，让员工真正认识到，安全生产并不是对他们生产行为的约束与纠正，而是对他们人身的真正关怀与体贴。

200年来，杜邦不折不扣地执行着上述三条决策。以至于今天，安全观念已成为杜邦独特企业文化的一部分：每次公司召开会议，主持人首先要做"安全提示"，提醒与会者安全通道出口的位置，及如遇紧急情况时应采取的措施；在公司办公室中，坐椅者绝不可使座椅两腿着地；公司更是要求杜邦员工及其家属在乘任何机动车辆时，应随时系好安全带。

20世纪40年代，该公司提出了"所有事故都是可以预防的"理念，而提出这个理念的基础，就是这个公司从1912年开始的安全数据的统计工作。大量的统计数据，所有的事故分析，都支持了这个结论。因此，杜邦公司把所有的安全目标都定为零，包括零伤害、零职业病和零事故。他们有严密的安全原则和必胜的安全信念，尽力斩断"事故链"的每一个环节，达到工作时比在家里还要安全十倍的理想境界。

现在的杜邦公司，已经成为"全世界工作最安全的地方"，成为全球企业安全的典范。它的安全文化、安全措施以及安全理念正在成为众多企业学习的榜样。

一切事故都是可以预防的。这个结论与海因里希的安全法则正好可以互相佐证。海因里希法则又称"海因里希安全法则"或"海因里希事故法则"，是美国著名安全工程师海因里希提出的，海因里西法则的另一个名字是"1∶29∶300 法则"；也可以是"300∶29∶1 法则"。这个法则意思是说，当一个企业有 300 个隐患或违章，必然要发生 29 起轻伤或故障，在这 29 起轻伤事故或故障当中，必然包含有一起重伤、死亡或重大事故。这一法则用于企业的安全管理上，即在一件重大的事故背后必有 29 件"轻度"的事故，还有 300 件潜在的隐患。可怕的是对潜在性事故毫无觉察，或是麻木不仁，结果导致无法挽回的损失。海因里希法则不仅仅说明事故是可以预防，而且说明了隐患对于事故的巨大威胁。

把杜邦的理论和海因里希的法则结合起来看，就可以很明显地看出，事故确实是可以预防的，可以把事故消灭在未发生之前的，只要我们把事故发生之前的 300 个违章或隐患找出来，消灭掉；把 29 件轻伤事故提前预防，不让它发生，威胁生命安全的重大事故就必然无处隐藏，无处逃遁，不可能再发生！

当然，一切事故都是可以预防的，这并不是说事故不会发生。杜邦公司认为，工作场所从来都没有绝对的安全，决定伤害事故是否发生的是处于工作场所中员工的行为。企业实际上并不能为员工提供一个安全的场所，只能提供一个使员工安全工作的环境。美国学者认为，98％的事故是人祸，我国官方也承认，特别重大事故几乎 100％是责任事故，都是人为事故；正因为事故大多是人的因素引起的，而人的行为是可以通过安全理念、意识、制度等加以约束和控制的。所以，人是可以成为事故的起点，也可以成为事故的终点。只要抓好了人的管理，抓好了员工的意识，抓好了员工思想，抓好了员工的行为，杜绝违章违纪，消除隐患，安全事故自然就可以避免了，安全事故的发生也必将极大地减少。

事故可以预防，也可以避免，关键在于人，在于每一个珍爱生命、维护安全的员工，在于每一个员工在工作中的每一个细节，在于我们在任何时候都有高度的事故预防意识。

任务3　预防事故千万不能放过隐患

　　隐患是安全的天敌，正是大量隐患的存在，为安全事故的发生埋下了祸端。安全的核心就是预防事故，预防事故的关键就是查找和治理隐患，确保作业人员的安全。

　　对于事故的概念，不同的行业有不同的描述。广义的是指人们在生产、工作和生活中可以预见的危险、行为人过失或者轻信可以避免而发生的对本人或者他人造成身体伤害和财产损失的灾祸。事故区别于自然灾害，自然灾害多是不可预见的、人力不可抗拒的所造成人身和财产的损失。事故的发生规律告诉我们，一切事故皆可预防，一切事故皆可避免。事故链原理就是最好的佐证：初始原因→间接原因→直接原因→事故→伤害，只要这一系列和一连串事件中有一件不发生，事故就会戛然而止。海因希里法则要告诉我们的也是说事故是有征兆的、有苗头的，而且之前主要表现为隐患，那么我们就可以去发现隐患，并将其消灭在萌芽状态，从而达到预防和避免事故的目的。

　　隐患之所以叫做隐患，当然是因为它以隐蔽性为主要特点，并以安全状态为假象，因而常常不被人们关注。要找到并消除隐患，就要求我们每一位员工都要以高度的安全责任心来认真对待，练就一副洞察隐患的"火眼金睛"，才能把事故隐患暴露在光天化日之下的，并坚决果断地消灭它。

　　生产过程中的事故隐患，具有相当强的不稳定性和时段性。在没有人为整改因素状态下，隐患可以很快演变为事故。许多生产事故在发生前，不是我们没有发现隐患，而是漠然处之，存有侥幸心理，姑息养奸，听之任之，任其发展，其结果是生产事故的必然爆发。

资料链接

　　1995年9月9日，某作业队在H2-6井下油管作业时，职工马某负责拉油管，由于他所用的24管钳牙口磨损严重，未咬紧油管，上提油管单根时，管钳打滑，油管前冲，接箍挂在井口上，油管尾部翘起将马某的头部砸成重伤，终至不治身亡。造成此次事故的直接原因是管钳打滑；井口摆放的油管枕高度低于井口法兰。这个事故给我们的启示是：当班职工责任心不强，安全意识淡薄，没有认真检查工具所潜藏的安全隐患。

　　如果当时能仔细地检查一遍，这样的悲剧或许就不会发生。但是，安全没有如果、没有或许，安全与不安全就在一瞬间、一滴油漆上，其分界不过就在一扇门的开和关之间。

　　安全隐患还有一个特点就是小、细、微。唯其小，才易被忽视；唯其细，才不易被发现；唯其微，才不容易被重视。在预防事故工作中，有些事情看起来微不足道，实际上非同小可，有的小事捅出大娄子，懊悔不已；有的无视安全，酿成大祸；有的违章操作，命丧黄泉。俗话说："沙粒虽小伤人眼，小雨久下会成灾。"小过错与大祸端没有不可逾越的屏障，事物量变到一定程度就会引起质变，小过错不可小视。

资料链接

　　某矿采煤队一位员工在对工作面机头顶板进行支护时，发现有一根液压支柱有轻微的卸压现象，可他没当一回事，继续工作，然而顶板突然大面积来压力将卸压支柱压倒，造成顶板矸石垮落打断了他的右脚，造成了事故。

　　2004年12月20日河北省沙河市"11·20"铁矿火灾事故，造成数十人死亡，矿井发生火灾的原因查明为主井盲井电缆内燃引发坑木燃烧。

　　所以要把好预防事故这道关，保护生命安全，就一定不能放过隐患。要利用各种形式查找存在的隐患，这些隐患包括我们思想意识上的隐患、工作态度上的隐患、生产系统中的隐患、工作岗位上的隐患，等等，每一种查了的隐患都要尽快整改、处理和消除。如有一些职工历来遵守岗位纪律挺好，偶尔一次值班中脱岗了几分钟，而事故便恰恰发生了。事后，当事者说："真想不到，脱岗就那么一会儿，就偏偏出了事。"这种"想不到"就是安全生产最大的隐患，思想意识上的隐患。因为岗位上制定的操作规程、岗位责任制、劳动纪律都是经过长期的工作实践积累总结出来的，是安全生产的法宝。干工作凭侥幸，难免不出事故，就难免有"想不到"的感叹，而往往等想到、认识到的时候，后悔也就晚了。隐患无大小，在隐患的治理整改上不存在大小之分，小隐患也可能酿成大事故。即使隐患再小，隐藏得再深，就是用放大镜、用显微镜也要把它找出来，不让这小小的隐患酿成大的灾难。

　　古人说："明者见于未萌，智者避危于无形，祸因多藏于隐微，而发于人之所忽者也。"意思是：明智的人在事故发生前就有了预见，有智慧的人在危险还没有形成的时候就避开了，灾祸本来就大多藏在隐蔽不易发现的地方，而突发在人的忽略之处。消除事故隐患才能真正有效地避免生产事故的发生，才是我们安全生产工作的根本所在，才能使安全真正根植于心，融于血，时时处处绷紧安全这根弦，用放大镜甚至显微镜来查找隐患，才能做到防患于未然。

任务4 识别危险源，堵住事故发生的源头

事故是生命安全最大的威胁，珍爱生命就一定要预防事故发生。预防事故不仅要经常查找隐患，消除隐患，更需要有一双能识别危险源的火眼金睛，把那些危险源找出来，对它实行风险评价和控制，事先制定有效的防范措施，就可以大大降低事故发生率，保证生命安全和健康。

危险源是事故发生的源头，是指可能导致伤害、疾病、财产损失、工作环境破坏或这些情况组合的根源或状态，简而言之，就是事故发生的根源和源头。凡是具有导致安全事故发生的各种因素都称为危险源。危险源可以是一次事故、一种环境、一种状态的载体，也可以是可能产生不期望后果的人或物。可以理解为存在危险的一台设备、一套装置、一处设施或一个系统，也可以是其中的某一部分。例如因为液化石油气在生产、运输等过程中，可能发生泄漏，引起火灾、爆炸或中毒事故，所以充装了液化石油气的储罐是危险源。

在通常情况下，生产过程中的能量或危险物质受到约束或限制，不会发生意外释放，即不会发生事故。但是，一旦这些约束或限制能量、危险物质的措施受到破坏、失效或发生故障，就会导致事故的发生。

危险源主要包括以下三种：

一、人的不安全行为

人的不安全行为是指人的行为结果偏离了被要求的标准，即没有完成规定功能的现象。人的不安全行为也属于人的失误。人的失误会造成能量或危险物质控制系统的故障，使屏蔽破坏或失效，从而导致事故发生。

二、物的不安全状态

物的不安全状态是指机械设备、装置、元部件等由于性能低下而不能实现预定功能的现象。物的不安全状态可能是固有的，由于设计、制造缺陷造成的；也可能是由于维修、使用不当或磨损、腐蚀、老化等原因造成的。

三、作业场所的环境因素

作业场所的环境因素人和物同时存在的环境，即生产作业环境中的温度、湿度、噪声、振动、照明或通风换气等方面的问题，会促使人的失误或物的故障发生。

辨识危险源应考虑以下几种因素：

（1）活动或操作性质。

（2）危害分析的目的。

（3）工艺过程或系统的发展阶段。

（4）所分析的系统和危害的复杂程度及规模。

（5）现有人力资源、专家成员及其他资源。

（6）潜在风险的大小。

（7）信息资料及数据的有效性。

（8）是否符合国家法律、法规或合同要求。

辨识主要要从人、物料、设备或环境以及作业习惯等几个方面对危险、危害因素进行辨识分析：

1. 作业人员有可能受到的伤害

（1）有无被机械设备、工具夹住的危险。

（2）有无高处坠落的危险。

（3）有无被机械设备卷入的危险。

（4）有无因环境因素被跌倒的危险。

（5）有无可能触电的危险。

（6）有无伤害身体的作业姿势。

（7）有无被烫伤的危险。

（8）有无碰到其他物品。

（9）有无将手、脚、腿切断的危险。

（10）其他行动方面有无什么问题。

2. 设施、设备、物料或环境等不安全条件

（1）有无机械设备突然运转起来的情况。

（2）有无即将倒塌的危险。

（3）有无掉落的危险。

（4）有无粉状物质喷射伤人的危险。

（5）有无物品溅起伤人的危险。

（6）有无易燃易爆的危险。

（7）有无适宜的光线和照明。

（8）在通道、过道中或者工作区域内有无坑、洞、凸出物、杆状物。

（9）有无像化学物品、沙尘、辐射或者噪音污染环境的危险。

（10）有无不安全的物品放置和储存情况等。

3. 不安全的作业习惯

（1）不发出警告或者运动的信号。

（2）不正确使用和穿戴个人防护装备及用品。

（3）使正在工作的人员分心、精力不集中等。

（4）不遵守速度和装载限制。

（5）在设备上工作时不使用锁定装置。

（6）关闭或者移动警报和电子装置。

（7）使用不合格的零件、部件和工具。

（8）在有运动危险的设备下工作、停留。

（9）使用无权使用的设备和工具。

危险源是事故的源头，只有善于识别危险源，并找到它们，从源头上消灭事故，才能保证事故不会发生，保证生命的安全。

严格地说来，危险其实是无处不在的。因而危险源辨识要从职工上班出家门开始→职工到单位→开班前会→换衣上岗→到达工作岗位→（开始工作—按工序）工作过程→完成工作→返回→班后会→下班回家的过程中可能发生的危险排列出来，逐一辨识，汇集成表。

员工要掌握原材料物性和设备工作原理，对各种异常情况，员工能够根据工作原理作出正确判断。任何时候都要有一个危险的意识，全过程识别危险源。全过程识别包括三个时间段：

作业前，员工要根据作业任务进行全面识别，进行事故预想，按照流程进行巡回检查，做好应急准备。

作业中，员工要兼顾生产和安全的关系，不放松警惕，不麻痹大意，不放过任何一个疑点。

作业后，要仔细检查，不给接班人员或者自己明天的工作留下隐患。日本企业推行的5S管理，开展以整理、整顿、清扫、清洁和素养为内容的活动，在作业后要做好整理、整顿、清扫、清洁的工作，所用的材料、工具，哪些还要用，哪些不再用，都要进行整理归类。收拾整理、打扫干净，都有利于发现危险源，清除危险源。

当然，危险源仅仅辨识出来就不管了，是没有任何意义的，辨识出的危险源要及时如何控制和整改，才能起到预防事故的作用。这需要每一个员工的自觉，更需要企业或是班组的督促和检查，进行动态管理，科学评价，才能有效控制，并持续改进。

任务5　掌握事故预防要点，预防事故发生

　　事故的危害包括可能发生的人员伤亡或财产损失，造成生产经营活动停滞，严重的造成社会稳定等重大社会影响。按伤害的种类分为：物体打击、车辆伤害、机械伤害、起重伤害、高处坠落、火灾、触电（包括雷击）等20种。

　　对于员工而言，事故可能会随时发生，这不仅要求我们严守规章制度、遵守劳动纪律，按照操作规范来操作，还需要我们懂得基本的安全知识，学习岗位安全技能，更需要我们全面掌握各种事故的预防要点，对各种有可能发生的事故控制和预防措施了然于胸，才能真正预防事故的发生。

一、机械伤害事故预防要点

　　机械伤害事故是人们在操作或使用机械过程中因机械故障或操作人员的不安全行为等原因造成的伤害事故。发生事故以后，受伤者轻则皮肉损伤，重则伤筋动骨、断肢致残，甚至危及生命。预防机械伤害应从以下几方面入手：

　　（1）检查机械设备是否按有关安全要求，装设了合理、可靠又不影响操作的安全装置。

　　（2）检查零部件是否有磨损严重、报废和安装松动等迹象，发现后应及时更换、修理，防止设备带病运行。

　　（3）检查电线是否破损，设备的接零或接地等设施是否齐全、可靠。

　　（4）检查电气设备是否有带电部分外露现象，发现后应及时采取防护措施。

　　（5）检查重要的手柄的定位及锁紧装置是否可靠，发现问题及时修理。

　　（6）检查脚踏开关是否有防护罩或藏入机身的凹入部分内，如果没有，应改正以后才能操作。

　　（7）操作人员在操作时应按规定穿戴劳动防护用品，机加工严禁戴手套操作，留长发人员应戴工作帽，且长发不得露出帽外。

　　（8）操作设备前应先空车运转，确认正常后再投入运行。

　　（9）刀具、工夹具以及工件都要装卡牢固，不得松动。

　　（10）不得随意拆除机械设备的安全装置。

　　（11）机械设备在运转时，严禁用手调整、测量工件或进行润滑、清扫杂物等。

　　（12）机械设备运转时，操作者不得离开工作岗位。

　　（13）工作结束后，应关闭开关，把刀具和工件从工作位置退出，并清理好工作场地，将零件、工夹具等摆放整齐，保持好机械设备的清洁卫生。

二、触电事故预防要点

触电事故是指操作人员身体接触高压或低压带电设备或导线而造成的伤害事故。

（1）电气操作属特种作业，操作人员必须经培训合格，持证上岗。

（2）车间内的电气设备，不得随便乱动。如果电气设备出了故障，应请电工修理，不得擅自修理，更不得带故障运行。

（3）经常接触和使用的配电箱、配电板、闸刀开关、按钮开关、插座、插销以及导线等，必须保持完好、安全，不得有破损或带电部分裸露现象。

（4）在操作闸刀开关、磁力开关时，必须将盖盖好。

（5）电气设备的外壳应按有关安全规程进行防护性接地或接零。

（6）使用手电钻、电砂轮等手用电动工具时，必须：

①安设漏电保安器，同时工具的金属外壳应防护接地或接零。

②若使用单相手用电动工具时，其导线、插销、插座应符合单相三眼的要求，使用三相的手动电动工具，其导线、插销、插座应符合三相四眼的要求。

③操作时应戴好绝缘手套和站在绝缘板上。

④不得将工件等重物压在导线上，以防止轧断导线发生触电。

（7）使用的行灯要有良好的绝缘手柄和金属护罩。

（8）在进行电气作业时，要严格遵守安全操作规程，遇到不清楚或不懂的事情，切不可不懂装懂，盲目乱动。

（9）一般禁止使用临时线。必须使用时，应经过机动部门或安技部门批准，并采取安全防范措施，要按规定时间拆除。

（10）移动某些非固定安装的电气设备，如电风扇、照明灯、电焊机等，必须先切断电源。

（11）在雷雨天，不可靠近高压电杆、铁塔、避雷针的接地导线 20 米以内，以免发生跨步电压触电。

（12）发生电气火灾时，应立即切断电源，用黄沙、二氧化碳、四氯化碳等灭火器材灭火。切不可用水或泡沫灭火器灭火。

（13）打扫卫生、擦拭设备时，严禁用水冲洗或用湿布去擦拭电气设备，以防发生短路和触电事故。

（14）建筑行业用电，必须遵守《施工现场临时用电的安全技术规程》。

三、物体打击事故预防要点

物体打击伤害往往表现为飞出或弹出的物体，如工具、工件、零件等等对人员造成的伤害。为了预防物体打击事故，可从以下几方面入手：

（1）牢固树立不伤害他人和自我保护的安全意识。

（2）高处作业时，禁止乱扔物料，清理楼内的物料应设溜槽或使用垃圾桶。手持工具和零星物料应随手放在工具袋内，安装更换玻璃要有防止玻璃坠落措施，严禁乱扔碎玻璃。

（3）吊运大件要使用有防止脱钩装置的钓钩和卡环，吊运小件要使用吊笼或吊斗，吊运长件要绑牢。

（4）高处作业时，对斜道、过桥、跳板要明确有人负责维修、清理，不得存放杂物。

（5）严禁操作带病设备。

（6）排除设备故障或清理卡料前，必须停机。

（7）放炮作业前，人员要隐蔽在安全可靠处，无关人员严禁进入作业区。

四、起重伤害事故预防要点

预防起重机伤害事故，要做到以下几点：

（1）起重作业人员须经有资格的培训单位培训并考试合格，才能持证上岗。

（2）起重作业人员在操作前应检查起重机械的安全装置，如起重量限制器、行程限制器、过卷扬限制器、电气防护性接零装置、端部止挡、缓冲器、联锁装置、夹轨钳、信号装置等是否齐全可靠，否则不准进行操作。

（3）平时应严格检验和修理起重机机件，如钢丝绳、链条、吊钩、吊环和滚筒等，发现报废的应立即更换。

（4）建立健全维护保养、定期检验、交接班制度和安全操作规程。

（5）起重机运行时，任何人不准上下；也不能在运行中检修；上下吊车要走专用梯子。

（6）起重机的悬臂能够伸到的区域不得站人；电磁起重机的工作范围内不得有人。

（7）吊运物品时，吊物不得从人头上过；吊物上不准站人；不能对吊挂着的东西进行加工。

（8）起吊的东西不能在空中长时间停留，特殊情况下应采取安全保护措施。

（9）起重机驾驶人员接班时，应对制动器、吊钩、钢丝绳和安全装置进行检查，发现性能不正常时，应在操作前将故障排除。

（10）开车前必须先打铃或报警，操作中接近人时，也应给予持续铃声或报警。按指挥信号操作，对紧急停车信号，不论任何人发出，都应立即执行。

（11）确认起重机上无人时，才能闭合主电源进行操作。

（12）工作中突然断电时，应将所有控制器手柄扳回零位；重新工作前，应检查起重机是否工作正常。

（13）在轨道上露天作业的起重机，当工作结束时，应将起重机锚定住；当风力大于 6 级时，一般应停止工作，并将起重机锚定住；对于门座起重机等在沿海工作的起重机，当风力大于 7 级时，应停止工作，并将起重机锚定好。

（14）当司机维护保养时，应切断主电源，并挂上标志牌或加锁。如有未消除的故障，应通知接班的司机。

五、车辆运输伤害事故预防措施

（1）车辆驾驶人员必须经有资格的培训单位培训并考试合格后方可持证上岗。

（2）人员通过路口时，必须做到"一慢二看三通过"，一定要先嘹望，在没有危险时才能通过。

（3）不可在铁路专用线上行走，更不可推车行走；严禁从列车下面通过。

（4）定期检查车辆的各种机构零件是否符合技术规范和安全要求，严禁带故障运行。

（5）汽车的行驶速度在出入厂区大门时，时速不得超过5公里；在厂区道路上行驶，时速不得超过20公里。

（6）装卸货物时不得超载、超高。

（7）装载货物的车辆，随车人员应坐在指定的安全地点，不得站在车门踏板上，也不得坐在车厢侧板上或坐在驾驶室顶上。

（8）电瓶车在进入厂房内，装载易燃易爆、有毒有害物品时严禁乘人。

（9）铲车在行驶时，无论空载还是重载，其车铲距地面不得小于300毫米，但也不得高于500毫米。

（10）严禁任何人站在车铲或车铲的货物上随车行驶，也不得站在铲车车门上随车行驶。

（11）严禁驾驶员酒后驾车、疲劳驾车、非驾驶员驾车、争道抢行等违章行为。

（12）在厂区内骑自行车时，严禁带人、双撒把或速度过快，更不得与机动车辆抢道争快；在厂房内严禁骑自行车。

六、高处坠落事故预防要点

高处坠落事故是指在高处作业中发生坠落造成的伤亡事故。高处作业指在坠落基准面2米以上的高处进行的作业。预防高处坠落事故要注意以下几点：

（1）熟悉高处作业的作业方法，掌握技术知识，执行安全操作规程。作业时要指定专人进行现场监护。

（2）禁止患有高血压、心脏病、癫痫病等禁忌病症的人员和孕妇从事高处作业。

（3）高处作业时要系好安全带，戴好安全帽，不准穿硬底鞋，以防滑倒导致坠落事故。

（4）作业前要检查护栏、架板是否牢固，有洞口的地方要盖好，在较危险的部位应在下方装设平网。

（5）做好楼梯口、电梯口、预留洞口和出入口的"四口"防护。

（6）在建筑施工中做好"五临边"的防护工作，"五临边"是指尚未安装栏杆的阳台周边、无外架防护的屋面周边、框架工程楼层周边、上下跑道、斜道、两侧边、卸料平台的外侧边等。

（7）在恶劣天气中（指六级以上强风、大雨、大雪、大雾），禁止从事露天高处作业。

七、火灾事故预防要点

防火工作是企业安全生产的一项重要内容，一旦发生火灾事故，往往造成巨大的财产损失或人员伤亡。预防发生火灾事故应从以下几个方面入手：

（1）不得随便进入易燃易爆场所，如油库、气瓶站、煤气站和锅炉房等工厂要害部位。

（2）在火灾爆炸危险较大的厂房内，应尽量避免明火及焊割作业，最好将检修的设备或管段拆卸到安全地点检修。如必须在原地检修时，应按照动火的有关规定进行，必要时还需请消防队进行现场监护。

（3）在积存有可燃气体或蒸汽的管沟、下水道、深坑、死角等处附近动火时，必须经处理和检验，确认无火灾危险时，方可按规定动火。

（4）进行道生炉、熬炼设备的操作，要坚守岗位，防止烟道窜火和熬锅破漏。同时熬炼设备必须设置在安全地点作业并有专人值守。

（5）火灾爆炸危险场所应禁止使用明火烘烤结冰管道设备，宜采用蒸汽、热水等化冰解堵。

（6）对于混合接触能发生反应而导致自燃的物质，严禁混存混运；对于吸水易引起自燃或自然发热的物质应保持使用贮存环境干燥；对于容易在空气中剧烈氧化放热自燃的物质，应密闭储存或浸在相适应的中性液体（如水、煤油等）中储放，避免与空气接触。

（7）进入易燃易爆场所进行操作的人员必须穿戴防静电服装鞋帽，严禁穿钉子鞋、化纤衣物进入，操作中严防铁器撞击地面。

（8）在存放可燃物时必须与高温器具、设备的表面保持有足够的防火间距，不宜在高温表面附近堆放可燃物。

（9）处置熔渣、炉渣等高热物时应防止落入可燃物中。

（10）应掌握各种灭火器材的使用方法。不能用水扑灭碱金属、金属碳化物、氢化物火灾，因为这些物质遇水后会发生剧烈化学反应，并产生大量可燃气体、释放大量的热，使火灾进一步扩大。

（11）不能用水扑灭电气火灾，因为水可以导电，容易发生触电事故；也不能用水扑灭比水轻的油类火灾，因为油浮在水面上，反而容易使火势蔓延。

（12）钢铁水泄露发生火灾，不可用水扑灭，因为高温金属液遇水会发生爆炸。

八、爆炸事故预防要点

爆炸事故发生的时间往往很短，使得在发生爆炸前几乎没有逃离和疏散的机会，因而容易造成较严重的伤亡事故。因此对容易发生爆炸事故的场所进行重点监控并采取预防措施是预防爆炸事故的重要手段。

（1）采取监测措施，当发现空气中的可燃气体、蒸汽或粉尘浓度达到危险值时，就应采取适当的安全防护措施。

（2）在有火灾、爆炸危险的车间内，应尽量避免焊接作业，进行焊接作业的地点必须要和易燃易爆的生产设备保持一定的安全距离。

（3）如需对生产、盛装易燃物料的设备和管道进行动火作业时，应严格执行隔绝、置换、清洗、动火分析等有关规定，确保动火作业的安全。

（4）在有火灾、爆炸危险的场合，汽车、拖拉机的排气管上要安火星熄灭器。

（5）搬运盛有可燃气体或易燃液体的容器、气瓶时要轻拿轻放，严禁抛掷，防止相互撞击。

（6）进入易燃易爆车间应穿防静电的工作服、不准穿带钉子的鞋。

（7）对于物质本身具有自燃能力的油脂、遇空气能自燃的物质以及遇水能燃烧爆炸的物质，应采取隔绝空气、防水、防潮或采取通风、散热、降温等措施，以防止物质自燃和爆炸。

（8）不能混合存放相互接触会引起爆炸的物质；遇酸、碱有可能发生分解爆炸的物质应避免与酸碱接触，对机械作用较为敏感的物质要轻拿轻放。

（9）防止生产过程中易燃易爆物的跑、冒、滴、漏，以防扩散到空间而引起火灾爆炸事故。

（10）锅炉操作人员必须经过有资格的培训单位培训并考试合格，取得操作证以后方可进行操作。

（11）锅炉、压力容器在使用前应检查安全阀、压力表、液位计等安全装置是否完好，否则不准使用；严禁超温超压运行。

（12）废旧金属在进入冶炼炉以前必须经过检查，清除里面可能混进的爆炸物。

（13）经常保持金属冶炼、浇注场地干燥，不能有积水，以防高温金属液泄露遇水发生爆炸。

九、坍塌事故预防要点

坍塌事故是指物体在外力和重力的作用下，超过自身的极限强度的破坏成因，结构稳定失衡塌落而造成物体高处坠落、物体打击、挤压伤害及窒息等事故。这类事故因塌落物自重大、作用范围大，往往伤害人员多、后果严重，常造成重大或特大人身伤亡事故。

（1）挖土方时，发现边坡附近土体出现裂纹、掉土及塌方险情时，应立即停止作业，下方人员要迅速撤离危险地段，查明原因后，再决定是否继续作业。

（2）加强对脚手架的日常检查维护，重点检查架体基础变化，各种支撑及结构联结的受力情况。

（3）当脚手架的前部基础沉陷或施工需要掏空时，应根据具体情况采取加固措施。

（4）当隐患危及架体稳定时，应立即停止使用，并制订针对性措施，限期加固处理。

（5）在支搭与拆除作业过程中要严格按规定和工作顺序进行。

十、冒顶事故预防要点

冒顶事故是井下矿山生产中发生的顶板冒落的事故，是对矿工人身安全健康威胁最大的灾害之一。据统计，在全国矿山每年因工死亡人数中，有40%是死于冒顶片帮事故，因此，加强对冒顶事故的预防具有十分重要的意义。

识别冒顶事故发生前的征兆，并采取相应的防范措施，是预防冒顶事故重要方法。冒顶前的征兆主要有：

1. 回采工作面冒顶前的征兆

（1）顶板连续发生断裂声，采空区内顶板发出闷雷声。

（2）顶板掉渣增多，裂缝增加，裂缝口变大。顶板下沉量明显增大。

（3）电钻打眼变得省力，这是因为冒顶前顶板压力增加，煤壁受压，片帮增多，煤壁被压疏，因而导致机械设备工作时负荷减小。

（4）工作面的木支架发生折断，可听到支架折断的声音，如底板岩性松软或分层开采支柱在煤层上，则支柱的下缩量增加。

（5）瓦斯涌出量或淋水量增加。

2. 局部冒顶前的征兆

（1）顶板岩石已有裂缝和缺口，其中小矸石稍受震动就掉落或有掉渣现象。

（2）支架受力大，发出声响，金属支架活柱下降。

（3）支架棚在支柱上错偏，棚梁上有声响，煤壁大片脱落片帮。

对回采工作面的冒顶事故应重点预防。

（1）应根据顶板岩石性质及岩石移动规律，选择正确的支架形式。

（2）当矿层倾角不大，顶板破碎而且压力较大时，宜采用横板棚子。当煤层倾角较大时，宜采用顺板棚子。

（3）回采工作面必须平整，不得留有伞檐和松动煤块。

（4）工作面和支架以及溜子都要尽量保持直线，而且必须及时支架。

（5）在打眼、放炮、割煤、移溜子等作业中碰到活损坏的支架必须及时修复，移溜子头时拆除支架的地点，必须及时加设临时点柱。

（6）支架要架设牢固，禁止在浮煤上架设。

十一、中毒窒息事故预防要点

当人体在有窒息性气体环境中时，窒息性气体导致人体呼吸系统终止呼吸而造成的伤亡事故就是中毒窒息事故。预防中毒窒息事故应根据环境中可能存在的窒息性气体的种类采取相应的预防措施。通常，预防中毒窒息事故应从以下几个方面入手。

1. 预防一氧化碳中毒

（1）冬天屋内生煤炉取暖必须使用烟囱，使"煤气"能够顺利排到室外。

（2）在产生一氧化碳的场所应经常测定空气中的一氧化碳浓度或设立一氧化碳警报器和红外线一氧化碳自动记录仪，监测一氧化碳浓度变化。

（3）进行煤气生产时应定期检修煤气发生炉和管道及煤气水封设备，防止一氧化碳泄漏。

（4）生产场所应加强自然通风，产生一氧化碳的生产过程要加强密闭通风；矿井放炮后必须通风20分钟以后，方可进入生产现场。

（5）进入一氧化碳浓度大的场所工作时，须戴防毒面具；操作后，应立即离开，并适当休息；作业时最好多人同时工作，便于发生意外时自救、互救。

2. 预防氮氧化物中毒

（1）酸洗设备及硝化反应锅应尽可能密闭和加强通风排毒。

（2）定期维修设备，防止毒气泄漏。

（3）加强个体防护，进入氮氧化物浓度较高的场所工作时应戴防毒面具。

3. 预防氯中毒

（1）严守安全操作规程，防止跑、冒、滴、漏，保持管道负压。

（2）排放含氯废气前须经石灰净化处理。

（3）检修或现场抢救时必须戴防护面具。

4. 预防氢氰酸中毒

（1）加强密闭通风。

（2）严格遵守安全操作规程。如氰化物的保管、使用和运输应有专人负责；建立严格的专用制度；用氰化物熏仓库时要防止门窗漏气，并须经充分通风方可进入。

（3）加强个体防护。应配备防护服、手套、防毒口罩（活性炭滤料）或供氧式防毒面具；车间应配备洗手、更衣设备以及急救药品。

（4）操作工人在就业前应进行体检，上岗后还应定期体检。

5. 预防硫化氢中毒

（1）改进工艺，减少硫化物的用量。

（2）加强密闭、通风，经常测定车间硫化氢的浓度。

（3）排放硫化氢以前，应采取净化措施。

（4）加强个体防护。进入具有硫化氢中毒危险的场所时，应先对环境毒情进行检测，并采取通风置换，戴防毒面具等措施。进入井、坑作业，应带好和拴牢安全带，佩戴氧气呼吸器面具，使用信号联系，并有专人监护。

（5）在有硫化氢的生产中，要按工艺严细操作，防止失控。

（6）有神经、呼吸系统疾患，眼睛等器官有明显疾患者，不应从事硫化氢的作业。

事故是可以预防的，只要员工小心谨慎，不放过任何一个隐患，不进行一次违章操作，把安全时时放在心上，掌握事故预防的要点，一定可以把事故消灭在发生之前，保护生命的安全。

复习思考题

1. 火灾事故预防要点？

2. 触电事故预防要点？

3. 车辆运输伤害事故预防要点。

模块十一　加强自救互救意识

不论我们如何小心，如何谨慎，有些自然灾害、突发事故以及重大生产事故还是避免不了地会发生，会让我们碰上。这时候，唯有自救和互救，才是保障生命的唯一办法，维护生命的最后屏障。所以，珍爱生命，一定要有自救互救的意识，要学习自救互救知识，突遇事故时积极展开自救和互救，对于保护生命，作用非凡。

任务1　自救和互救是生命最后的屏障

任何人都不愿发生事故，可是，事故却总会不期而至，威胁着我们的生命，伤害着我们的一切。自然灾害、突发事故及一些重大的生产事故还是不可避免地会降临。这时候，唯有自救和互救，才是保障生命的唯一办法，维护生命的最后屏障。所以，珍爱生命，一定要有自救和互救的意识，必须掌握一定的自救和互救的知识，才能真正呵护生命，保证安全。

自救和互救，对于保障生命安全有多重要？我们从下面的资料可以看出：

从有关资料上看到，唐山大地震使一个百万人口的工业重镇瞬间夷为平地，因为大地震是发生在深夜，致使六十余万人被埋压在废墟里。地震发生后，自行脱险的人们自发形成救助大军，唐山大地震中还有一个非常感人的自救互救的故事，说的是空军某部队一个小伙子埋在废墟里，一点都不能动，只是一只手的指头能动，他慢慢的扒着终于他象旱地拔葱似的把自己的身体从土里拔了出来。他高兴地喊着："我活了。"就在他出来的同时，他听见废墟里有多人在喊救命。他喊道："别喊我马上救你们。"他一个人救出了好几个人，出来的人又加入了救人的队伍。很多人都是这样在自救和互救中脱险和活命的。根据有关资料估算，通过灾区人民自救互救脱险的约有48万人，占被埋压人的80%以上。这说明自救互救活动在灾难来临时抢救生命占据着极其重要地位。

我们的生活中，灾难何其多，大洪水、泥石流、火山喷发、地震、台风、火灾、车祸……

各种意想不到忽然而至的灾难，随时都有可能降临我们面前，伴随着他们的是死神黑色的身影。难道我们就等着它们任意来作弄我们吗？不能，当然不能，我们每个人都应有生活的信心，有战胜任何灾难的勇气。最重要的一条就是要自救和互救，只能靠自己，自己救自己，救家人，救最近的同事和朋友。

　　每一次大的灾难都有无数的生命之火熄灭，但也创造了无数生命的奇迹，这些奇迹的关键，不仅在于他们自己对生命的渴望，对死神的抗拒，更在于他们掌握的自救互救知识和顽强的自救互救意志。他们的事例告诉我们又一个真理：只有具有自救互救的意识，具有自救互救的知识，积极自救和互救，才能挽救更多的生命。

案例链接

　　2008 年 5 月 12 日发生在四川汶川的惨烈的大地震中，留给我们太多的伤痛和泪水，但是，也让我们见证了许多生命的顽强，还有无数自救互救的奇迹。

　　2008 年 5 月 12 日 14 时许，刘刚均从绵竹汉旺镇坐车回天池乡的家。20 分钟后，车子行驶到"一把刀"处，遇上了地震。当时，周围的山体塌方，将他坐的车子砸得稀烂，一块巨大的小山一样的石头压住了他的右腿，他也出无法动弹，有好几个人曾想法将他救出，然而都无功而返。20 个小时后，妻子高永兰与十多个亲戚手拿钢锯、钢纤、大锤、绳子赶了来，但用尽了所有办法，都没能将压在他身上的山石撬动。刘刚钧请求亲戚将他的腿弄断，将他拖出来。亲戚们呆住了，谁也不敢。"求求你们，只有这样才能救我，不弄断我的腿，就是害我……"在刘刚均的一再请求下，侄儿刘利强同意了，刘利强因为害怕，手一直抖个不停，刘利强将脸扭到一边乱割，痛得刘刚均差点昏死。听到刘利强说了一句"好了"，亲人立即将刘刚均从巨石下拖了出来。因为担心失血太多，刘刚均又指挥刘利强去车上扯了两根电线，将他的断腿处缠死止血，最终送到医院获救。

　　2007 年 8 月 24 日 10 时左右，被困地下矿井 130 小时、5 天半的煤矿工人孟宪臣和孟宪有兄弟在有关部门停止救援之后，通过自救爬出北京市房山区史家营乡金鸡台村一非法采煤点。他们在井下喝小便解渴，坚持挖掘，互相鼓励，九死一生也不放弃自救和互救，终于奇迹生还。

　　从这些事例中可以看出一个关键的问题，突降灾难时，自救和互救是维护生命的最后手段，但如何自救互救才是关键的关键。这不是靠的灵光一闪，应该早有准备。所以我们平常积累自救互救的知识就非常重要，多一点自救互救知识，就给自己和同伴多一些活命的机会，就会减少更多的悲剧发生。

任务 2　自然灾害中的基本自救互救方法

灾难中常有这样的情况：身陷于同样的绝境，有人不幸遇难，有人幸运生还，关键往往在于是否掌握逃生技巧。

逃生，首先要在灾难中维持生命，然后设法离开险境而逃生。因此灾难中逃生的第一技巧就是维持生命。维持生命的基本条件主要有哪些呢？最主要是空气、水、食物以及可维持生命的基本环境条件。因而灾难发生后第一就要首先得到这些逃生的必备条件。

一、废墟掩埋

当人被塌方、废墟埋困时，如何维持一个生存空间十分重要。当你在突发的灾难中遇险被埋后，一旦清醒，首先是在黑暗中慢慢活动头部和四肢，清理口鼻和面部的泥沙，以获得较好的呼吸条件和自由活动空间，并摸清自己身处一个怎样的环境。黑暗中不宜以火照明，以防过多消耗空气中的氧。

接着设法清除身边的泥土和障碍物，力求拓展自由活动和呼吸的空间；发现自己有伤口流血应尽快进行包扎止血。对于不够稳定的废墟结构，给予必要的支撑加固，以防再度塌落而把自己压死压伤。

困于塌方、废墟下，切忌乱喊乱叫、焦躁不安，尽量保持安静，以减少氧气和体能的消耗。假如感觉憋气，可寻找周围的缝隙去贴近呼吸，以获得更多的氧气。假如缝隙中有光线透入，说明这里离外界较近，也是较好的空气来源的通道。

假如外界有声音传入，你可能即将获救。外面的声音很近时，你可以呼救；外界的声音较远，为了向外界传递信息，你最好以有节奏的敲打声与外界联系，敲打的东西能发出的声音越大越好。为了保存体力，这种敲击求救声可以间隔片刻发出一阵。

二、缺水环境

水分是人体最主要的组成部分，也是人体各种器官组织进行正常生理活动的基本条件。正常情况下，体重 120 斤的成人一天约需要 2.5 升水。人体不能及时补充水分，生理活动就会失常，连续几天没有水分补充就会死亡。人的断水存活时间与环境的温度、湿度等条件有关。如果在高温而干燥的沙漠里断水，大约 3 天生命就要结束。如果空气潮湿、温度宜人，一个人静静地躺在那里减少无谓的消耗，生命大约在水要没有异味、没有颜色等异样情况才能饮用，除非你确信无毒，否则每次不宜饮用过多，尤其是最初一次饮用时，以防万一。

三、发求救信号

当你被意外灾祸困于浩瀚大海、茫茫沙漠、无边旷野时，你必须向外界发出求救信号，让外界知道你正处于绝境之中等待着救援；当营救人员来临时，你也需要发出信号，让他们知道你所处的确切位置，以便及时获得救助，所以发信号也是一种重要的逃生技巧。

求救信号的种类与手段到底有多少呢？很难讲清楚，我们仅选择几种常用的方法介绍给大家：

火堆信号。在旷野上可点燃等距离的三堆火焰，形成一个等边三角形的三个顶角。这是民间常用的救救信号。在夜幕下，火光非常显眼，当然能引起人们的注意；在白天，可以用青草树枝叶等压在火堆上，让火堆冒出浓烟向外传递求救信号。当然要注意安全，千万不可酿成火灾。

灯火信号。在夜间利用灯或手电筒向外发出求救信号，常用的方法是每分钟闪光 6 次，反复进行多次。

镜子反射信号。晴天利用镜子反射太阳光作为信号，可以吸引人们的注意，一般也是每分钟 6 次，重复反射。如果没有镜子，可以利用玻璃、光滑明亮的金属片、眼镜等做代用品。

书写信号。可利用石块、树干、衣服等物摆放出巨大的"SOS"这一国际通用的求救信号。要记住，选一个开阔平坦的地面，摆放或书写出的"SOS"字体越大越易被人发现。

直接求救信号。这种信号传递的距离不会很远，一般在迎接营救人员的到来，显示自己所在具体位置时才用。可身着色彩鲜艳的衣服、帽子，手中舞动鲜艳的衣物，站立在空地上凸起的地方，引起来者的注意。距离再近些，还可辅以呼喊声，或用哨子、敲打金属等发出求救的声音信号。

任务3 风灾中的自救互救方法

一、遭遇飓风自救互救方法

飓风的危害与魔鬼堪有一比。它所经之处，房屋被摧毁，道路被淹没，树木被连根拔起，船只被抛至岸边。飓风还常常引起大范围的洪涝灾害，甚至导致海啸、山崩、泥石流和滑坡等严重的自然灾害。所以防范和自救很重要。

如果在未来的24小时至36小时内有飓风来临，那么当地的天气预报就会发出飓风预防。如果飓风来临时间在24小时之内，将会发出飓风警报，要随时了解最新消息，做好一切准备工作。

躲开飓风即将经过的路线。远离海滨，那儿将被破坏，并伴有洪水，远离入海口的河岸。

在家的话把整个建筑物的窗户钉住或者完全堵住。用胶带粘贴窗户将无济于事。把诸如垃圾箱、花园椅子等户外用具搬入室内，以防止被狂风卷上天空。

如在海上，放下船帆，封住船舱，把所有的工具收藏好。

躲入地下室，最好离开有门窗的地方，因为飓风有可能掀起整个房顶。

如在户外，可躲到洞穴或沟渠，如果暂时没有藏身之处，可平躺在地面上，这样会使你减少被乱飞的碎物击中的危险。

如果暂时安全最好待着别动，哪怕飓风似乎已经过去。因为一般在风眼过去后，通常平静不到一个小时，风就会从相反方向刮来。

二、龙卷风逃生方法

龙卷风是一种威力非常强大的旋风，多发生在春季。在龙卷风袭来时，正好在家时如何有效地保护自己呢？

龙卷风袭来时，应打开门窗，使室内外的气压得到平衡，以避免风力掀掉屋顶，吹倒墙壁。在室内，迅速撤退到地下室或地窖中，或到最接近地面的房间内，人应该保护好头部，面向墙壁蹲下。迅速到东北方向的房间进行躲避，远离门窗和房屋外围墙壁等可能坍塌的物体，尽可能用厚外衣或毛毯等将自己裹起，用以防御可能四散飞来的碎片。跨度小的房间要比跨度大的房间安全，贵重物品要向楼下转移，也可放在洗衣机、洗碗机等电器里。

在野外遭遇龙卷风时，记住要快跑，但不要乱跑。应以最快的速度朝与龙卷风前进路线垂直的方向逃离。也就是向龙卷风前进的相反方向或者侧向移动躲避。

来不及逃离的，要迅速找一个低洼地趴下。正确的姿势是：脸朝下，闭上嘴巴和眼睛，用双手、双臂保护住头部。

遇到龙卷风时，一定要远离大树、电线杆、简易房等，以免被砸、被压或触电。

躲避龙卷风最安全的地方是混凝土建筑的地下室或半地下室，简易住房很不安全。注意：千万不要待在楼顶上。

龙卷风已经到达眼前时，应寻找低洼地形趴下，闭上口、眼、用双手、双臂保护头部，防止被飞来物砸伤。

乘坐汽车遇到龙卷风，应下车躲避，不要留在车内。

三、台风自救逃生方法

关好门窗，检查门窗是否坚固；取下悬挂的东西；检查电路、炉火、煤气等设施是否安全。

将养在室外的动植物及其他物品移至室内，特别是要将楼顶的杂物搬进来；室外易被吹动的东西要加固。

台风引发的风暴潮容易冲毁海塘、涵闸、码头、护岸等设施，甚至可能直接冲走附近的人。台风来临前，海涂养殖人员、病险水库下游的人员、临时工棚等危险地段的人员都应及时转移。

沿海乡镇在台风来临前要加固各类危旧住房、厂房、工棚、临时建筑、在建工程、市政公用设施（如路灯等）、吊机、施工电梯、脚手架、电线杆、树木、广告牌、铁塔等，千万不要在以上地方躲风避雨。

台风来临时，千万不要在河、湖、海的路堤或桥上行走，不要在强风影响区域开车。

台风带来的暴雨容易引发洪水、山体滑坡、泥石流等灾害，大家心里要有这根弦，发现危险征兆应及早转移。

四、风暴中遇到电力设施受损，则现场隔离范围应离开断线处 8～10 米

如果看到裸露的电线或电火花，或闻到焦糊的气味，立即关闭主电路上的电闸，并向电工咨询。当发现户外高压线路倾斜或短路出现火花时，应立即拨打电话将事故地点报告电力部门。还要在附近竖立明显的标志牌，以免闲人进入触电。外出时，发现有线路断裂，应一面拨打抢修电话，一面防护，提醒路人及时避开。驾车出行时，如果电线掉在你的车前，不能下车，要绕开并继续往前开，直到离开电线为止。千万不要看见危险扬长而去，这样会留下事故隐患。

任务4　地震灾害事故中的自救互救方法

避震要点：震时就近躲避，震后迅速撤离到安全地方，是应急避震较好的办法。避震应选择室内结实、能掩护身体的物体下（旁）、易于形成三角空间的地方，开间小、有支撑的地方，地处开阔、安全的地方。

（1）要躲在坚固的家具下。

（2）赶紧熄火，关闭火源。

（3）不要仓皇逃出室外。

（4）发生火灾立即扑灭。

（5）要徒步避难，尽量少携东西。

（6）严禁在狭窄的地面、墙根、悬崖或河边停留。

（7）注意山崩和地裂。

（8）在海边要防海啸，在低洼地要防水淹。

（9）不要害怕余震，不要听信谣言。

（10）保持秩序，注意安全。

一、正在楼房内时避震方法

要保持清醒头脑，迅速远离外墙及其门窗；可选择厨房、浴室、厕所、楼梯间等开门小而不易塌落的空间躲震。千万不要外逃或从楼上跳下，也不能使用电梯。如果你在办公室里，就赶紧藏到办公桌下，不可站立和蹦跳，要尽量降低重心。地震过后要迅速撤离办公室，撤离时要走楼梯。

大家切忌不要跳楼，也不要贸然向外逃，应当保持头脑冷静，就近选择避震地方。在单元楼房内，选择开间小的洗漱室及厕所为好，况且上下水管道、暖气管道也起一定的支撑和拉扯阻挡的作用。

二、正在平房里时避震方法

应当充分利用12秒时间跑出室外，来不及跑时可躲在桌子下、床下及紧挨墙根的坚固家具旁。趴在地上，闭口，用鼻子呼吸，保护要害，并用毛巾或衣物捂住口鼻，以隔挡呛人的灰尘。正在用火时，应及时关掉煤气开关或电门开关，然后迅速躲避。

三、正在车间工作时避震方法

正在工厂的生产岗位时地震来了，必须保持冷静，迅速就地避震，千万不要乱跑。一定要采取紧急措施，使仪器、机床断电并停转。随手关闭易燃、易爆及有毒气体阀门。随即在机械设备下躲避。

四、正在公共场所时避震方法

在群众集聚的公共场所遇到地震，最忌慌乱。如果一哄而起发生乱冲乱撞、互相拥挤会导致人身伤亡，并造成人为的损失。地震时处在车站、商店、地铁等场所的人员，切忌乱逃生，要保持镇静。就地择物（排椅、柜架、桌凳等）躲藏，伏而待定。在饭馆中就藏在桌子下。在剧院、体育馆、体育场火警机场内，就藏在排椅之间，千万不能乱跑、乱挤。在影剧院，正常的散场时间需几十分钟，震时如果混乱，发生挤、踩、砸、撞，极有可能产生不必要的伤亡。

五、正在户外时避震方法

如果你在户外，不要冒着大地抖动的危险进屋去抢亲属，而是就地蹲下。匆忙进入或离开建筑物时，砸伤砸死的概率很大。

要停留在开阔的地带，远离建筑物或高压电线。震时照明最好用手电筒，不要使用蜡烛、火柴等明火。

地震时汽车是一个非常安全的地方，停车系好安全带滞留在车内。

骑自行车上的人遇到地震，会使重心不稳，左右摇摆，难以控制，要赶快下车，按序停放并就地蹲下。

在街道上行走，要避开电线变压器、烟囱及高大建筑物。正在行驶的车辆要紧急停车并设法停在开阔处。车上乘客要抓住座椅或车上牢固物件，不要急于外出。

应远离石化、化学、煤气等易爆有毒的工厂或设施，遇火情不可处于下风，宜躲避在上风有水处。要密切注意滑坡和泥石流，若遇到这些情况，应立即沿斜坡的横向水平方向撤离。

避震时，要注意保护好头部：用枕头顶在头上；用面盆顶在头上；用书包顶在头上；用双手护住头部。

六、地震时被压在废墟下的自救互救方法

破坏性地震发生后，被埋压人员能否得到迅速、及时抢救，对于减少震灾死亡意义重大。

从唐山大地震统计资料得知：地震后半小时内救出的被埋压人员生存率可达95％，24小时内救活率为81％，48小时内救活率为53％，由此可见，地震后及时组织自救、互救是非常重要的，对埋压者来说，时间就是生命。

1. 自救方法

自救是指被压埋人员尽可能地利用自己所处环境，创造条件及时排除险情，保存生命，等待救援。

地震时如被埋压在废墟下，周围又是一片漆黑，只有极小的空间，你一定不要惊慌，要沉着，树立生存的信心，相信会有人来救你，要千方百计保护自己。

地震后，往往还有多次余震发生，处境可能继续恶化。为了免遭新的伤害，要克服恐惧心

理，坚定生存信念，稳定下来，尽量改善自己所处环境，设法脱险。此时，如果防震包在身旁，将会为你脱险起很大作用。如一时不能脱险，不要勉强行动，应做到：

首先要保障呼吸畅通。设法将双手从压塌物中抽出来，清除头部、胸前的杂物和口鼻附近的灰土，移开身边的较大杂物，以免再次被砸伤和倒塌建筑物的灰尘窒息；闻到煤气、毒气时，用湿衣服等物捂住口、鼻。

不要使用明火（以防有易燃气体引爆），尽量避免不安全因素。

避开身体上方不结实的倒塌物和其它容易引起掉落的物体；扩大和稳定生存空间，用砖块、木棍等支撑残垣断壁，以防余震发生后，环境进一步恶化。

设法脱离险境。如果找不到脱离险境的通道，尽量保存体力，用石块敲击能发出声响的物体，向外发出呼救信号，不要哭喊、急躁和盲目行动，这样会大量消耗精力和体力，尽可能控制自己的情绪或闭目休息，等待救援人员到来。如果受伤，要想法包扎，避免流血过多。

维持生命。如果被埋在废墟下的时间比较长，救援人员未到，或者没有听到呼救信号，就要想办法维持自己的生命，防震包的水和食品一定要节约，尽量寻找食品和饮用水，必要时自己的尿液也能起到解渴作用。

2. 互救技巧

互救是指灾区幸免于难的人员对亲人、邻里和一切被埋压人员的救助。

震后，因为被埋压的时间越短，被救者的存活率越高。外界救灾队伍不可能立即赶到救灾现场，在这种情况下，为使更多被埋压在废墟下的人员，获得宝贵的生命，灾区群众积极投入互救，是减轻人员伤亡最及时、最有效的办法，也体现了"救人于危难之中"的崇高美德。因此在外援队伍到来之前，家庭和邻里之间应当自动组织起来，开展积极地互救活动。救助工作的原则是：

根据"先易后难"的原则，应当先抢救建筑物边沿瓦砾中的幸存者和那些容易获救的幸存者。

先救青年人和轻伤者，后救其他人员。

先抢救近处的埋压者，后救较远的人员。

先抢救医院、学校、旅馆等人员密集的地方。

抢救出来的轻伤幸存者，可以迅速充实扩大互救队伍，更合理地展开救助活动。

合理科学的救助方法可以更多更好地救出被埋压人员，因此掌握一定的技巧和要领是保持救助成果的必要条件。

救助被埋压人员要注意如下几点要领：

注意搜听被人员的呼喊、呻吟或敲击的声音。

根据房屋结构，先确定被埋人员位置，再行抢救，不要破坏了埋压人员所处空间周围的支撑条件，引起新的垮塌，使埋压人员再次遇险。

抢救被埋人员时，不可用利器刨挖等，首先应使其头部暴露，尽快与埋压人员的封闭空间沟通，使新鲜空气流入，挖扒中如尘土太大应喷水降尘，以免埋压者窒息，迅速清除口鼻内尘土，再行抢救。

对于埋在废墟中时间较长的幸存者，首先应输送饮料和食品，然后边挖边支撑，注意保护幸存者的眼睛，不要让强光刺激。

对于颈椎和腰椎受伤人员，切忌生拉硬拽，要在暴露其全身后慢慢移出，用硬木板担架送到医疗点。

一息尚存的危重伤员，应尽可能在现场进行急救，然后迅速送往医疗点或医院。

在救人过程千万要讲究科学，对于埋压过久者，不应暴露眼部和过急进食，对于脊柱受伤者要专门处理，以免造成高位截瘫。

任务5 洪灾泥石流中的自救互救方法

一、洪灾时带自救互救

受到洪水威胁，如果时间充裕，应按照预定路线，有组织地向山坡、高地等处转移；在措手不及，已经受到洪水包围的情况下，要尽可能利用船只、木排、门板、木床等，做水上转移。

洪水来得太快，来不及转移的人员，要就近迅速向山坡、高地、楼房、避洪台等地转移，或者立即爬上屋顶、楼房高层、大树、高墙等高的地方暂避。如洪水继续上涨，暂避的地方已难自保，则要充分利用准备好的救生器材逃生，或者迅速找一些门板、桌椅、木床、大块的泡沫塑料等能漂浮的材料扎成筏逃生。

如果已被洪水包围，要设法尽快与有关部门取得联系，报告自己的方位和险情，积极寻求救援。注意千万不要游泳逃生，不可攀爬带电的电线杆、铁塔，也不要爬到泥坯房的屋顶。

如已被卷入洪水中，一定要尽可能抓住固定的或能漂浮的东西，寻找机会逃生。

发现高压线铁塔倾斜或者电线断头下垂时，一定要迅速远避，防止直接触电或因地面"跨步电压"触电。

在确保自己安全的前提下，帮助别人。

二、泥石流灾害自救互救方法

立刻向河床两岸高处跑。与泥石流成垂直方向的两边山坡高处爬。来不及奔跑时要就地抱住河岸边上的树木。

尽可能逃离发生泥石流的区域，切勿穿越低洼地区或者桥梁，逃离危险区域后，马上爬到最近的一个制高点。

万一不幸陷入泥石流，应当立即使整个身体抱成一团，用自己的双手保护好头部。

逃生时，切勿惊慌失措，应从容观察泥石流可能前进的方向，不要顺着泥石流可能倾泻的方向跑，不要在树上和建筑物内躲避，泥石流不同于一般洪水，其流动途中可摧毁沿途的一切障碍，要向泥石流倾泻方向的两侧高处躲避。

应避开河、沟弯曲的凹岸或地方狭小，高度不足的凸崖，因为泥石流有很强的掏刷功能及直进性，这些地方很危险。不要过多顾忌财产，因收拾细软被泥石流吞噬的事例多不胜数。

一些依山傍水的村庄或建筑物以及建在山上的宿舍，遇到连续的暴风雨后应格外防范，作有组织的防范措施。

逃出时尽量多带些衣物和食品，由于滑坡使交通不便，救援困难，泥石流过后一般天气阴冷，要防止饥饿和冻伤。

不要再闯入泥石流发生过的地方，因为有时泥石流会间歇发生。

如果泥石流使江流堵塞，那么洪水迟早会泛滥。因此必须在洪水来临之前疏散人口。

跑向离泥石流发生地较远处的安全高地或河谷两岸的山坡高处躲避泥石流。

野外露营时避免宿营在有滚石和大量堆积物的山坡下面，而应选择平整的高地为夜晚露宿的地方。

任务6　其他自然灾害中的自救互救方法

一、海啸时自救互救方法

如果收到海啸警报，没有感觉到震动也要立即离开海岸，快速到高处避难。通过收音机和电视了解信息，在没有解除海啸注意或警报之前，勿靠近海岸。

如果海水忽然后退，应意识到有危险，尽快向相反方向高处跑，这很有可能是海啸的前兆。

如果能够看到海浪正在逼近陆地，切勿前往海滩查看，实际上看到因海啸而引起的巨大海浪，逃跑已经来不及了，面对像水墙一样滚滚而来无法抵挡的海浪，只能快速逃跑。

发生海啸时，航行在海上的船只不可以回港或靠岸，应该马上驶向深海区，深海区相对于海岸更为安全。

因为海啸在海港中造成的落差和湍流非常危险，船主应该在海啸到来前把船开到开阔海面。如果没有时间开出海港，所有人都要撤离停泊在海港里的船只。

海啸登陆时海水往往明显升高或降低，如果看到海面后退速度异常快，立刻撤离到内陆地势较高的地方。

二、火山爆发自救逃生方法

火山在喷发之前常常活动增加，伴有隆隆声和蒸气与气体的溢出，硫磺味从当地河流中就可闻到。刺激性的酸雨，很大的隆隆声或从火山上冒出的缕缕蒸气是警告的信号。逃离时不要走峡谷路线，它可能会变成火山泥石流经过的道路。

火山爆发后，逃离时要戴上护目镜、通气的面罩或滑雪镜，可以保护眼睛。

用一块湿布护住嘴和鼻子，如有条件，可戴工业防毒面具。

到庇护所后，脱去衣服，彻底洗净暴露在外的皮肤，用干净水冲洗眼睛。

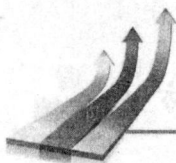

任务7　突发性事故中的自救互救方法

一、火灾中的自救互救

轻微火情可以自行扑灭。水是最常用的灭火剂，木头、纸张、棉布等起火，可以直接用水扑灭。用土、沙子、浸湿的棉被或毛毯等迅速覆盖在起火处，可以有效地灭火。用扫帚、拖把等扑打，也能扑灭小火。油类、酒精等起火，不可用水去扑救，可用沙土或浸湿的棉被迅速覆盖。煤气起火，可用湿毛巾盖住火点，迅速切断气源。电器起火，不可用水扑救，也不可用潮湿的物品捂盖。水是导体，这样做会发生触电。正确的方法是首先切断电源，然后再灭火。

二、火灾中的逃生要点

（1）早报警，报警愈早，损失愈小。牢记火警电话"119"。

（2）听从指挥，头脑冷静。在发生火灾后，工作人员将启动紧急疏散预案，因此大家要听从指挥，有组织的疏散撤离。

（3）熟悉疏散通道。每个人必须对自己工作、学习或居住所在建筑物的结构及逃生路径要做到胸中有数，并可集中组织应急逃生预演，熟悉建筑物内的消防设施及自救逃生的方法。进入陌生的环境，我们务必留心疏散通道、安全出口及楼梯方位等，以便关键时刻能尽快逃离现场。

（4）保持疏散通道畅通。楼梯、通道、安全出口等是火灾发生时最重要的逃生之路，应保证畅通无阻，切不可堆放杂物或设闸上锁，以便紧急时能安全迅速地通过。

（5）努力将火灾消灭在萌芽状态。火灾初期，但火势并不大，且尚未对人造成很大威胁时，我们应运用消防器材如：灭火器、消火栓等将小火控制、扑灭，千万不要惊慌失措，置小火于不顾而酿成大火。

（6）头脑冷静，准确判断。突遇大火，面对浓烟和烈火，首先要强令自己保持冷静，迅速判断危险地点和安全地点，决定逃生的办法，尽快撤离险地。千万不要盲目地跟从人流和相互拥挤、乱冲乱窜。撤离时要注意朝明亮处或外面空旷地方跑，要尽量往楼下跑，若通道已被烟火封阻，则应背向火焰方向离开，通过阳台、天窗、天台等往室外逃生。

（7）保护生命，切勿贪财。在火场中，人的生命是最重要的必须迅速撤离，不要因害羞或顾及贵重物品，而把宝贵的逃生时间浪费在穿衣或寻找、搬运贵重物品上。已经逃离险境的人员，切莫重返险地。

（8）采取防护，必不可少。逃生时经过充满烟雾的路线，要防止烟雾中毒而窒息。可用湿毛巾、口罩蒙鼻，弯腰或匍匐撤离火场。因为烟气较空气轻而飘于上部，贴近地面撤离时可避免烟气中毒。

（9）发生火灾，勿进电梯。按规范标准设计建造的建筑物，都会有两条以上逃生楼梯、通道或安全出口，发生火灾时，要根据情况选择进入相对较为安全的楼梯通道。除可以利用楼梯外，还可以利用建筑物的阳台、窗台、天面屋顶登攀到周围的安全地点，沿着落水管、避雷线等建筑结构中凸处物滑下楼也可脱险。在高层建筑中，电梯的供电系统在火灾时随时会断电，而且电梯会因热力的作用变形而把人困在电梯内，同时由于电梯井的"烟囱效应"，有毒的烟雾会直接威胁被困人员的生命，因此，千万不要乘普通的电梯逃生。

（10）利用高空缓降器和救生绳逃生。高层、多层公共建筑内一般都设有高空缓降器或救生绳，你可以通过这些设施安全地离开危险的楼层。如果没有这些专门设施，而安全通道又已被堵，救援人员不能及时赶到，你可以迅速利用身边的绳索或床单、衣服等自制简易救生绳，并用水打湿，然后从窗台或阳台沿绳缓缓滑到下面楼层或地面。

（11）创造避难场所、固守待援。假如用手摸房门已感到烫手，此时一旦开门，火焰与浓烟势必迎面扑来。这时候，可采取创造避难场所、固守待援的办法。首先应关紧迎火的门窗，用湿毛巾或湿布塞堵门缝或用水浸湿棉被蒙上门窗然后不停用水淋透房间，防止焰火渗入，固守在房内，直到救援人员到来。

（12）被火围困，无法逃离，释放急救信号。被烟火围困暂时无法逃离的人员，应尽量呆在阳台、窗口等易被人发现和能避免焰火近身的地方。在白天，可以向窗外晃动鲜艳衣物，或外抛轻型显眼的东西；在晚上既可以用手电筒不停的在窗口闪动或者敲击东西，及时发出有效的求救信号，引起救援者的注意。因为消防人员进入室内都是沿墙壁摸索行进，所以在被烟气窒息市区自救能力时，应努力滚到墙边或门边，便于消防人员寻找、营救；此时，滚到墙边也可防止房屋塌落砸伤自己。

（13）身上着火，切勿奔跑。在火场中如果发现身上着了火，千万不可奔跑或用手拍打，因为奔跑或拍打时会形成火势，加速氧气的补充，令火势变旺。当身上衣服着火时，应赶紧设法脱掉衣服或就地打滚，压灭火苗；能及时跳进水中或让人向身上浇水、喷灭火剂就更有效了。

（14）跳楼有伤害，慎重又慎重。身处火灾烟气中的人，精神上往往陷入极端恐怖并接近崩溃，惊慌的心理极易导致采取不顾一切的伤害性行为，如跳楼逃生。应该注意的是：只有消防队员准备好救生气垫并指挥跳楼时，或在楼层不高（一般 4 层以下），不跳楼就会烧死的情况下，才可采取跳楼的方法。即使已没有任何退路，只要生命还未受到严重威胁，也要冷静地等待消防人员的救援。跳楼也要讲技巧，跳楼时应尽量往救生气垫中部跳，或选择有水池、软雨篷、草地等地方跳；如有可能，要尽量抛去棉被、沙发垫等松软物品或打开大雨伞跳下，以减缓冲击力。如果徒手跳楼一定要扒窗台或阳台使身体自然下垂跳下，以尽量降低垂直距离，落地前要双手抱紧头部身体蜷曲成一团，以减少伤害。跳楼虽可求生，但会对身体造成一定的伤害，所以要慎之又慎。

（15）临屋起火，切勿开门。应在窗前或阳台上，呼喊救援或用前法脱险。

（16）在非上楼不可的情况下，必须屏住呼吸上楼。因为浓烟上升的速度是每秒 3～5 米，而人上楼的速度是每秒 0.5 米。

（17）逃离前必须先把着火房间的门关紧。特别是在住户多的大楼里，采用这一措施，使火焰、浓烟禁锢在一个房间之内，不致迅速蔓延，能为本人和大家赢得宝贵时间。

以上是在火灾发生时通常需要采取的措施和必须注意的问题。在日常生活、学习和工作中，为了我们能获得更大的逃生几率，在不同的环境中还应有选择的采取相应的防范和逃生措施。

三、交通事故自救互救方法

1. 车祸事故的自救

已经发生车祸后要及时采取自救，以保证最佳的救护机会。发生交通事故后，应按照下面的程序自救：

发生事故后，应马上报警，受伤时应第一时间拨打 120 救护中心。报警和报 120 救护中心时必须详细讲解清楚有关情况，如事故地点、伤员人数、受伤情况等。

采取紧急的自救措施。若被挤压、夹嵌在事故车辆内时，应尽量想办法脱身，脱不了时应等待救援人员到来，切忌强拖强拉；受到伤害时，就地或附近休息，切忌随处移动身体，以免造成更大的伤害；事故发生后若出血应进行止血处理。应充分利用现场材料如衣服等进行包扎和压迫止血；若伤员有很多的呕吐物，应用手将其头偏向一侧，同时清除口腔内残留物；当伤员心跳、呼吸停止时，在医生未到之前可使用人工胸外按摩以及人工呼吸。

汽车坠河，在下沉过程中，车上人都须镇静自救，这点十分重要。

司机立即闭上车窗，开亮车灯。

车子下沉，车头因重而朝下。如车子密封良好，进水不多，车子的后半部多有空气。

司机可爬至后座，以便呼吸。车内只有一人时，可静待救援。

若车内进水，不得不逃离时，可深吸一口气憋住，从车窗外逃。

车内人多外逃时，最好众人手挽手，由识水性、会游泳的人，从窗或门拉人先浮出水面；不会游泳的人，只要憋住气，不必惊慌失措，不乱划乱动，跟随上浮，也有脱险可能。

2. 互救措施

对事故伤员的现场急救，应从受伤部位、伤后不同姿势以及伤员的具体伤情出发，采取不同的急救措施。

最常见的是驾驶员被方向盘或变形的驾驶室撞伤，并困在其内。在撬开驾驶室门窗后，可用硬纸板或厚塑料纸固定颈部，以免颈椎错位或损伤；同时可用一块板插到伤员背后，用绷带或布条固定，一起将伤员慢慢移出驾驶室。切勿随意将伤员拉出，造成二次损伤，甚至导致生命危险。

伤员表面皮肤少量出血，可用布压迫止血后包扎；喷射状出血，说明大血管破裂，应设法钳夹血管止血；对四肢出血，一般可用带子扎在近心端，扎一小时放松 5 分钟。四肢骨折时，可临时用木条、树枝等固定患肢，以免骨折端刺破周围组织、血管和神经。若胸部受到挤压、碰撞时，易发生肋骨骨折，此时不要过多挪动胸部和用手触摸。

对弹离座位或被车辆撞倒的伤员，不能随便抬抱，要先将伤员作为一个整体转至平卧位，固定颈部，由三四人步调一致托起，并移至木板上；其次，用带子把伤员固定在木板上，头放后、足在前，平稳搬运。如果现场只有一人，急救者应靠近伤员后面，双手穿过伤员腋下，抓住其未受伤的肢臂，轻轻抬起，然后小心向后拖曳。拖动时，保持伤员的头、颈、胸部处于一直线水平上。

原则上禁止给伤员服任何饮料和茶水。因为大多伤员须手术治疗，饮服饮料和茶水必会增加手术难度。对已昏迷、严重休克、头部外伤和呼吸道阻塞的伤员，严禁用吗啡，以免抑制呼吸和掩盖伤情。

对昏迷的伤员应注意开放气道，将伤员头略向一侧倾斜，有利于口鼻腔内的分泌物、血液、粘液和其他异物排出体外。同时，取出伤员身上的尖刀、金属币、钥匙等物，以免压伤。

重伤先治，易救的先救。

若有断肢、断指（趾）或者脱落的牙齿，都要保存好。将断指和断肢用干净布块包裹，如有干净冰块，不妨敷上。掉下的牙齿，可泡在干净水内（如凉开水），一并送到医院。

开放伤口，应该用干净布单覆盖；如能请就近医生用灭菌纱布包扎伤口，最为理想。

万分紧急情况下（例如，车已起火，火将或已烧着伤员），为免伤员伤中加伤，可以例外地火速将伤员拖出车子。

运送伤员至医院抬送上车时，要按不同伤情对待；上车后，就要随时注意伤员的气道通畅，并留神伤情突变。如有发现，要告诉随车医生，协助作好处理。

受伤不论轻重，都应送医院，留院观察，有些症状可能要在伤后过些时间才能显示，不要因为眼前伤轻或无症状而疏漏。

四、溺水事故自救互救技巧

1. 自救措施

在水上游玩时安全更重要特别注意。在开放且有救生人员看守的水域戏水游泳；遵守安全标示；不单独下水，须有人照顾或结伴而游；对水域环境不熟悉时，不随意下水；不要游离岸边太远，泳技差者不要到深水区，以免发生危险；勿在饭后马上游泳；勿在吃药或酒后游泳；不要随意跳水；不要依赖充气式浮具，万一破裂，便无所依靠；自己遇险或抽筋时，应镇静并及早举手呼救或漂浮等待救援；如遇水流，勿逆游与急流搏斗，应顺流斜向游往岸边；体力不佳时，不要逞强下水；有疲乏、眩晕、恶心、四肢抽筋时应立即上岸；见人溺水，须大声呼救。不熟悉救生技术者，不要妄自赴救。

若发生溺水，马上自救，大声高呼救命，引起别人注意；尽可能抓住固定的东西，避免被流水卷走或被杂物撞伤；保持冷静，用嘴呼吸，避免呛水；尽可能保存体力，争取更多的获救时间。

2. 互救和急救方法

在水中，就应开始口对口吹气对于昏迷已无呼吸的溺水者，只要头一露出水面，就要开始做口对口吹气的人工呼吸。

上岸后，应首先快速查看一下口鼻。如发现有东西堵塞，要立即清除。这些查看和清除动作越快越好，应在十几秒钟内完成。

但如胃内积水太多，可以火速控一控水。不过，控水时间不宜太长。

上岸后发现落水人的口内不断有水外流，说明他的胃内进去了不少水。这时，就有必要把他胃内的水倒出来，这就叫控水。控水的做法：是提起腰部（此时双手可以压他的上腹部），水就流出得更快。

一如溺水者已无呼吸，应积极做人工呼吸。为了先使溺水者的肺内充气，头几次口对口吹气，应快而用力。

一做人工呼吸同时，要留心一下心跳。心跳已消失，要立即同时做心脏按压。

一若心跳尚有但无力，可能是血压过低，应该进行抗休克处理。同时，要快速检查有没有其他严重创伤。并立即请医生前来做进一步处理。

任务8 突发性安全生产事故自救互救方法

一、井下事故的自救互救

（一）出现井下冒顶事故后的自救措施

（1）发现采掘工作面有冒顶的预兆，自己又无法逃脱现场时，应立刻把身体靠向硬帮或有强硬支柱的地方。

（2）冒顶事故发生后，伤员要尽一切努力争取自行脱离事故现场。无法逃脱时，要尽可能把身体藏在支柱牢固或块岩石架起的空隙中，防止再受到伤害。

（3）当大面积冒顶堵塞巷道，即矿工们所说的"关门"时，作业人员堵塞在工作掌子面，这时应沉着冷静，由班组长统一指挥，只留一盏灯供照明使用，并用铁锹、铁棒、石块等不停地敲打通风、排水的管道，向外报警，使救援人员能及时发现目标，准确迅速地展开抢救。

（4）在撤离险区后，可能的情况下，迅速向井下及井上有关部门报告。

（二）发生井下透水的自救互救措施

（1）井下突然出现透水事故时，井下工作人员应绝对听从班组长的统一指挥，按预先安排好的退却路线进行撤退，不要惊慌失措、各奔东西。万一迷失方向，必须朝有风流通过的上山巷道方面撤退。

（2）事故发生后，如果有人受伤，应积极进行现场抢救。出血者立刻止血，骨折者要及时固定和搬运。

（3）如透水事故发生并有瓦斯喷出可能时，探水人员带防护器具，或者在工作地点加强通风，保持空气的新鲜和畅通。不可把通风机关闭。

（4）被水隔绝在掌子面或上山巷道的作业人员应清醒沉着，不要慌乱，尽量避免体力消耗。全体井下人员还应做长期坚持的准备，所带干粮集中统一分配，不要无谓地浪费掉；关闭作业人员的矿灯，只留一盏灯供照明使用。

（5）井下透水事故发生后，应尽快通过各种途径向井下、井上指挥机关报告，以便迅速采取营救措施。

为预防井下透水，应掌握透水前的征象和规律。这时，往往煤层发潮发暗，巷道壁或煤壁上有小水珠，工作面温度下降，变冷，煤层变凉。工作面出现流水和滴水现象。工作时能听到水的"嘶嘶"声等。发现这些透水征兆，要及时撤离人员躲到安全地点。

（三）井下发生爆炸事故的自救互救方法

据调查统计，矿井下发生煤尘爆炸时，多数遇难人员直接死因并不是爆炸和燃烧，而是有害气体和缺氧引起的中毒和窒息。所以，发生煤尘爆炸时，自救措施要果断及时，方法得当，尽可能减少伤残和死亡的发生。

（1）当瓦斯、煤尘爆炸时在现场和附近巷道的工作人员，千万不可惊慌失措。当听到爆炸声和感到冲击波造成的空气震动气浪时，应迅速背朝爆炸冲击波传来方向卧倒，脸部朝下，把头放低些，在有水沟地方最好侧卧在水沟里边，脸朝水沟侧面沟壁，然后迅速用湿毛巾将嘴、鼻捂住，同时用最快速度戴上自救器，拉严身上衣物盖住露出的部分，以防爆炸的高温灼伤。如边上有水坑，可侧卧于水中。在听到爆炸瞬间，最好尽力屏住呼吸，防止吸入有毒高温气体灼伤内脏。避免爆炸所产生强大冲击波击穿耳膜，引起永久性耳聋。

（2）煤尘爆炸后，切忌乱跑，井下人员应在统一指挥下，情绪镇定，要迅速辨清方向，按照避灾路线以最快速度赶到新鲜风流方向。外撤时，要随时注意巷道风流方向，要迎着新鲜风流走，或躲进安全地区，注意防止二次爆炸或连续爆炸的再次损伤。

用好自救器是自救的主要环节，当戴上自救器后，绝不可轻易取下而吸外界气体，以免遭受有害气体的毒害，要一直坚持到安全地点方可取下。

在可能的情况下，撤离险区后及时向井下调度、矿调度和局调度报告。

（四）井下发生火灾时的自救

（1）沉着冷静，迅速戴好自救器，逐一进行认真检查后撤退。

（2）位于火源进风侧人员，应迎着新风撤退。位于火源回风侧人员，如果距火源较近且火势不大时，应迅速冲过火源撤离回风侧，然后迎风撤退；如果无法冲过火区，则沿回风撤退一段距离，尽快找到捷径绕到新鲜风流中再撤退。

（3）如果巷道已经充满烟雾，也绝对不要惊慌，不能乱跑，要迅速辨认出发生火灾的地区和风流方向，然后俯身摸着铁道或铁管有秩序地外撤。

（4）如果实在无法撤退，应利用独头巷道、硐室或两道风门之间的条件，因地制宜，就地取材构筑临时避难硐室，尽量隔断风流，防止烟气侵入，然后静卧待救。

（5）有条件时应及早用电话同地面取得联系，以便救护队前来救援。

（6）所有避灾人员必须严格遵守纪律，听从避灾领导的指挥，团结互助，共同渡过难关。

二、危险品泄漏事故自救互救方法

常见的危险化学品有：苯，液化气，香蕉水，汽油，甲醛，氨水，二氧化硫，农药，油漆，煤油，液氯等。危险化学品引起伤害特点：刺激眼睛，流泪致盲；灼伤皮肤，溃疡糜烂；损伤呼吸道，胸闷窒息；麻痹神经，头晕昏迷；燃烧爆炸，物毁人亡；进入机体引起器官功能障碍。其自救措施主要是迅速撤离事故发生地，向不能扩散的地区转移，同时用湿毛巾捂住口鼻。

发生危险品化学事故时，要注意收听灾害信息，按照应急救援部门的指挥谨慎行动。

如果位于污染区或污染区附近，应当立即向上风向撤离，并且尽快找到避难场所。

撤离途中要采取适当的自我保护措施：

用湿毛巾、温口罩和防毒面具等保护呼吸道。

用雨衣、手套、雨靴等保护皮肤。

用防毒眼镜、游泳潜水镜、开口透明塑料袋等保护眼睛。

如果应急指挥部门要求人员留在室内，则应当：

立即关闭所有的门窗、空调和通风设备。

尽可能呆在最里层的房间。

将门窗缝隙用胶条密封。

带上贮备的应急物品。

如果接触或暴露在危险化学品中，进入避难场所后，要立即进行清洁处理：

清洁处理时要特别小心，凡是与身体接触的所有被污染的衣物，都要立即脱掉。

防止脱衣时化学品污染眼睛、鼻子和嘴，应当将套头衫剪开后再脱掉。

用水冲洗眼睛、头发和手，然后再洗净全身，换上干净的衣服。

只有在应急管理部门解除危险警戒后，才可以返回事故区。

打开室内的门窗和通风设备。

咨询相关部门如何清理废物。

发现残存可疑危险品要及时报告。

若有中毒者，要马上施行互救。中毒后急救的第一步是不让毒物继续危害，必须尽早尽快清除毒物，这对于挽救生命至关重要。

毒物如果是吸入的（像煤气中毒、喷洒农药时吸入较多的毒物），应该火速把病人转移到远离中毒地方，让他呼吸新鲜空气；把口鼻里的涎水和口水等掏出；解开衣领。发现病人气息奄奄或已无呼吸，立即做口对口吹气。昏迷的病人要托起下巴，以免气道受堵。

皮肤、衣服、口鼻眼睛接触了毒物，要迅速脱掉沾上毒物的衣裤鞋袜。皮肤和毛发上的毒物，马上用清水反复清洗或冲洗（水，要用冷的，忌用温水或热水。冬天，应将病人在暖和的房间里清洗）。

毒物是酸性或碱性很强的化学物，要是您看到毒物还沾在或附在病人身上，先用干净纸或布把毒物吸掉或拂去，紧跟着用清水反复清洗。溅进眼内的酸性或碱性物，要立即用清水冲掉。不过，眼睛的冲洗不能粗糙用力，最好用于净碗，碗沿上搭一个小布条，让水顺着小布条成水柱流下。病人应坐下，仰头睁眼（把头靠在椅背上）。您一手拿碗，另手把他的眼皮翻开，然后开始冲眼。时间至少要坚持五分钟。另外，要提醒一点，绝对不用碱性物去中和酸性物（或相反），不然，眼睛受损会更重！

吃了毒物，最简单的急救是"引吐"（就是引起恶心呕吐）。进了医院，医生就会洗胃。急救时候，只能引吐，而且越早越好。引吐的方法不难：先让病人喝几大口凉开水，200 毫升左右；喝完，请病人张嘴。

如有鹅毛，就用它的尖端，看准喉咙用鹅毛尖去扫动。病人一恶心，立即退出鹅毛。假如没有鹅毛，用筷子或光滑的小木片，对着病人的舌根，用筷头或小木片顶端轻轻下压，同样有效。

吐完再喝水，再引吐，直到毒物吐得差不多了为止。

三、触电事故的自救和互救方法

触电的事是经常发生的，但急救得时，可以减少重大事故的发生，减轻损失，所触电急救的知识是十分重要的。触电后很难自救，互救中定要保护自己，注意自身的安全，这方面曾有血的教训，不能不加重视。

脱离电源。通电时间长了会死人。急救触电者，重要的一步，就是中断电源，减少人体通电时间。必须快，必须随机应变，必须利用手头现有条件。比如，电门开关就在身边，应随手拉闸停电。如果闸门不在身边，可以大声喊人"拉闸"，不能满处乱找电闸。如果旁边放着长杆、木棍之类的东西，您就应将断电线从病人身上挑开；假如有块干燥的木板，您不妨用木板的一头推开病人，使他脱离电源。如果是高压电，只能打电话，请电厂想办法了。

救下后检查病人是不是清醒（喊一声就能知道），摸清情况，越快越好，最好不要超过十几秒钟的时间。

病人已经昏了过去的，要看他有没有呼吸（伸手按住上腹，或者侧耳听一听胸部，就能知道）？有没有心跳？

要是心跳、呼吸还有，要看一下触电部位的皮肤，有没有烧焦？如有，还要注意病人是不是已经休克？

触电的人如果刚吃饱饭，一定要张口看一看，有没有呕吐过，还要看一下下颌有没有骨折，这样的病人容易发生气道堵塞。要确保气道通畅了，才能进行下一步。

做人工呼吸和人工心跳，一定要坚持进行，除非医生宣布抢救终止，决不放弃。曾经有过一个单纯呼吸停止的触电者，坚持了一个小时的口对口吹气，才使病人恢复自己呼吸。

没有心跳的触电者，在医生到来之前，人工呼吸和人工心跳都要做。对于室性纤颤，只能由医生来处理。

如果触电者有四肢骨折，颅脑伤等外伤，都不妨碍人工呼吸和人工心跳的进行，而且要做得更到位。四肢骨折应作固定，搬动运送都要小心。

火速叫来急救车，送入就近医院。

四、工伤事故的自救互救方法

发生工伤事故后，人们往往陷入恐慌和忙乱的状态，面临突发事件不知所措，这样不仅耽误救助伤者的时间，也可能给事后调查造成不必要的麻烦。事故发生后，现场人员最主要的工作是救助伤者、离开危险的环境、及时的事故报告、保全现场。

事故发生后，现场人员或者伤者应展开自救。如果伤势严重，应最快拨打120急救电话，并及时向本单位领导汇报伤亡事故情况，获取援助和指导。

工伤职工救治应当到工伤定点医院，情况紧急的可以就近就医，脱离危险后再转入工伤定点医院。由于定点医院医疗水平所限，须转入有条件医院救治的，购买了工伤保险的情况下，应由单位与所在保险经办机构协商后转院；没有购买保险的，伤者与用人单位协商后转院。

伤者进行治疗时主要保留完整的病历、转院证明及各项检查凭证、医疗票据等。另，有些用人单位在给没有购买工伤保险的职工救治工伤时，希望用投保的职工的名义给该工伤人员就医，建议伤者及家属应及时制止或取得有关证据，防止在今后的工伤认定中发生不必要的麻烦。

保护自身安全，及时撤离险境。如工伤现场很危险，应及时撤离，如火灾、垮塌、爆炸、毒气等事故现场。

向企业负责人报案或向公安机关报案。事故发生后，现场人员或伤者应及时向企业负责人报案，或者直接拨打 110 报警，并如实汇报事发情况，协助调查。

复习思考题

1. 简述自然灾害中自救互救的方法。
2. 简述地震灾害中自救互救的方法。
3. 简述突发事故中的自救互救方法。